Classic 貴氣典雅迷人 Easy

英國

23~24 年版

倫敦・溫莎・巴斯・劍橋・牛津・曼徹斯特・約克・利物浦・溫德米爾湖・愛丁堡

名店精品地道市集名菜品酒 吃買不停

中世紀風小鎮百年城堡 浪漫古跡尋

TRAVEL

- 遊走倫敦 12 區域、周邊 6 大城市、英格蘭 3 大旅遊區、中部 4 大城市及蘇格蘭
- 優雅英式下午茶、酒館美食、傳統餡餅、龍蝦漢堡、蘇格蘭蛋、正宗印度菜……
- 懷舊市集尋寶、博物館藝術遊、公園尋鹿蹤、華麗皇宮官邸、巨石陣、親子嘉年華……
- 專業繪製 42 幅地圖，附倫敦市中心景點大地圖

景點Info Box圖例說明：

地址　前往交通　營業時間　電話
消費/門票　網址　Facebook　備註

地圖使用說明：
- 書內有介紹的景點
- 書內沒有介紹的景點

序

倫敦，是我夢寐以求想到訪的城市。雖然倫敦是一個大城市，生活節奏跟香港相若，但倫敦「快」中有「慢」，既古典又現代。城市內不乏大大小小的公園，想憩息時可走到公園呼吸新鮮空氣，沉澱生活煩悶的累積；又或者參觀免費的博物館，陶冶性情；逛完又可挑一間咖啡廳小憩片刻。

漸漸，我愛上了這片處處充滿迷人魅力的土地。

在英國旅活了接近一個多月，走遍了倫敦與周邊的城市，深入了解當地的社會習俗、飲食文化、歷史、藝術發展等，過程中自己亦嘗試融入當地文化，宛如一張白紙，從零開始重新感受身邊所有事物。英國人以自己的傳統文化為榮、講究禮貌、幽默、重視藝術與文化。出發前聽過別人訴說與英國人打交道

的故事，但終究還是要親身跟他們接觸，才會了解英國人。正如你要親自踏足過那片土地，才會對其刻骨銘心，因為你與當地共同創造了回憶，建立了密不可分的連繫。

在異國他鄉的經歷和體驗是一種很棒的學習及成長，回港後整理旅行照片與文字亦是另一種學習。希望你也跟我一樣，在旅行中找到自己的旅行意義。最後，能夠完成此書要衷心感謝朋友與編輯，讓這趟英國之旅及書籍出版得以成事，非常感謝你們。

沙發衝浪客

作者簡介

一個背包客、旅遊作家、文字工作者。大學主修日本研究，曾於日本東京前後留學三年。深入了解日本歷史和文化後，自此以後旅行時所看到的日本再也不一樣。凡旅行過，必留下足跡。而我每次旅行，亦會留下筆跡，遊記詳見於：

https://yongpuitung.com
www.facebook.com/cserinhk
www.instagram.com/cserinhk

目錄

Part 1 英國旅遊焦點攻略 P.7

Part 2 暢遊英國 旅行實用資料 P.24

Part 3 飛往倫敦、倫敦市內交通攻略 ..P.36

Part 4 精選酒店住宿 P.47

Part 5 暢玩英倫 8大行程建議 P.55

Part 6 倫敦 ....P.64~65

Part 6.1 英國行政中心 西敏市 P.68

Part 6.2 倫敦的商業和金融中心 西堤區 P.119

Part 1

焦點攻略 英國旅遊

指定動作 10大非做不可

觀賞大英博物館的珍貴文物

世界聞名的大英博物館是倫敦必去的景點。珍貴的古蹟文物來自世界各地，收藏品數量接近800萬件。(P.116)

2 坐船遊泰晤士河

在泰晤士河乘遊船欣賞沿岸名勝和風景。(P.73)

到傳統市集尋寶

到傳統市集逛街及尋寶，融入當地人的生活。圖為肯頓市集。(P.152)

走訪世界遺產布倫海姆宮

布倫海姆宮是英國唯一一座非宗教和非皇室的宮殿，本是王室獎勵公爵約翰•邱吉爾於戰爭中獲勝而建造。花園佔地甚廣，一如童話般夢幻。宮殿內部富麗堂皇，宮殿外設有露天咖啡廳，可在此享受寧靜而悠閒的時光。(P.213)

海德公園看日落

海德公園不但四季景色各異，日落時更是美不勝收，找個晴朗的日子黃昏時去看看吧，擔保你有意外驚喜。(P.140)

6 到Pub喝啤酒感受氣氛

英國的酒吧文化盛行，到酒吧跟朋友喝酒聊天是當地人日常生活的一部分。想感受倫敦的社交文化和熱鬧氣氛，酒吧是不二之選。

7 在劇院看音樂劇

英國既是音樂劇的發源地，又是名劇作家莎士比亞的故鄉，因此到倫敦必定要看音樂劇。無論是舞台佈置、聲光音效、服飾設計、對白以及演員的表演，都值得細心欣賞。倫敦有多家劇院，當中以倫敦西區與紐約百老匯齊名，幾乎每晚都上演經典的音樂劇，例如《歌劇魅影》及《孤星淚》。

◀▲位於倫敦西區的其中一間劇院Her Majesty's Theatre。

◀《歌劇魅影》(The Phantom of the Opera)。

Tips

買票攻略

一般到倫敦觀看音樂劇，網絡購票是最方便和快捷的方法，愈早買的話，位置愈好或優惠愈大，適合預早計劃和對座位位置有要求的朋友。如出發後才決定購買門票、無論看哪一齣音樂劇也沒問題的話，前往TKTS買票較適合。留意，網絡訂票一般加收手續費，TKTS半價亭(P.76)則提供當日的特價票(收手續費)，較為划算。

官方售票網：www.officiallondontheatre.com
其他售票網：www.ticketmaster.co.uk、www.seetickets.com、www.lastminute.com/theatre

8 到列治文公園看野鹿

列治文公園雖是市區公園，也能找到野生鹿羣，甚至可以近距離拍攝野生赤鹿和黃鹿，而且公園景色廣闊怡人，適合散步、踏車和騎馬。(P.149)

9 登上倫敦眼看夜景

倫敦眼是倫敦重要的地標，亦是世界上首座觀景摩天輪。坐上摩天輪，能俯瞰倫敦市區的璀璨夜景。(P.157)

10 買名牌

▲在攝政街(P.82)可找到各式名店。

在英國買名牌手袋換算匯率後，LV及Chanel等經典品牌的手袋，比在香港買便宜。英國本地品牌如Burberry、Mulberry、Jack Wills、Ted Baker及知名香水品牌Jo Malone等，約為香港定價的7～9折。若在打折季前往Outlet，甚至可找到低至半價的名牌精品。

製造滋味回憶
12大必吃、必喝之選

1 英式早餐 English Breakfast

英國的傳統早餐包括煙肉、香腸、蘑菇、煎蛋或炒蛋、烤番茄、茄汁焗豆、薯餅等，還可以一嘗英國北部常見的黑布丁(Black Pudding)，即豬血腸。價錢由￡7(HK$67)起。

▲黑布丁。

2 英式下午茶 Afternoon Tea

各式各樣的點心以及加上鮮奶和糖的紅茶。點心放在三層托架上，每層食物不一樣，而各家店做法或有不同。價錢由￡20(HK$201)起。(詳盡英國下午茶介紹見P.21)

3 炸魚薯條 Fish and Chips

炸魚薯條是英國最廣為人知的美食。將去骨的魚切片後裹上麵糊油炸而成，一般會配上薯條和豌豆泥。至於魚，店家較常選用鱈魚(Cod)或黑線鱈(Haddock)，部分店家會提供比目魚(Plaice)或鯖魚(Mackerel)。如客人沒有特別指定，店家一般會提供鱈魚。價錢由￡14.5(HK$140)起。(P.114)

4 約克布丁 Yorkshire Pudding

雖叫布丁，但約克布丁更像麵包，而且是鹹的。中間部分凹下去，內層鬆軟。這種布丁容易吸收肉汁，多用來搭配烤牛肉吃用。價錢由￡6(HK$60)起。

5 蘇格蘭蛋 Scottish Egg

用免治肉包裹整顆水煮蛋，外層再沾上麵粉油炸而成。價錢由￡5(HK$50)起。

6 Jacket Potato

連皮一起焗烤的薯仔，在焗薯的中間切一刀，放入火腿、粟米、芝士等餡料，成為了一道簡單又好吃的正餐。價錢由￡3(HK$30)起。

(攝影：ritali)

7 英式 Cupcake

比起美式Cupcake，英式Cupcake不會過甜，配上熱茶吃更可解膩，讓人可一口接一口吃下去。Red Velvet Cake ￡3.5(HK$34)。(P.108)

8 英國傳統餡餅 Cornish Pasty

源於英國西南方Cornwall地區，是英國傳統餡餅。外形像巨型餃子，是以前礦工常吃的午餐，現在變成街頭美食。價錢由￡3(HK$30)起。

(攝影：Fudio)

9 英式傳統麥酒 Ale

味道香濃，帶點苦澀味，比較著名的麥酒為Abbot Ale、Harvey's Blue Label 3.6%、London Pale Ale及Newcastle Brown Ale。價錢由￡4(HK$40)起。

10 正宗印度菜

印度曾為英國殖民地，現時印度人佔倫敦人口總數接近9%，在倫敦大街上，很容易找到正宗的印度菜。價錢由￡15(HK$151)起。(P.107)

11 龍蝦漢堡

在英國著名的連鎖餐廳Burger & Lobster，只需￡29.5(HK$280)便能吃到龍蝦漢堡、龍蝦或龍蝦三文治，非常划算！烤原隻龍蝦(Classic Whole Lobster)￡38(HK$361)。(P.126)

◀烤原隻龍蝦，￡38(HK$361)。

12 英國茶 English Tea

英國人喜歡喝茶，茶已經完全融入於他們的日常生活中。喝茶代表悠閒舒適的生活情調，是一種生活態度。價錢由￡2(HK$20)起。

(攝影：Lamszeyin)

開心Shopping 15大必買手信推介

英國的紀念品常以倫敦地標或特色物件為題材，例如大笨鐘、雙層紅色巴士、紅色電話亭、國旗等。商店主要聚集在市中心的遊客區，商品大同小異，但有時間的話建議比較不同店家的價錢，而市集附近的攤販價錢一般比較便宜。美術館、藝術館亦有售賣自家設計的紀念品，質素較高，款式特別。此外，食品手信可以於專門店、百貨公司或超級市場購買，當中以超市的較便宜，但款式未必最齊全。以下為英國精選手信：

1 柏靈頓熊 Paddington Bear

▶柏靈頓熊的周邊商品已成為旅客最愛買的手信，在一般手信店或玩具店都能找到。(約£11~33，HK$111~332)

2 蘇格蘭牛油餅乾 Walkers Shortbread Fingers

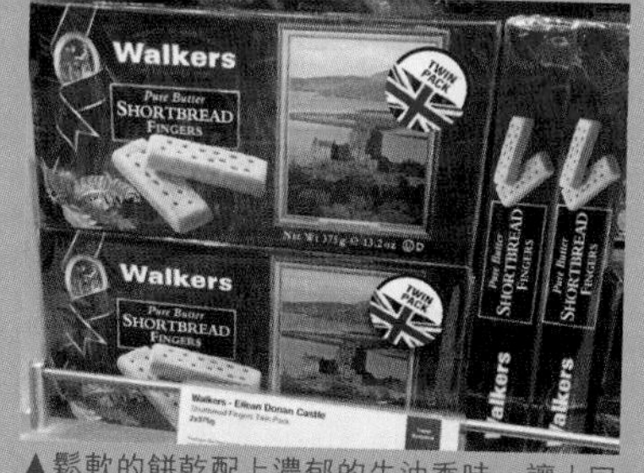

▲鬆軟的餅乾配上濃郁的牛油香味，讓人回味無窮。(每盒£6，HK$58)

3 倫敦特色鎖匙扣、磁石、罐子

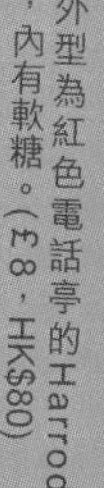

◀外型為紅色電話亭的Harrods罐子，內有軟糖。(£8，HK$80)

◀以倫敦地標及特色物件為題材的磁石。(£5，HK$50)

◀在紀念品店常見的鎖匙扣。(約£2~4，HK$20~40)

焦點攻略 實用資料 飛往倫敦 交通 住宿 行程

4 茶葉

Whittard茶葉

▲Whittard是英國著名的茶葉品牌，廣受好評，於各大Whittard專門店有售。(￡6.5，HK$65)

Twinings茶葉

▲這個組合裝，裏面有5款不同口味的茶包。(￡3，HK$29)

Fortnum & Mason茶葉

▲Fortnum & Mason是皇室御用的茶葉，經典口味包括Earl Grey Classic Tea(經典伯爵茶)及Royal Blend Tea(皇家調製混合茶葉)。(50包￡9.95，HK$96)

5 蘇格蘭綿羊手信

▲穿上蘇格蘭國旗的綿羊鎖匙扣很可愛，每個￡3(HK$30)。

6 尼爾氏香芬庭園 Neal's Yard Remedies

▲尼爾氏香芬庭園是英國第一家獲得有機認證的保養品牌，爽膚水、精油、面霜均是人氣商品。只限在專門店或專櫃才能買到。

7 巨石陣綿羊

▲抱着綿羊很舒服，￡12(HK$121)。(攝影：蘇飛)

8 皇家御用果醬

▲Tiptree有機士多啤梨和橙天然果醬。(￡6，HK$58)

9 Carr's芝士餅

▶便宜又好吃。(£3.49，HK$33)

10 莎士比亞手信

◀未讀過莎士比亞的經典名著，都不妨買他的Q版吊飾回家。(£5，HK$51)

11 愛丁堡皇冠手信

◀寶石皇冠鎖匙扣，£6.5(HK$65)。(攝影：蘇飛)

12 Jo Malone香水

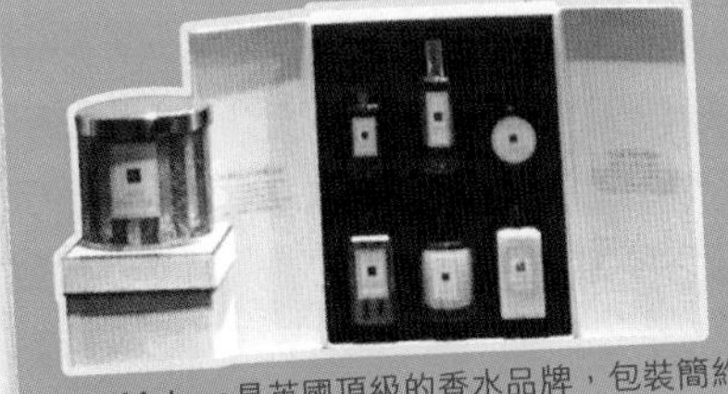

▲Jo Malone是英國頂級的香水品牌，包裝簡約優雅，深受女士喜愛。(30ml，£55，HK$528)

13 曼聯球衣

◀曼聯球迷不要錯過！(攝影：蘇飛)

14 蘇格蘭純羊毛頸巾

◀100%蘇格蘭生產的純羊毛頸巾，£22(HK$221)。(攝影：蘇飛)

15 邱園蜜蜂圖鑑杯

▶這個杯可以把邱園的所有蜜蜂種類帶回家。(£12，HK$115)

搜羅各式美食及玩意
★6大倫敦必逛市集★

倫敦有很多市集，例如專賣食品及蔬果的美食市集、古着市集及手作市集等，各有特色。透過觀察一個市集，除了能夠與當地人直接交流，更能深入了解當地的產品與潮流資訊，感受倫敦街頭的活力和生氣。如果沒有時間到訪所有市集，建議根據自己的興趣和目的，重點到訪幾個市集。

1 波若市集 Borough Market

市集主要出售蔬果、麵包、曲奇及芝士等，同時設有多個熟食攤位，讓人有機會一次過品嘗到多種國際美食。難怪波若市集堪稱為倫敦最熱鬧的美食市集，是美食愛好者的天堂！(P.160)

(攝影：Janice Kwong)

▲各式蛋糕，好邪惡啊！

▲原隻燒乳豬。(攝影：Janice Kwong)

2 Sunday Up Market

位於東倫敦的這個潮人集中地**逢週六及日開放**，約有200個攤檔，分為熱食與商品兩大區。商品主要是當地設計師和手作工作者的自家品牌，而熟食方面，來自世界各地的美食都有。(P.133)

▲各式美食攤檔。

3 舊斯皮塔佛德市集 Old Spitalfields Market

東區是倫敦最年輕、最潮的地區，進駐了許多創意市集。當中的斯皮塔佛德市集每天開放，且主題每日不同，對於喜愛二手貨品、雜貨、英國本土設計的人來説，這裏是最好的尋寶地。(P.131)

4 Backyard Market

市集所在的位置本來是個大型倉庫，後來改建成創意市集。攤檔不算多，但有不少年輕設計師和藝術家在此售賣自家產品，商品的品質和可看性非常高，一不留神便買太多。(P.134)

5 波特貝羅市集 Portobello Market

市集沿着一條充滿文藝氣息的街道延伸，兩旁都是漂亮的英式房子。市集以售賣各類型的古董為主，例如家具、廚具、杯碟、玩具等，令人目不暇給。(P.137)

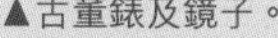
▲古董錶及鏡子。

6 水門市集 Camden Lock Market

水門市集是肯頓鎮發展得最早的市集，售賣各種不同風格的飾品、皮具等選物，價錢便宜。路邊有很多美食攤檔，有西班牙、墨西哥、印度等小食，可在此透過味覺嘗到各國風情呢。(P.152)

走進魔法世界 尋找《哈利波特》景點

如果你是《哈利波特》迷，電影一定看過不少遍，被電影或原著的魔法世界深深吸引！來到英國，怎能不到電影拍攝場地朝聖，或到與電影有關的地方暢玩一番？

9¾月台

穿過月台來到乘搭霍格華茲列車的月台。(P.118)

(攝影：Janice Kwong)

基督教會學院

學院中的餐廳，也是《哈利波特》電影的取景地。(P.210)

(攝影：Experience Oxfordshire)

哈利波特片場

這兒是電影不少場景的拍攝場地，包括霍格華茲外觀、霍格華茲大廳、鄧不利多校長的辦公室、男生宿舍等，加上各式精緻手信，絕對會令《哈利波特》迷樂而忘返！(P.171)

▲片場。
◀前往學校的列車，還可上去參觀。

▲第四集《火盃的考驗》中聖誕舞會上眾人的服裝。

▲壯觀的霍格華茲大廳。

千禧橋

《混血王子的背叛》中，食死人攻擊人類時，拍攝到千禧橋。電影中，橋上陰霾密佈，預示麻瓜要受到攻擊了！(P.159)

Leadenhall Market

在《哈利波特》電影第一集中，海格帶哈利到斜角巷買上學物資時出現的場景。(P.125)

準備好彈藥沒有？
5大倫敦購物地帶

1 攝政街 Regent Street

攝政街是昂貴名牌店集中地，知名的品牌旗艦店和大型的老字號百貨公司林立，例如Liberty、Burberry等，是時裝愛好者的朝聖地。(P.82)

2 牛津街 Oxford Street

牛津街是倫敦最熱鬧的購物好去處，亦是年輕人的購物天堂。這兒聚集了較便宜的年輕潮流品牌，例如River Island、next、平價時裝品牌Primark。(P.84)

3 馬里波恩大街 Marylebone High Street

馬里波恩大街上有不少特色小店，包括服飾、美容保養品、配件、香水、家具等，還有咖啡店及輕食店，逛到累時可以悠閒地享受一杯咖啡。(P.113)

4 龐德街 Bond Street

◀龐德街一個拱廊商場。

龐德街聚集了全球最時尚、歷史最悠久的名牌店，例如Burberry、Ralph Lauren、Bvlgari等，全是世界頂級的奢華時裝及珠寶品牌，盡顯高貴優雅的英倫風。(P.90)

5 騎士橋 Knightsbridge

騎士橋一帶有不少高級公司，包括英國著名老牌哈洛德百貨公司(Harrods)(P.142)，外型富麗堂皇，內部裝潢奢華，散發英倫貴氣。

做貴婦 必嘗英式下午茶篇

英式下午茶(Afternoon Tea)曾經是貴族名媛的社交活動，經商業化後漸漸成為一種潮流。英國人的下午茶時間是15:00~17:00，而下午茶的選擇豐儉由人，價錢愈高，用料愈高級、餐點愈精緻、環境及服務愈好。基本的英式下午茶有三層：上層是甜點，中層是配鮮奶油及果醬的鬆餅(Scone)，下層是三文治。一般由下層的鹹點開始吃，由淡到濃味，最後以甜點結束。食物內容一般不能自選，但可付較高的價錢，選較高級的茶或配酒。

1 配合傳統標誌 Hotel Café Royal

地圖P.66、81

這間酒店的下午茶非常特別，因為所有食物的設計和靈感都源於英國傳統的標誌，例如馬卡龍上印有倫敦地下鐵的標誌，讓你品嘗到真正的「英式」下午茶。下午茶由￡70(HK$672)起。

INFO
- 68 Regent Street, London
- 乘地下鐵Bakerloo或Piccadilly線到Piccadilly Circus站，步行約2分鐘
- 下午茶：12:00~17:30
- 020 7406 3310
- www.hotelcaferoyal.com

2 客製化下午茶 Brown's Hotel

地圖P.66、81

這間酒店的特別之處在於提供客製化的無麩質(麵筋)(Gluten Free)下午茶。

INFO
- Albemarle Street, London
- 乘地下鐵Piccadilly、Jubilee或Victoria線到Green Park站，步行約4分鐘
- 下午茶：12:00~18:00
- ￡85(HK$816)
- 0207 518 4006
- www.roccofortehotels.com/hotels-and-resorts/browns-hotel

3 環境典雅 The Ritz London Hotel

The Ritz London Hotel是古典奢華的代名詞，能夠在這裏享用英式下午茶更是不少遊客到倫敦的目標之一。不過，雖然用餐環境華麗，但食物和茶的質素一般。約￡70～88(HK$672～891)。(P.77)

INFO
- 150 Piccadilly, London
- 乘地下鐵Piccadilly、Jubilee或Victoria線到Green Park站，步行約2分鐘
- 下午茶：11:30、13:30、15:30、17:30及19:30
- ￡70(HK$672)起
- 下午茶預約(必須預約)：020 7300 2345
- www.theritzlondon.com
- 酒店設有服裝規定，男士必須穿西裝，男女士都不能穿球鞋或牛仔褲

4 供應無限量小點心 The Diamond Jubilee Tea Salon

餐廳位於Fortnum & Mason百貨公司4樓，除了自家品牌的茶品是信心保證外，三文治、蛋糕、鬆餅更可以無限補充。(P.77)

INFO
- 181 Piccadilly, London
- 乘地下鐵Jubilee、Piccadilly或Victoria線到Green Park站，步行約6分鐘
- 下午茶：11:30~19:00，週五及六11:00~19:00，週日11:30~17:45
- 下午茶約￡80(HK$768)
- 020 7734 8040
- www.fortnumandmason.com/restaurants/diamond-jubilee-tea-salon

5 在皇家宮殿內 Kensington Palace Pavilion

餐廳位於肯辛頓宮內，能在皇家宮殿享受英式下午茶感覺份外優雅。下午茶由￡42(HK$400)起。(P.141)

INFO
- Kensington Palace, Kensington Gardens, London
- 乘地下鐵Circle或District線到High Street Kensington站，步行約13分鐘
- 下午茶：10:00~16:00/18:00
- 020 3166 6113
- http://kensingtonpalacepavilion.co.uk

非做不可
必吃必喝
必買手信
必逛市集
魔法世界
購物地帶
英式下午茶
英式酒館
特別節慶

大解放 必到英式酒館篇

▲英國酒館賣啤酒，通常是以pint(品脫)為單位。1 pint等於568毫升。

英國人喜歡到酒館(Pub)，尤其是下班後會見到許多上班族聚集在酒館門前，成為獨特的城市風景。當地人習慣站在酒館門口，一邊拿着啤酒喝酒，一邊與朋友聊天。酒館除了提供啤酒，亦提供餐食及娛樂設施，例如桌球、投鏢，成為一個集飲食與娛樂於一身的場所，是城市裏重要的社交中心。酒館不分階級，任何人都可以進去休息和放鬆。要了解英國文化，便不能錯過英式酒館。(註：未成年切勿飲酒)

尋找福爾摩斯 Sherlock Holmes

地圖P.67

到處都有福爾摩斯影子的英式小酒館，例如菜單上某些菜式會以故事裏的角色命名，而牆上掛着與福爾摩斯相關的畫像與資料。用餐環境帶有古典的英式風格，溫馨舒適。

INFO
- 10 Northumberland Street, St James's, London
- 乘地下鐵Northern或Bakerloo線到Charing Cross站，出站後沿Northumberland Street步行約3分鐘
- 供應時間：12:00~22:00
- 020 7930 2644
- www.sherlockholmes-stjames.co.uk

專心交流 The French House

地圖P.81

酒館訂立了非常有趣的規矩，例如不可使用手機、不播放音樂及不設電視機，希望客人多聊天和交流。

INFO
- 49 Dean Street, Soho, London
- 乘地下鐵Bakerloo或Piccadilly線到Piccadilly Circus站，或乘地下鐵Piccadilly或Northern線到Leicester Square站，步行約6分鐘
- 12:00~23:00，週日12:00~22:30
- 020 7437 2477
- www.frenchhousesoho.com

最古老酒吧 George Inn

地圖P.155

倫敦最古老、擁有悠久歷史、現今唯一僅存的英式驛站酒吧。

INFO
- 75-77 Borough High Street, Southwark, London
- 乘地下鐵Jubilee或Northern線到London Bridge站，步行約1分鐘
- 11:00~23:00，週日12:00~21:00
- 020 7407 2056

▶官網。

酒菜豐富 Cheshire Cheese

地圖P.121

位於市中心的酒館，菜單非常豐富。店內設有飛鏢機，並會轉播運動賽事。

INFO
- 48 Crutched Friars, Tower Hill, London
- 乘地下鐵Circle或District線到Tower Hill站，步行約4分鐘
- 11:00~23:00，週四11:00~00:00，週六12:00~22:00，週日12:00~20:00
- 020 7702 1628
- www.cheshirecheeselondon.co.uk

結合多國菜 All Bar One

地圖P.99

一間結合了亞洲、中東、歐洲菜，提供多元化餐點的連鎖酒吧，大受年輕人歡迎。(P.104)

INFO
- 19 Henrietta Street, London
- 乘地下鐵Piccadilly線到Covent Garden站，步行約3分鐘
- 週一10:00~22:00，週二至四10:00~23:00，週五10:00~01:00，週六09:00~01:00，週日09:00~22:00
- 020 7240 9842
- www.allbarone.co.uk

與眾同樂 倫敦特別節慶

除了到訪古蹟遺產和逛街購物外，英國好玩的節慶也不能錯過！節慶的主題包羅萬有，主要圍繞美食、音樂與藝術方面。如果不想錯過普天同慶的節日，可把節日列入行程，再定出發日子。注意，以下節慶每年舉行時間或有不同，最新消息可瀏覽官網。

倫敦咖啡節 The London Coffee Festival

紅磚巷：地圖 P.130

4月20~23日(2023)

每年4月，在東倫敦紅磚巷(Brick Lane)都會舉行以咖啡為主題的咖啡節，活動包括了比賽、工作坊、與咖啡有關的藝術展覽，更有音樂、DJ於現場炒熱氣氛。

www.londoncoffeefestival.com

倫敦美食節 Taste of London

攝政公園：地圖 P.110

6月中

一連5天在攝政公園(Regent's Park)舉辦的倫敦美食節，是英國最大的露天美食節，世界一流名廚、美食愛好者、食品公司聚首一堂，可一站式享受各種英國美食。

london.tastefestivals.com

逍遙音樂節 The Proms

阿爾伯特演奏廳：地圖 P.138

7月中~9月頭

在阿爾伯特演奏廳(Royal Albert Hall)舉行全世界最大最精彩的古典音樂會，每晚都有音樂表演。逍遙音樂節的氣氛輕鬆愉快，像大型音樂派對。

www.bbc.co.uk/proms

諾丁丘嘉年華會 The Notting Hill Carnival

Notting Hill：地圖 P.139

源於1964年，為歐洲最大的街頭嘉年華會。在Notting Hill這一帶，大家會一邊在戶外享受美食，一邊隨着音樂的節奏狂歡。

nhcarnival.org

泰晤士河節 Totally Thames

泰晤士河：地圖 P.67

整個9月

每年9月，泰晤士河沿岸都會舉辦一連串戶外的慶祝活動。活動持續整個月，是個屬於倫敦人的大型嘉年華。

http://totallythames.org

Part 2

旅行實用資料
暢遊英國

英國全境地圖

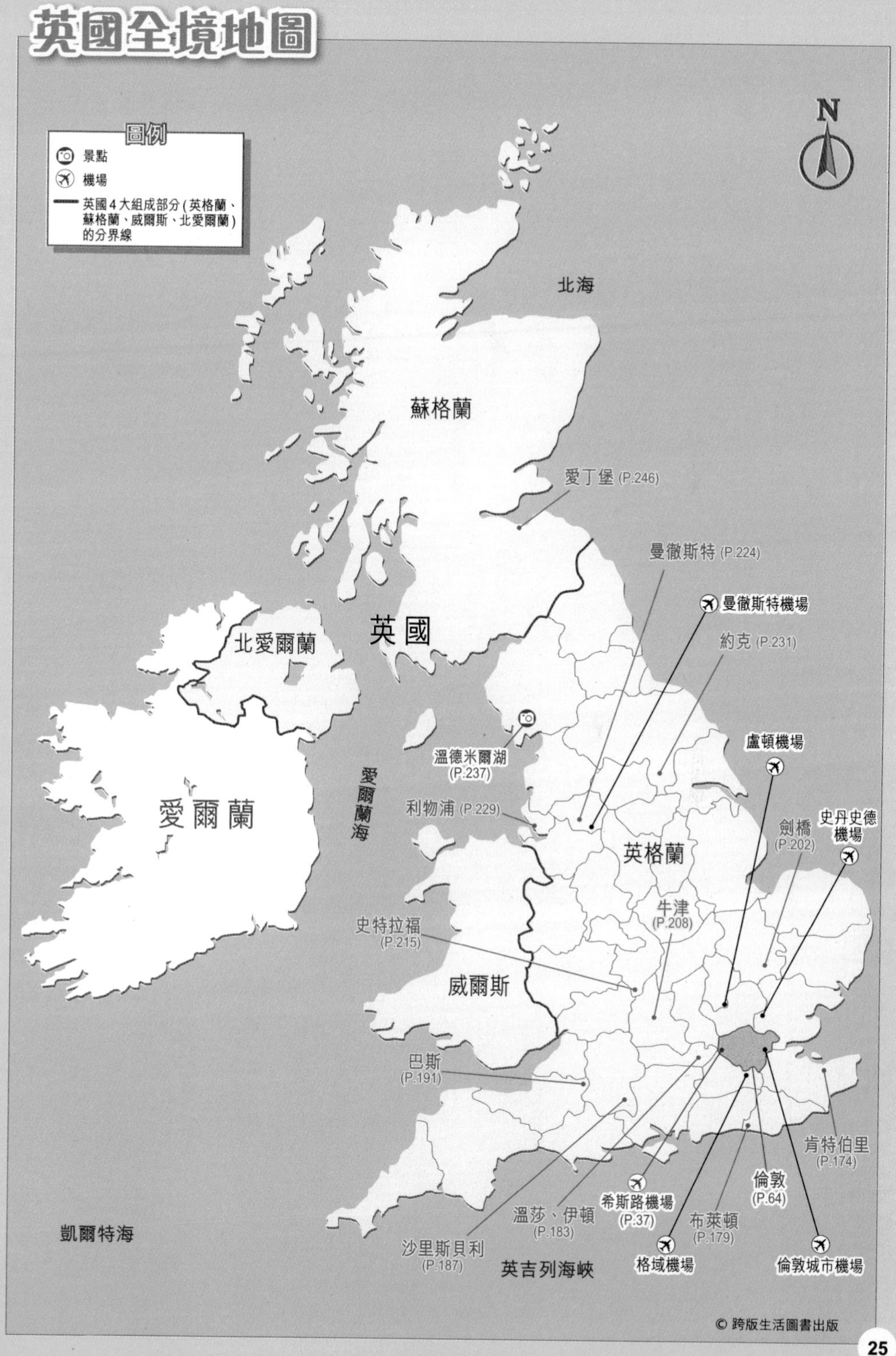

圖例
景點
機場
英國4大組成部分(英格蘭、蘇格蘭、威爾斯、北愛爾蘭)的分界線
N
北海
蘇格蘭
愛丁堡 (P.246)
曼徹斯特 (P.224)
曼徹斯特機場
英國
北愛爾蘭
約克 (P.231)
溫德米爾湖 (P.237)
愛爾蘭海
盧頓機場
愛爾蘭
利物浦 (P.229)
劍橋 (P.202)
史丹史德機場
英格蘭
牛津 (P.208)
史特拉福 (P.215)
威爾斯
巴斯 (P.191)
肯特伯里 (P.174)
倫敦 (P.64)
希斯路機場 (P.37)
溫莎、伊頓 (P.183)
布萊頓 (P.179)
凱爾特海
沙里斯貝利 (P.187)
格域機場
倫敦城市機場
英吉利海峽

大倫敦自治市地圖

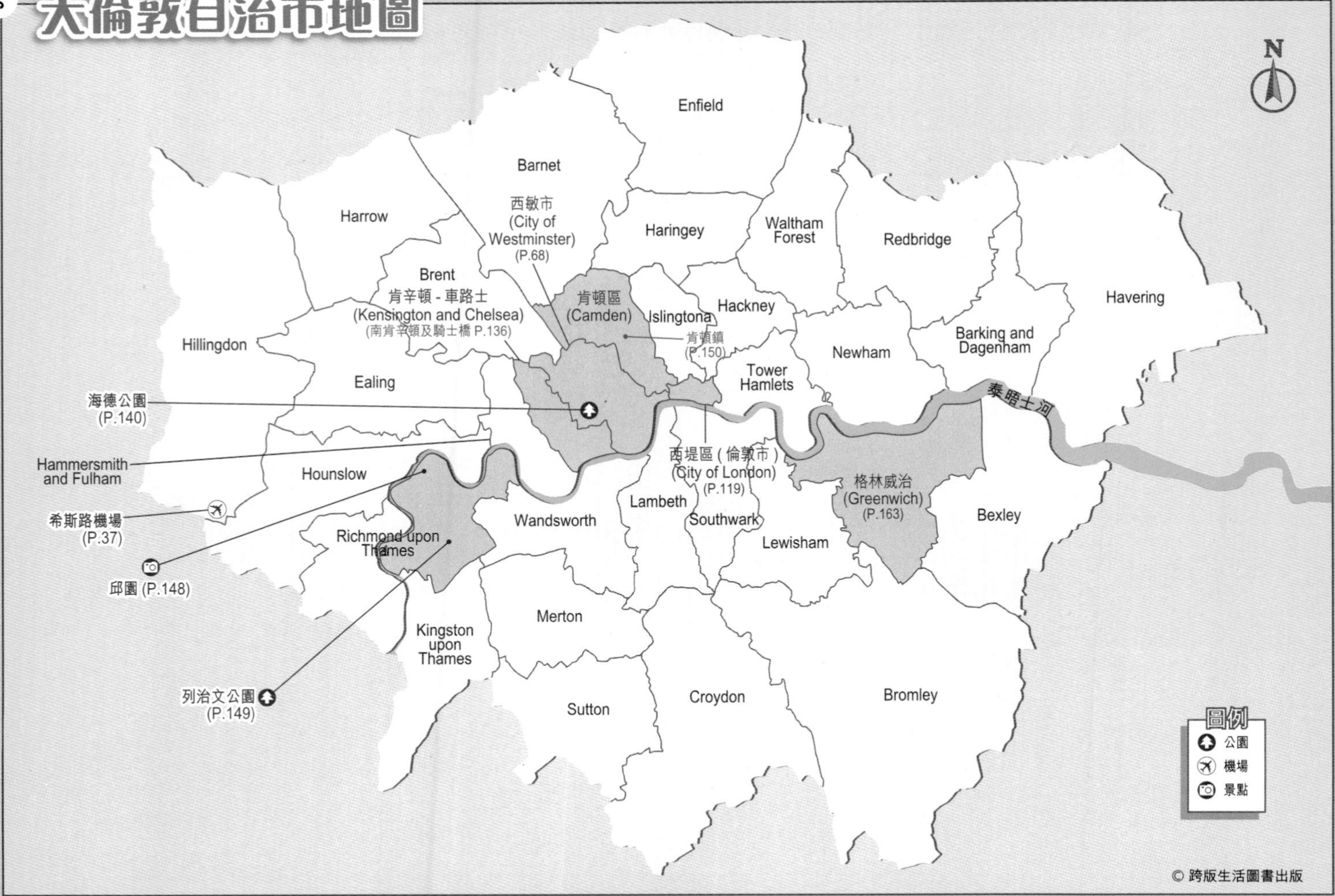

Enfield
Barnet
Harrow
西敏市
(City of
Westminster)
(P.68)
Haringey
Waltham
Forest
Redbridge
Havering
Brent
肯辛頓 - 車路士
(Kensington and Chelsea)
(南肯辛頓及騎士橋 P.136)
肯頓區
(Camden)
Islingtona
Hackney
肯頓鎮
(P.150)
Hillingdon
Ealing
Newham
Barking and
Dagenham
Tower
Hamlets
泰晤士河
海德公園
(P.140)
Hammersmith
and Fulham
Hounslow
西堤區（倫敦市）
(City of London)
(P.119)
格林威治
(Greenwich)
(P.163)
Lambeth
Southwark
Wandsworth
Bexley
希斯路機場
(P.37)
Richmond upon
Thames
Lewisham
邱園 (P.148)
Merton
Kingston
upon
Thames
列治文公園
(P.149)
Sutton
Croydon
Bromley
圖例
公園
機場
景點

英國組成部分

英國的全稱為「大不列顛與北愛爾蘭聯合王國」(The United Kingdom of Great Britain and Northern Ireland)，有時簡稱「聯合王國」(United Kingdom)。主要分為4大組成部分：蘇格蘭(Scotland)、北愛爾蘭(Northern Ireland)、威爾斯(Wales)及英格蘭(England)，這4個部分都是獨立的國家主體，擁有自己的政府、議會、法制和軍隊，風光及地貌也截然不同。

認識英國首都：倫敦

倫敦是英國的首都，位於英國南部，以西堤區(City of London)為中心，與周邊32個倫敦自治市(London boroughs，通俗叫法為「行政地區」)一同組成為大倫敦(Greater London)，合共面積約1,572平方公里，人口約860萬人。倫敦是英國的政治和經濟中心，亦是英國皇室、政府機關、議會及各政黨總部的所在地。

倫敦之所以成為**舉世聞名的旅遊城市**，是因為此地至今依然保留昔日的傳統、歷史及文化景點，有多間免費進場就可參觀的博物館、美術館、文物古蹟等，並有多個景點被列為世界遺產。另一方面，倫敦一直引領世界的藝術、音樂和時尚潮流，全球著名的劇院、大型市集、百貨公司都聚集於此。這個城市完美融合「新」與「舊」，展示出其獨特的魅力。

位於**倫敦周邊以及英格蘭中南部的城市**則比倫敦市多了一份恬靜。這些城市各有特色，如果你喜歡大海可前往布萊頓、想看史前遺跡可到巴斯看巨石陣、喜愛古羅馬時代文化可到訪肯特伯里等，每個城市都深受旅客喜愛。以倫敦為中心點，乘火車或巴士前往周邊城市非常方便，建議安排一至兩天暢遊喜歡的城市。

Tips

英國皇室小知識

英國是君主立憲制國家，英國皇室沒有實質權力，國王或女王只是名義上的統治者，統而不治。但皇室是英國重要國家及民族象徵，在英國現代社會中發揮了凝聚力的作用。

旅費預算

1. 機票

疫前提供直航的主要航空公司為維珍航空(Virgin Atlantic)、國泰航空(Cathay Pacific)、英國航空(British Airways)，票價約為HK$6,000起。經歷疫情一度只餘下國泰航空直飛倫敦和曼徹斯特，需定期留意航空公司的情況更新。

2. 酒店住宿

倫敦物價高昂，位於Zone 1(關於Zone詳見P.41)的酒店，每晚房價按季節和日期而定，包早餐的約￡120(HK$1,152)起。入住公寓式酒店(Airbnb)，每晚房價約￡100(HK$960)起，不包早餐。公寓式酒店一般附有小廚房、冰箱、微波爐，可購買食材回來炮製大餐。至於青年旅舍，每晚房價約￡70(HK$672)起，不包早餐。無論是高級酒店或青年旅舍，大部分住宿以及觀光景點都設在Zone 1或Zone 2，因此不建議為了節省住宿費而住在Zone 3，因為這樣反而要付上更多交通費和時間，得不償失。

3. 交通費用

倫敦市內最常用的交通為地下鐵，由於使用Oyster Card(P.45)乘坐地下鐵設有每天扣款上限，因此每天最多只可花費￡7.7(HK$74)(zone 1-2)。如不使用Oyster Card，每天的市內交通費約￡10(HK$101)。從倫敦可乘火車前往周邊城市，火車價格浮動，單程約￡15~25(HK$151~252)。一般來説，越早於網上預訂車票，票價會越便宜。

4. 飲食

在餐廳吃午餐的平均價錢約￡8~15(HK$80~151)，而晚餐的平均價錢約￡13~25(HK$130~252)，視乎你選擇甚麼餐廳和食物而定。想於飲食方面省錢的話，可於超級市場購買食材自行準備簡單的三文治，或入住公寓式酒店自煮，既可買到香港沒有的食材，又可大開眼界。另外，可考慮於快餐店，如Prêt A Manger、EAT、Leon、Tortilla等購買外賣到別的地方用餐，外賣比堂食便宜￡1~2(HK$10~20)。

▲EAT。

►當地人也常光顧的快餐店Prêt A Manger，主要售賣三文治、湯及咖啡等。

▲墨西哥快餐Tortilla，倫敦有多間分店。用料十足，健康美味。

▲►日式快餐Wasabi的壽司和便當味道不俗，價錢亦合理。

Tips 自來水可以生飲。可自備水樽盛水，省下買礦泉水的開支。

5. 其他消費

除了以上必要消費之外，其他消費包括購物、看音樂劇(約￡20~60，HK$201~604)、買手信、景點入場費等開支。若只計酒店、交通、食物等當地消費的話，5日4夜英國之旅的支出約每人￡650(HK$6,579)。當然，如果吃住都偏向豪華，或喜歡血拼，開支便更多。

(本部分旅費預算的資料謹供參考，旅費視乎個人行程不同而有所差別。)

旅行裝備checklist

證明文件
- ○ 身份證
- ○ 護照 (有效期為 6 個月或以上)
- ○ 登機證 (如已在網上辦理登機) 或機票
- ○ 酒店訂房證明
- ○ 青年旅舍證
- ○ 學生證 (某些景點可提供優惠)
- ○ 長者證 (某些景點可提供優惠)
- ○ 旅遊保險單
- ○ 藥物證明 / 處方 (如需攜帶大量藥物)

個人護理 (視乎個人需要)
- ○ 護膚及化妝用品
- ○ 蚊怕水
- ○ 衛生巾
- ○ 眼藥水
- ○ 防曬乳霜
- ○ 潤唇膏
- ○ 隱形眼鏡清潔液 / 即棄隱形眼鏡 / 隱形眼鏡
- ○ 牙刷、牙膏、毛巾、梳、洗澡用品 (可向住處查詢有沒有供應)
- ○ 鬚刨 (刮鬍刀)
- ○ 指甲鉗 (建議寄倉)
- ○ 紙巾、口罩 (有需要時才用)

其他
- ○ 後備袋 (購物後用)
- ○ 雨傘
- ○ 旅遊書 (地圖)
- ○ 記事簿
- ○ 筆
- ○ 水樽

旅費
- ○ 現金 (英鎊)
- ○ 提款卡 (記得開通海外提款功能)
- ○ 信用卡 (建議有非接觸式功能的，例如 Visa payWave)

衣物
- ○ 褲子、上衣、襪
- ○ 內衣褲
- ○ 睡衣
- ○ 外套
- ○ 收納舊衣物的環保袋
- ○ 髮夾

藥物
- ○ 傷風感冒藥
- ○ 腸胃藥
- ○ 藥油
- ○ 退燒 / 止痛藥
- ○ 藥水膠布
- ○ 個人藥物 (如血壓藥、哮喘藥)
- ○ COVID-19 快速測試盒、平安藥

電器
- ○ 手機 (自拍神器、充電器)
- ○ 相機 (記憶卡、充電器、相機腳架、後備電池)
- ○ 插頭 (和香港一樣三腳長柱形)
- ○ 風筒 (吹風機)
(可向住處查詢有沒有供應)
- ○ 手錶

必備資訊

簽證及入境

港台旅客免簽證

香港旅客

香港居民持有效期為6個月以上的香港特區護照或英國國民海外護照(BNO)，可免簽證前往英國，最長可逗留6個月。

台灣旅客

持有效期為6個月以上的中華民國護照(護照內必須有國民身分證統一編號)，可免簽證前往英國，最長可逗留6個月。

過海關注意事項

過海關時，選擇Non-EEU(非歐盟國家)的位置排隊，向海關人員出示護照。海關人員常問旅客：姓名、職業、旅遊目的、旅遊計劃、居住地點、逗留日期等。

入境注意事項

如攜帶物品超過免稅範圍，例如容量超過1升(litre)而酒精濃度大於22%的烈酒，或多於200枝香煙等，記得走紅色通道申報，並按規定交納關稅；如攜帶物品沒有超過免稅範圍，則可走綠色通道。

以下為不准攜帶入境的物品：乳製品、肉類製品、海產等。其他食物及植物亦有重量限制。若被發現攜帶違禁物品入境，海關將會沒收，亦可能被起訴、罰款，甚至被監禁。

另外，英國機場檢查不算嚴格，海關會隨機抽查行李。

禁止攜帶入境的物品：
www.gov.uk/duty-free-goods/banned-and-restricted-goods

天氣

倫敦四季分明，冬季較長，夏季較短，然而任何季節的天氣都陰晴不定。冬天陰冷、乾燥，平均溫度約在2~8℃，室內一般有暖氣設備。冬天前往倫敦，建議以洋蔥式(多層)穿衣法及防風防寒的裝備為佳，亦應帶備乳液及潤唇膏以防乾燥。最溫暖的季節為6~8月，平均溫度約在12~22℃，白晝長達14~16小時。留意，倫敦早晚溫差很大，即使是夏天前往也要帶備保暖外套。

倫敦溫度及降雨量月平均值

	1月	2月	3月	4月	5月	6月	7月	8月	9月	10月	11月	12月
溫度(℃)	8.1	8.6	11.6	14.6	18.1	21	23.4	23.1	20	15.5	11.3	8.4
雨量(mm)	41.6	36.3	40.3	40.1	44.9	47.4	34.6	54.3	51	61.1	57.5	48.4

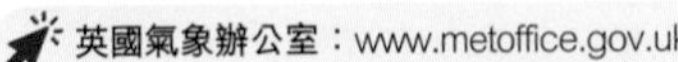

英國氣象辦公室：www.metoffice.gov.uk

時差

英國實行夏令時間，在夏季與冬季會增減1小時。在夏季，英國慢香港及台灣7小時，冬季則慢8小時。時差交替時間於每年3月及10月最後一個週日00:00調整。

語言

英國在名義上沒有官方語言，但實際上以英語為主要語言。除英語外，部分地區會使用其他語言，例如威爾斯語、蘇格蘭語、康瓦爾語等。另外，來自印度及香港等曾是英國殖民地的移民，為英國帶來印度語及廣東話等語言。

英鎊兌換、ATM提款

英國的貨幣單位為英鎊(￡)。流通貨幣分為紙幣及硬幣，硬幣有1p(便士，pence)、5p、10p、20p、50p、￡1、￡2，紙鈔有￡5、￡10、￡20、￡50。￡1=100便士。￡50大鈔流通率較低，某些小型商店和攤販不接受。平時可多留意匯率變動，兌換時需留意匯率及手續費，一般都是在香港先兌換英鎊。有時在英國使用信用卡簽帳會更划算。截至2022年12月，￡1:HK$9.7，￡1:NT$39。

除了自備現金，還可在抵達當地後透過自動櫃員機(ATM)提款。倫敦的機場、火車站設有ATM機。為了安全起見，銀行一般會把銀行卡或信用卡的每日海外提款限額設為HK$0，出發前必先前往銀行、在櫃員機、網上理財或電話理財，啟動海外提款。如果持有印有PLUS或Cirrus標誌的提款卡，在倫敦看到標有VISA或Cirrus等國際組織的ATM提款機時，即表示可提款。各銀行或有收費不一的海外提款手續費。

Tips

海外使用信用卡提款注意事項

出發前只需把銀行戶口連結至Visa或MasterCard信用卡，便可於海外提款。但要留意，提款時要選擇從儲蓄戶口提款，如果你按錯或ATM機沒提供這個選項，便會被當成現金透支，要付高昂的費用。

Tips

英國硬幣的用途

英國基本上是「一卡通行」的地方，而且大多數的商店都接受免接觸式的Visa Paywave和 MasterCard PayPass收款，沒必要帶備大量現金在身。反而可帶備少量的硬幣，一是為泊車咪錶付款，其次是用於超市購物車的押金。英國超市的購物車要塞進￡1的硬幣才能拉出來(左圖)，這個硬幣要自備。

(圖文：蘇飛)

國內外打電話方法

英國—香港

在香港致電到英國，如利用流動電話打IDD，方法如下：[供應商字頭]+[44](英國國際區號)+[020](倫敦區碼)(減去最前面的0)+[電話號碼]，以電話號碼7388 7666為例，從香港致電倫敦：0060+44+20 7388 7666。

在英國致電回港，方法是：[00](供應商字頭)+[852]+[香港電話號碼]。

英國當地

本書的電話號碼包含了英國不同城市的電話區碼，如由當地撥打當地，不需撥打英國國際區號[44]。**使用固網電話**致電當地手提及固網電話，需減去最前面的電話區碼(如倫敦為020)，只要輸入電話號碼最後8位數字便可，例如：電話號碼連區碼是020 7930 2644→撥打7930 2644。

使用手提電話致電當地手提及固網電話，則要輸入城市區碼及電話號碼，例如：電話號碼連區碼是020 7930 2644，這時便要11個數字都要撥打。

電話費方面，多間電訊公司及網絡商推出不同的數據漫遊服務，收費不一，建議比較一下價錢，也可購買含通話分鐘的上網卡。

電壓

倫敦的電壓為240V，插頭為三腳長柱形。香港旅客不需要帶轉換插頭，台灣旅客則需要。

上網

1. 儲值型預付卡 Pay As You Go

以希斯路機場為例，抵達後可先在機場出境大廳購買儲值型預付卡Pay As You Go卡，只需要把SIM卡插入手機便可上網，方便快捷。除了機場，市區的電信公司也有售。

O2、Vodafone、Giffgaff、EE、3電訊等電訊公司，全部提供Pay As You Go卡。使用當地電話卡的好處是不用Wi-Fi蛋也能上網、致電比漫遊便宜，並有多款套餐可以選擇。當中，以3電訊為例，它的Pay As You Go卡提供了以下方案：

方案1

Free SIM：進入網站下單取得SIM卡，之後可在店家增值。每次上網、通電或傳簡訊時，用多少便扣多少錢。也可取得SIM卡後才選擇一個月的Data Pack，詳情見方案2。

方案2

All in one SIMs：買SIM卡時直接選擇無限數據的Data Pack，一個月￡35(HK$336)；或選擇10GB上限，￡10(HK$101)，以上都是無限通話分鐘和短訊的。

Tips

增值(Top Up)

若需要增值(Top Up)，需到SIM卡所屬的電訊公司增值。

O2網站：www.o2.co.uk
Vodafone網站：www.vodafone.co.uk
Giffgaff網站：www.giffgaff.com
EE網站：ee.co.uk
3網站：www.three.co.uk/payg-data-packs

2. 購買和租借Wi-Fi蛋

如果與朋友一同出遊，可考慮購買Wi-Fi蛋(Wi-Fi Router)，供多人同時使用，非常方便。因應eSIM科技的興起，近年出現了可在世界各國使用的隨身無線路由器，例如SmartGo Pokefi (HK$1,180)便可到達後開機自動連上當4G LTE網路，無需更換SIM卡就可在英國使用。隨機帶有5GB全球數據流量，用完可用信用卡在線充值，最多支援8部設備，於英國實測上網和導航速度都不錯。

在英國當地亦可租借Wi-Fi蛋，於網上訂購後，Wi-Fi蛋公司會安排寄至旅客入住的酒店，建議事先通知酒店代收Wi-Fi蛋。回港當天需自付郵費，把Wi-Fi蛋寄回出租公司，不過郵費較貴。在英國租Wi-Fi的缺點是不能一下機便上網，要等到抵達酒店收件後才能使用。

在英國當地租借Wi-Fi蛋：www.wifihire.co.uk

3. 當地免費Wi-Fi

倫敦設有許多免費Wi-Fi熱點，例如在機場、博物館、火車站、地下鐵站(地下鐵站只限Virgin Media、EE、O2或3的用戶)等地均設有免費的Wi-Fi網絡，旅客可多加利用。注意，有些餐廳或咖啡店需要先消費才能取得Wi-Fi密碼。

查詢地下鐵的無線網絡：
https://tfl.gov.uk/campaign/station-wifi
(查詢方法：click入"Getting started with WiFi"下面不同電訊公司)

查詢火車站的無線網絡：
www.nationalrail.co.uk/on-the-train/wi-fi/

增值稅

英國設有增值稅(Value Added Tax，簡稱VAT)，大部分商品和服務的稅率為20%。有關稅項會直接反映在價格中，故遊客一般不需另外付稅項或給貼士。以前遊客在英國買商品是可退稅的，但自2021年1月1日起，到訪英國不再享有增值稅退稅優惠，只有煙酒產品除外，但要由商家直接郵寄至海外地址才可退稅。

旅遊稅

於2022年9月，蘇格蘭政府提出在愛丁堡市徵收旅遊稅(tourist tax)，直接加在酒店房價上，每晚每房￡2(HK$19)，上限是每人￡14(HK$134)，但最早要在2026年才會實行。之後於同年12月，曼徹斯特城也計劃徵收旅遊稅，每晚每房￡1(HK$10)，於2023年4月開始實行，但只限於市中心一帶。

▶曼城成為英國第二個建議收旅遊稅的城市。

實用Apps及求助電話

實用Apps

Skyscanner
尋找便宜機票的工具。
適用系統：iOS及Android

Hostel World
提供青年旅舍的資訊與評價。
適用系統：iOS及Android

TripAdvisor
提供酒店及旅館的資訊與評價。
適用系統：iOS及Android

FlightAware
追蹤飛機航班的最新資訊。
適用系統：iOS及Android

Tube Map London Underground
提供倫敦地下鐵的網絡圖。
適用系統：iOS及Android

MAPS.ME
離線亦能使用的地圖工具。
適用系統：iOS及Android

Citymapper
即時更新的交通情報系統，提供地下鐵現時狀況、巴士行駛狀況等，根據時間和預算搜尋前往目的地的最佳路線。
適用系統：iOS及Android

Visit London Official City Guide
提供倫敦的實用觀光資訊，包括住宿、觀光、餐廳等資訊。
適用系統：iOS及Android

XE Currency
匯率準確、隨時更新的貨幣轉換工具。
適用系統：iOS及Android

Google翻譯
是一個具有離線翻譯、即時拍照翻譯及發音翻譯功能的多種語言翻譯工具。支援中英翻譯。
適用系統：iOS及Android

求助電話

- 警察局、消防車或救護車：999 (公共電話可免投幣)
- 香港入境處熱線：852-1868
- 中國駐英國大使館：020 7776 7888

公眾假期

安排遊覽倫敦時，要留意幾乎所有公家機關、銀行、超市、商店、景點都會於聖誕節、聖誕節翌日(Boxing Day)及元旦關門，連公共交通工具也會暫停或減少班次。此外，遇到倫敦的公眾假期(Bank Holiday)，大部分店家亦會休息。

公眾假期	2023年	2024年
New Year's Day	1月2日	1月1日
Good Friday(耶穌受難日)(復活節前的週五)	4月7日	3月29日
Easter Monday(春分後的第一個週一)	4月10日	4月1日
May Day(5月第一個週一)	5月1日	5月6日
the coronation of King Charles III(查理斯三世加冕日)	5月8日	-
Late May Bank Holiday(5月最後一個週一)	5月29日	5月27日
August Bank Holiday(8月最後一個週一)	8月28日	8月26日
Christmas Day	12月25日	12月25日
Boxing Day	12月26日	12月26日

旅行小貼士

大減價

倫敦每年有兩次大減價，分別為夏季(6~8月)及冬季(12~1月)，許多百貨公司及品牌會減至5折或更低的折扣。聖誕節過後的Boxing Day Sales是折扣最大最多的日子，是血拼的好時機！

基本禮儀

來到英國或倫敦有些基本禮儀需要注意，尤其是觀看歌劇等大型活動時。以下禮儀要留意：

1. 聽歌劇、到高級酒店吃飯或享用下午茶的話，衣着要得體，以示尊重。
2. 英國是一個以女士優先的國家，男士為女士開門、在餐廳讓女士先入座習以成俗。
3. 搭手扶梯習慣靠右站。
4. 不論進商店、乘計程車，不妨跟當地人打招呼。

洗手間

使用火車站或市區的公廁均需要收費，衛生情況一般。少數地下鐵站設有洗手間，也需收費。咖啡店及餐廳則需消費才可使用店家的洗手間。若想免費如廁，可利用博物館、酒店、百貨公司、書局或商場的洗手間。

營業時間

一般商店的營業時間比香港短，按季節及特別節日而調整，約09:00~17:00。餐廳和酒吧通常營業至23:00，但疫情後普遍有縮短營業時間的現象。因法律限制，大型超市及百貨公司於週日的營業時間為12:00~18:00。大部分商店於聖誕節及元旦期間縮短營業時間或休息。

小費

在餐廳消費或乘計程車時可以付10~ 15%的小費，但如果店家已把服務費列入帳單，則無需再額外付小費。小費非硬性規定，可自行斟酌，視服務質素而定。

治安

倫敦治安良好，但大城市內不乏小偷，行李須時刻跟身，避免隨身攜帶過多現金和貴重物品，或可把貴重物品鎖在酒店保險箱。於人煙稀少的區域行走，或者夜遊時，盡量結伴同行。

購買門票

倫敦不少重要景點門票都可透過官方網站提前訂購，以免門票售罄沒法進場。不少門票提供網上購買優惠。

Part 3

飛往倫敦、倫敦市內交通攻略

Tips

倫敦全新鐵路伊利莎伯線

於2022年5月24日，倫敦開通了新鐵路伊利莎伯線 (Elizabeth line)，從雷丁或希斯路機場進入倫敦市中心，於Paddington、Bond Street、Liverpool Street等旺區和主要地鐵站交匯，再延伸至倫敦以東的Shenfield，全長超過100公里，現有41個車站。

飛往倫敦

想飛往英國，最方便的是乘直航飛往倫敦。以下香港及台灣飛行資訊以飛往希斯路機場為主。

香港飛往倫敦

從香港到倫敦，提供直航的航空公司如國泰航空和英國航空的飛行時間約為13小時，每天都有直飛航班，來回約HK$6,000起，不同航空公司或有優惠機票。非直航的航空公司有不少選擇，如阿聯酋航空、漢莎航空、土耳其航空等，價格較便宜，但旅客需要在中途站等候數小時才能轉機。另外，國泰航空也有直航班機來往香港和曼徹斯特市，來回票價HK$6,693起。

台灣飛往倫敦

從台北飛往倫敦只有中華航空有直航航班，每週約4班機。其他航空公司則須於中途站轉機，如國泰航空、長榮航空、韓亞航空、泰國航空等，來回約NT$27,000起，飛行時間加上轉機等待時間至少要17小時以上。

訂機票

如想訂購機票，從網絡購票是最方便及便宜的方法，亦可比較不同旅行網站或代理的價格。確認機位及網上成功付款後，會收到電子機票，出發當天只需攜帶護照及電子機票即可辦理登機。

倫敦主要機場及前往市區交通

機場位置 P.25

倫敦及周邊總共有5個國際機場，包括希斯路機場(Heathrow Airport)、格域機場(Gatwick Airport)、史丹史德機場(London Stansted Airport)、盧頓機場(London Luton Airport)以及倫敦城市機場(London City Airport)。當中以**希斯路機場**為海外旅客常用的國際機場，大部分來往香港與倫敦的客機都會進出這個機場。要留意，外國廉航如Ryanair主要停格域機場、史丹史德機場或盧頓機場。

希斯路機場

希斯路機場有5座航廈，1號航廈於2015年關閉，2及3號航廈位於中心區，4及5號位置比較遠，但有免費接駁巴士及鐵路連接。從香港出發到倫敦的飛機最常使用3號航廈，亦有機會使用2或5號航廈。下表為不同航廈的接駁交通：

航廈	接駁交通
2號航廈←→3號航廈	兩個航廈的位置很近，可通過地下走廊步行到達，約需10分鐘。
2或3號航廈←→4或5號航廈	可乘免費接駁火車或希斯路快車，需時約20分鐘；亦可乘地下鐵，但必須使用Oyster Card(P.45)付費才能免費乘搭，約需16分鐘，或可乘2022年新開通的伊利莎伯線來往。
4號航廈←→5號航廈	可乘免費接駁巴士，需時約20分鐘，或可乘2022年新開通的伊利莎伯線來往。

希斯路機場：www.heathrow.com

希斯路機場☆購物指南☆

希斯路機場不只是登機的地方那麼簡單，還是一個購物及美食天堂，離境時可最後衝刺買手信。

食物手信方面，機場的選擇較少，價錢亦較市區貴；至於名牌，在機場購買會更划算，而一些知名品牌在機場各航廈都有分店，例如連鎖藥妝店Boots、Burberry、Harrods(以賣食品、手信為主)、Gucci、Mulberry、Ted Baker等。另一個在機場購物的好處是所購買的商品不佔托運行李的重量。建議事先上網查看機場的免稅商店，確認欲購的商品或品牌是否有於機場內販售，留待離境那天買。建議預留1~2小時在機場購物。

▲過關後的機場免稅店。

▲Fortnum & Mason專櫃，價錢跟市區差不多。

▲3號航廈的Jack Wills。

▲柏靈頓熊的紀念品隨處可見。

◀機場內有很多食品店售賣Walkers Shortbread Fingers蘇格蘭牛油餅乾，但價錢比市區貴。

▲一些暢銷商品會打折。

▲Harrods專櫃的某些商品提供折扣。

不同名牌在希斯路機場各航廈的分佈

2號航廈	John Lewis、Bulgari、Cath Kidston、Burberry
3號航廈	Bulgari、Cath Kidston、Chanel、Jack Wills、Jo Malone London
4號航廈	Bulgari、Cath Kidston、Jo Malone London
5號航廈	Accessorize、Fortnum & Mason

Tips 來到機場，如果想把明信片或部分行李寄回香港，可前往3號航廈的郵局(Post Office)。

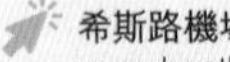

希斯路機場吃喝買資訊：
www.heathrow.com/shops-and-restaurants

希斯路機場前往市中心交通 地圖P.40

從希斯路機場進入倫敦市區交通完善，交通路線的標示亦清楚。由機場前往市區的主要交通工具為兩款火車(希斯路快車和伊利莎伯線)、地下鐵、巴士及計程車，可根據目的地及預算決定利用哪種交通工具。機場有3個地下鐵站及火車站，分別位於2、3號航廈之間、4號航廈及5號航廈，這3個站均屬於Zone 6範圍。以下介紹不同交通方法：

- 搭乘**地下鐵**往市中心最便宜省錢，可直達市區的Knightsbridge或Piccadilly Circus等站。
- 希斯路快車較快但較貴，終點站為Paddington站，而伊利莎伯線(前身為"TfL Rail")可經Paddington、Bond Street、Liverpool Street等市中心主要站點再往東至Shenfield。
- **長途巴士**從2及3號航廈中央巴士站(Central Bus Station)出發，終點站為Victoria Coach站，價錢經濟，但車程容易受路面交通影響。
- 如果有充分預算的話，可考慮乘**計程車**，至市中心車資約￡40~70 (HK$403~704)，另外需付小費。

各交通方法比拼

交通 資訊	希斯路快車 (Heathrow Express)	伊利莎伯線	地下鐵 (Underground)	長途巴士 (National Express)	計程車 (Taxi)
途經車站	2、3、5號航廈到Paddington站	2、3、4、5號航廈往Shenfield	各機場航廈地下鐵站到市中心地下鐵站	從2、3號航廈中央巴士站到Victoria Coach站	各機場航廈到乘客的指定目的地
班次	每15分鐘一班	每11~30分鐘一班	每5~10分鐘一班	每10~30分鐘一班	隨時
到市中心所需時間*	6~15分鐘	30分鐘以上	50分鐘以上	50分鐘以上	按目的地而定
車資	單程￡25 (HK$240)，來回￡37 (HK$372)	單程￡12.8 (HK$123)	單程￡6.3(HK$60)；使用Oyster Card (P.45) ￡5.5(HK$51)	單程￡10 (HK$100)起	約￡40~70 (HK$403~704)，需加小費(約15%)
優點	最快捷方便、班次多、舒適、不塞車	票價較希斯路快車便宜	最經濟的選擇、班次多、不怕塞車	便宜、有放置行李的空間	攜帶大型行李最方便，能夠直達目的地，而且24小時服務
缺點	較貴	速度較希斯路快車慢	站站停、費時、車廂內沒有放置行李的位置	容易受路面情況影響，可能遇上塞車	昂貴、容易受路面情況影響，可能遇上塞車
服務時間#	07:00~23:59	07:21~23:54	05:12~23:45	全日	隨時

*依航廈不同而異　#視乎日期與季節

▶從機場2或3號航廈步行到2或3號航廈地下鐵站只需5分鐘。

▶筆者要乘地下鐵Piccadilly線至Earl's Court站，轉乘District線至Paddington站。

◀機場地下鐵站。

希斯路機場交通：www.heathrow.com/transport-and-directions

希斯路機場往市中心交通路線圖

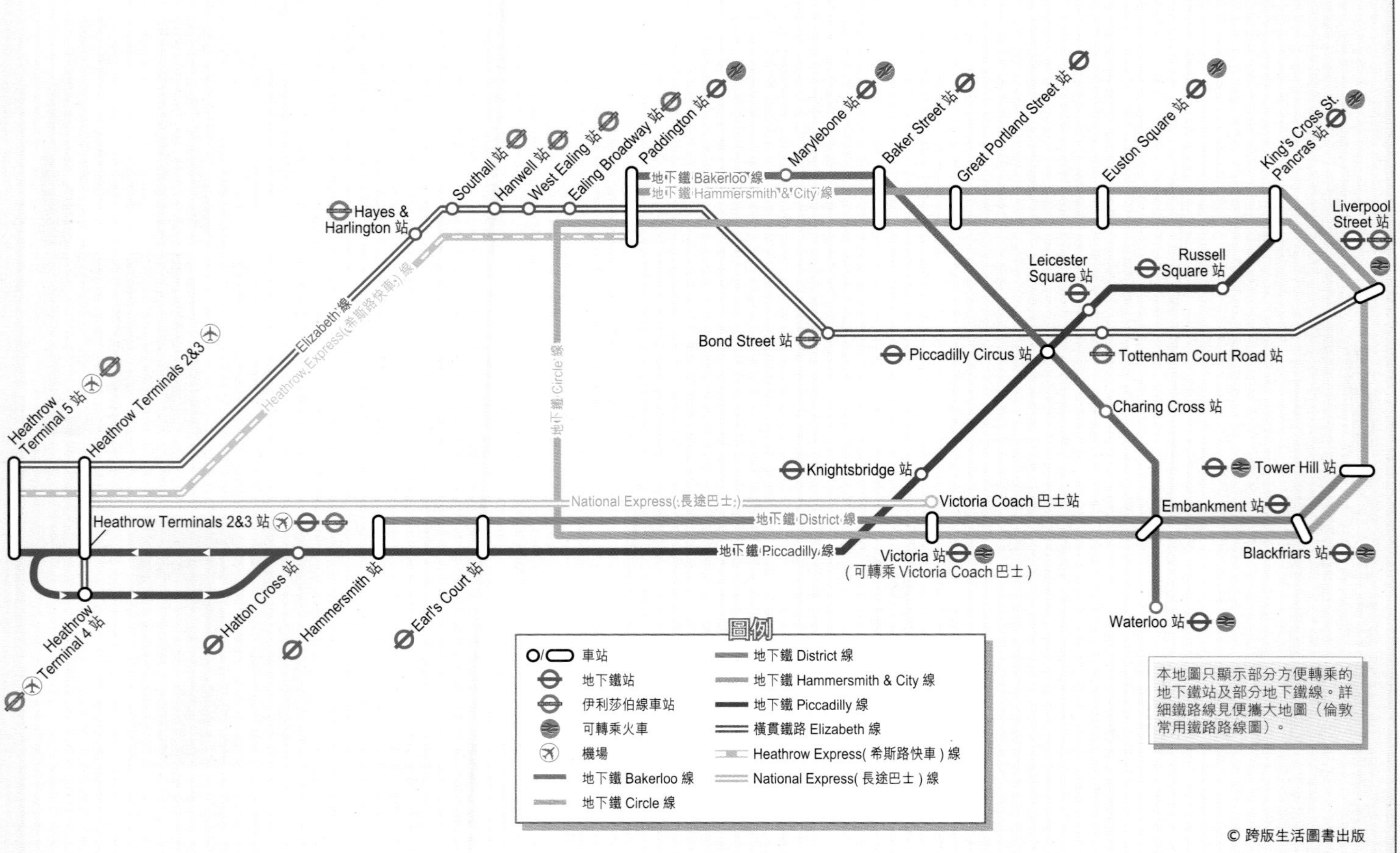

Heathrow Terminal 5 站
Heathrow Terminals 2&3
Heathrow Terminals 2&3 站
Heathrow Terminal 4 站
Hatton Cross 站
Hammersmith 站
Earl's Court 站
Hayes & Harlington 站
Southall 站
Hanwell 站
West Ealing 站
Ealing Broadway 站
Paddington 站
Marylebone 站
Baker Street 站
Great Portland Street 站
Euston Square 站
King's Cross St. Pancras 站
Liverpool Street 站
Russell Square 站
Leicester Square 站
Bond Street 站
Piccadilly Circus 站
Tottenham Court Road 站
Charing Cross 站
Knightsbridge 站
Victoria Coach 巴士站
Victoria 站
(可轉乘 Victoria Coach 巴士)
Tower Hill 站
Embankment 站
Blackfriars 站
Waterloo 站

Elizabeth 線
Heathrow Express(希斯路快車)線
地下鐵 Bakerloo 線
地下鐵 Hammersmith & City 線
地下鐵 Circle 線
National Express(長途巴士)
地下鐵 District 線
地下鐵 Piccadilly 線

圖例

○/⊂⊃	車站
⊖	地下鐵站
⊖	伊利莎伯線車站
≈	可轉乘火車
✈	機場
━	地下鐵 Bakerloo 線
━	地下鐵 Circle 線
━	地下鐵 District 線
━	地下鐵 Hammersmith & City 線
━	地下鐵 Piccadilly 線
═	橫貫鐵路 Elizabeth 線
┅	Heathrow Express(希斯路快車)線
═	National Express(長途巴士)線

本地圖只顯示部分方便轉乘的地下鐵站及部分地下鐵線。詳細鐵路線見便攜大地圖(倫敦常用鐵路路線圖)。

倫敦市內交通

來往倫敦以及倫敦周邊的城市，乘火車或巴士便可(詳見不同城市的介紹)。不少人會在倫敦市內遊玩數天，再暢玩英格蘭其他城市。以下集中介紹倫敦的交通。其他各區，如約克、愛丁堡等，見所屬章節介紹。

倫敦的交通網絡完善，對於喜愛自由行的旅客來說非常便利。為方便管理，倫敦劃分成9個區，即Zone，以Zone 1為市中心，像一個同心圓般往外一環環擴散。觀光景點集中於Zone 1及Zone 2，而希斯路機場位於Zone 6。

倫敦主要公共交通工具有巴士、長途巴士、火車、地下鐵、輕軌電車及路面電車。地下鐵主要行駛Zone 1~6，涵蓋了市中心景點(關於主要Zone範圍見便攜大地圖「倫敦常用鐵路路線圖」)；輕軌電車行駛於Zone 1~4；部分火車及路面電車行駛於Zone 1~9。乘火車或巴士則能到達倫敦近郊或其他城市，例如到訪英女王居住的溫莎城堡、知名的大學城牛津和劍橋、莎士比亞的誕生地等。

鐵路系統

便攜大地圖(倫敦常用鐵路路線圖)

倫敦的鐵路網絡四通八達，是市內最方便的交通工具。總共有10多條地下鐵、輕軌鐵路及路面電車路線，每條路線都有自己的代表顏色。週日期間部分路線的班次會減少。

輕軌電車 *Docklands Light Railway (DLR)*

輕軌電車連接碼頭區(Docklands)及倫敦市中心，方便遊客前往格林威治、斯特拉特福德(Stratford)、倫敦城市機場等。輕軌電車採用無人駕駛技術，不設駕駛廂。收費方面，與地下鐵採用統一票務系統，收費區劃分及標準與地下鐵一致，接受Travelcard、Oyster Card或無接觸式的付款卡。唯一不同的是，大部分輕軌電車站不設入閘機，乘客需於自動售票機購票，或將Oyster Card在月台附近的機器拍卡確認出站及入站，就像在香港乘輕鐵般。

◀大部分輕軌電車(DLR)需要乘客自己刷卡進站，沒人看管。但上車後有機會被工作人員隨機查票，如發現有人沒拍卡，會被罰款。

路面電車 *London Overground*

路面電車連接了倫敦市中心與周邊地區，總共有112個站。路面電車主要方便住在周邊地區的當地居民使用，如果在市中心想轉乘路面電車，需於Euston、Liverpool Street、Whitechapel等特定火車或地下鐵站轉乘。路面電車與地下鐵採用統一票務系統，購票、入閘方法、收費區劃分及標準與地下鐵一樣，接受Travelcard、Oyster Card或無接觸式的付款卡。

地下鐵 Underground/Tube

暢遊倫敦市中心，乘地下鐵最方便！地下鐵共有多條線，當中的Central、Jubilee、Piccadilly(來往希斯路機場)、Northern及Victoria等地下鐵線於週五及六晚上提供24小時服務。

收費方面：地下鐵接受現金、Travelcard(P.45)、Oyster Card(P.45)或無接觸式的付款卡。票價按不同Zone區域範圍計算，計算方法分為高峰時段(Peak Hours)及非高峰時段(Off Peak)。使用Oyster Card的話，高峰時段為早上06:30~09:30及16:00~19:00，此時段的票價最貴；其他時段為非高峰時段，票價較便宜。使用Travelcard的話，高峰時段為早上04:30~09:30，其他時段為非高峰時段。

▲地下鐵Underground又稱為Tube。

▲只要找到著名的紅色圓環加藍色橫條標誌，便能到達地下鐵站。

▲地下鐵站內的入閘位置會有電子螢幕，顯示當天地下鐵哪些路段正常運作(Good service)或暫時封閉(Part closure)。

▲地下鐵站內有清晰的路標指引，只要跟隨指示到最近的出口便能到達各大景點。

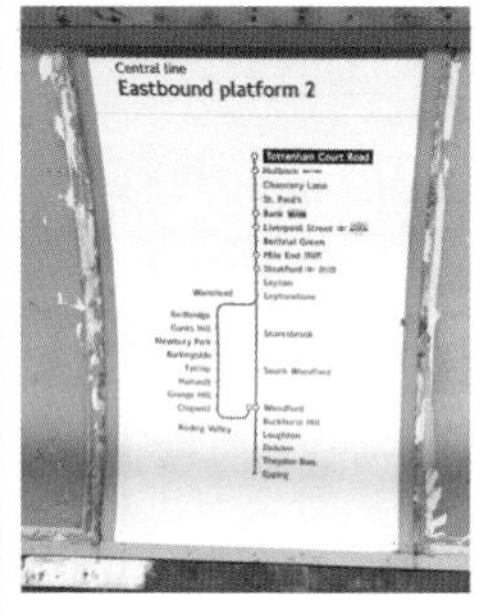

◀站內月台清楚標明了地下鐵線方向和途經的站。

King's Cross站

King's Cross站是大站，多條地下鐵線在此交匯，並有通道連接附近火車站。實際上，King's Cross可分為King's Cross St. Pancras Underground(地下鐵站)、London King's Cross(火車)、St Pancras International(火車)及St Pancras Domestic(火車)。

地下鐵站的扶手電梯

由於某些地下鐵站有一定的歷史，沒有設置電梯或升降機，若攜帶大型行李，建議先查詢目的地的地下鐵站內是否設有電梯等的無障礙設施。

查詢無障礙設施：進入倫敦地下鐵官網 → 按"More" → "Stations, stops & piers" → 下面選擇地下鐵("Tube, Overground…") → 選擇路線及站→下面"Station facilities"顯示站內設施(扶手電梯為Escalators)

INFO

約05:00~00:30，週日07:30~23:30；Central、Jubilee、Piccadilly、Northern及Victoria等地下鐵線週五及六24小時營運

https://tfl.gov.uk

火車 National Rail

火車(英國全國鐵路)連接英國各城市，可由倫敦出發前往。倫敦內有多個火車站，包括Euston、Paddington、London King's Cross、Victoria等站，與地下鐵站相接。提早預訂火車票(Advance Ticket)會有優惠，可透過火車官網買票。除可購買單程票，還可選購優惠卡，如二人同行卡(Two Together Railcard)、16~25歲卡(16~25 Railcard)、家庭團體卡(Family & Friends Railcard)等。持卡的一年內，可享有扣減火車票價1/3的優惠，適合常去英國旅行的旅客。

▲火車站內設有電子螢幕，旅客可查看火車班次的最新資訊。

Tips：火車由多間公司營運，所以有多條路線。

火車(英國全國鐵路)：www.nationalrail.co.uk
一年優惠卡：www.railcard.co.uk

火車路線圖

▲火車票。

☆如何透過火車官網訂票☆

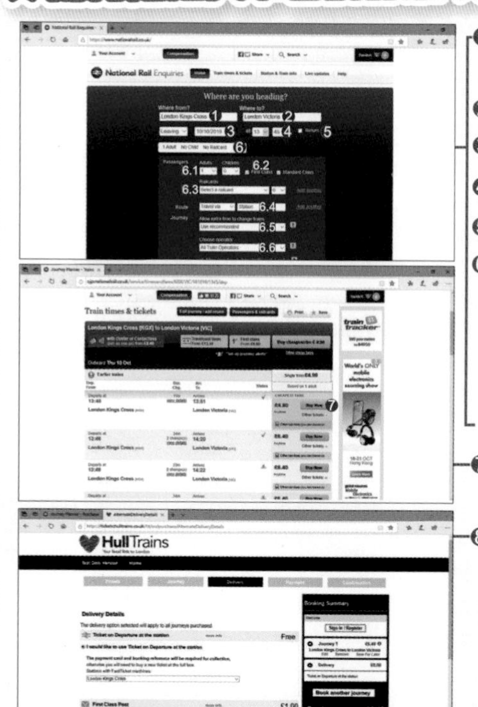

❶出發地火車站(可鍵入"London"，網站會自行搜羅相關火車站)

❷目的地火車站

❸選擇日期(提早買票有優惠)

❹出發時間

❺可在空格打勾，買回程票

❻按開向下箭咀，會有以下選擇(一般可以略過)：6.1 票數(成人及小童) 6.2 頭等或二等座 6.3 特別火車優惠證 6.4 經過/不停某個站或在某站轉車 6.5 額外轉車時間 6.6 特定火車營運商，選好後按"Go"

❼網頁會列出相關火車及其詳細資訊，選好後按"Buy Now"

❽接着會轉跳到相關的火車營運商網站，核對資料並選擇領取方式(親自領取或郵寄，郵寄只限英國地址)後，按"Continue"，然後填妥資料，以信用卡付款

巴士 Bus

市區的紅色雙層巴士是倫敦最有代表性且較便宜的交通工具。公共巴士的交通網絡完善，幾乎每個地下鐵站和主要景點都能利用巴士前往。想下車只需提前按停車鈴即可。另有夜間巴士，在巴士號碼前會加上"N"作區別。

▲倫敦常見的紅色雙層巴士。

INFO
- 06:00~23:00(夜間巴士約23:40~05:10)
- 不接受現金付款；使用Oyster Card或無接觸式的付款卡，單程車資為£1.65(HK$15)，Zone 1~6內均屬單一價，每天的扣款上限為£4.95(HK$45)，超過扣款上限，當天不會再扣款
- tfl.gov.uk/modes/buses/

長途巴士 Coach

倫敦主要的長途巴士公司有交通網絡分布最廣的National Express、能夠從倫敦到愛丁堡的Mega Bus，以及主要行走郊區的Green Line，各巴士公司經常推出特價優惠票。倫敦出發的巴士大多由Victoria巴士站(位置見地圖P.66)出發，依照發車時間、目的地，前往巴士站乘車即可。

建議預先於網絡購票，確保座位。票價方面，一般來說越早買越便宜，偶爾會有優惠票(Fanfare)，但僅限網購，每筆網上訂單需要收£1(HK$10)手續費，但比即日買票還是便宜得多。取票方面，可直接打印電子車票，或向司機展示手機畫面。如選擇其他取票方法，如手機傳送到手機、郵寄、於指定車站取票都需要另外收取手續費。

National Express：www.nationalexpress.com
Mega Bus：uk.megabus.com
Green Line：www.greenline.co.uk

觀光巴士

如果希望以最短時間遊覽多個景點，搭乘觀光巴士是不二之選。只要買一張票便可以在規定時間內不限次數乘坐觀光巴士，是專門為觀光客設計的交通工具。觀光巴士是雙層設計，遊客可坐在上層的露天座位沿路看城市風光。倫敦目前有3家公司營運觀光巴士，分別是Golden Tours、Big Bus Tours及The Original Tour，價錢、營運時間及路線各不同，可根據自己的需求選擇。

Golden Tours

Big Bus Tours　The Original Tour

租借單車

租借單車遊倫敦是方便和省錢的好方法。在倫敦租借單車相當容易，Santander Cycles是一個公共單車租借系統，只要持有信用卡，便可到市內任何Santander Cycles的自助租借站租單車。Santander Cycles在倫敦有超過11,500輛單車以及750個租借站，但只能使用信用卡付款。建議事先下載Santander Cycles的App，方便查詢租借站的位置。

Android App　iOS App

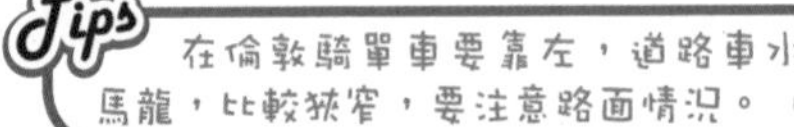
Tips 在倫敦騎單車要靠左，道路車水馬龍，比較狹窄，要注意路面情況。

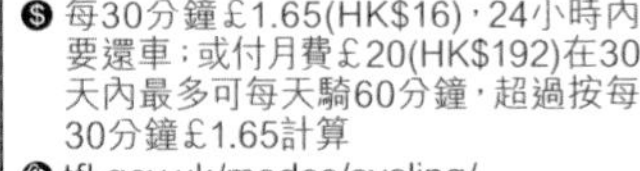
INFO
- 每30分鐘£1.65(HK$16)，24小時內要還車；或付月費£20(HK$192)在30天內最多可每天騎60分鐘，超過按每30分鐘£1.65計算
- tfl.gov.uk/modes/cycling/

倫敦交通卡

乘公共交通工具時，車資會根據付費方法而有所不同，以現金直接購買單程車票(Single Cash Fare)最貴及最不划算，而**巴士或輕軌電車等不接受現金**。暢遊倫敦，想在交通費方面享有優惠並解決部分交通工具不接受現金的問題，不妨考慮購買交通卡，包括：Travelcard、Oyster Card及其他接觸式的付款卡，例如有非接觸式(Contactless)功能的卡及可用Google Pay或Apple Pay的手機。

Oyster Card

Oyster Card是儲值交通卡，類似香港的八達通，使用多少便扣多少錢(Pay As You Go)，適用於乘地下鐵、輕軌電車、路面電車及巴士。可於地下鐵站內的自動售票機或售票處購買。按金為￡5(HK$50)，按金可於最後離開的地下鐵站辦理退還。除了按金，最多只能退還￡10(HK$101)內的餘額。交通卡可在地下鐵站內的櫃枱或機器增值(Top Up)，不設增值下限，可無限期使用。

▲地下鐵站內的自動售票機。

使用Oyster Card或接觸式的付款卡乘巴士及地下鐵皆設有單日扣款上限(Daily Cap)，巴士的扣款上限劃一為￡4.95(HK$45)，而地下鐵則根據Zone的範圍而定，由￡7~12.8(HK$66~121)不等。(關於Zone可見P.41)

INFO
- 需付按金￡5(HK$50)，首次增值最少增值￡5(HK$50)
- https://oyster.tfl.gov.uk/oyster/entry.do

Tips
除了在售票機買到的Oyster Card外，遊客還可預先在網上購買Visitor Oyster Card，寄去香港或在英國下榻的住址。好處是免去抵達後在當地排隊買卡的時間，而且出示Visitor Oyster Card可於指定餐廳、景點、店鋪享有優惠。缺點是要付￡3(HK$30)卡片啟動費及郵費。

Visitor Oyster Card官網

Travelcard

Travelcard分為1日卡、7日卡、1個月卡及1年卡，涵蓋巴士、地下鐵、輕軌電車、路面電車及部分市區火車服務。持卡者可於有效期內不限次數乘涵蓋範圍內的交通工具，適合使用不同交通工具的旅客。以下介紹較常用的1日卡及7日卡。

1日卡是一張單獨使用的紙票，可於地下鐵站內的自動售票機或售票處購買。它分為Anytime Day Travelcards(適用於任何時段)及Off Peak Day Travelcard(只適用於非高峰時段)。Anytime Day Travelcards分兩種票價，Zone 1~4票價為￡14.4(HK$138)，Zone 1~6票價為￡20.3(HK$195)，而Off Peak Day Travelcard只設Zone 1~6票價￡14.4(HK$138)。不過，1日卡並不划算，以Zone 1~2的高峰時段為例，旅客必須於一天內乘單程5次或以上才回本，而且若使用Oyster Card付費會有扣款上限，所以如果旅客主要在Zone 1~2遊覽的話，不建議購買1日卡。

7日卡(限網上購買)既是一張單獨使用的紙票，又可以於抵達倫敦後把7日卡儲值於Oyster Card上，即是如果你手持Oyster Card，可以選擇把7日卡儲值在Oyster Card上。7日卡不分時段，適合在一星期內需乘多種大眾交通工具的旅客。以旅客常去的Zone 1及2的票價為例，7日卡只需￡38.4(HK$369)，平均每天交通費約￡5.5(HK$53)，即每天乘兩次單程便可回本。

INFO
- 1日卡￡14.4(HK$138)起，7日卡￡38.4(HK$369)起
- visitbritainshop.com/gb/en/london-day-travelcard

☆Cash VS Oyster Card VS Travelcard☆

在衡量是否需要購買Oyster Card還是Travelcard時，應考慮以下幾點：

1. 在倫敦旅行幾天？
2. 是否只使用地下鐵？或是會使用電車、巴士或火車？
3. 一天內會乘多少程地下鐵？
4. 於甚麼時段乘地下鐵？
5. 住宿地點、遊覽區域會涵蓋幾個Zone？

考慮過以上因素後，可參考下列以現金、Oyster Card及Travelcard付款的收費比較(以Zone 1~6為例)，選擇一種適合自己的付車費方法：

<table>
<tr><th rowspan="3">區域</th><th rowspan="3">現金</th><th colspan="3">Oyster Card</th><th colspan="3">Travelcard</th></tr>
<tr><th colspan="2">單程</th><th rowspan="2">每日扣款上限</th><th colspan="2">1日卡</th><th rowspan="2">7日卡</th></tr>
<tr><th>高峰時段</th><th>非高峰時段</th><th>任何時段</th><th>非高峰時段</th></tr>
<tr><td>Zone 1</td><td rowspan="6">£6.3 (HK$61)</td><td colspan="2">£2.5(HK$24)</td><td rowspan="2">£7.7 (HK$74)</td><td colspan="2" rowspan="4">£14.4(HK$138)</td><td rowspan="2">£38.4 (HK$369)</td></tr>
<tr><td>Zone 1~2</td><td>£3.2 (HK$29)</td><td>£2.6 (HK$25)</td></tr>
<tr><td>Zone 1~3</td><td>£3.6 (HK$33)</td><td>£2.9 (HK$28)</td><td>£9 (HK$86)</td><td>£45.2 (HK$434)</td></tr>
<tr><td>Zone 1~4</td><td>£4.3 (HK$39)</td><td>£3.2 (HK$31)</td><td>£11 (HK$105)</td><td>£55.2 (HK$530)</td></tr>
<tr><td>Zone 1~5</td><td>£5 (HK$47)</td><td>£3.4 (HK$33)</td><td>£13.1 (HK$126)</td><td rowspan="2">£20.3 (HK$195)</td><td rowspan="2">£15.3 (HK$147)</td><td>£65.7 (HK$630)</td></tr>
<tr><td>Zone 1~6</td><td>£5.5 (HK$51)</td><td>£3.5 (HK$34)</td><td>£14.1 (HK$135)</td><td>£70.3 (HK$675)</td></tr>
</table>

倫敦通行證(The London Pass)

景點 + **觀光巴士券** + **Oyster Card**

倫敦有很多值得參觀的歷史建築，但不少都要收費。如想節省入場費，可考慮購買倫敦通行證。倫敦通行證是提供80個以上熱門景點免費入場的周遊券，包括倫敦塔、溫莎城堡、乘遊覽船暢遊泰晤士河等，通行證亦提供快速通關，省下排隊等候的時間。此外，通行證還包括Golden Tours 1天免費的hop-on-hop-off觀光巴士券(觀光巴士詳見P.44)。通行證分為1~7及10天的價格，並分是否含Oyster Card。可按自己的行程、目的地，計算買通行證是否比分開購買門票划算。

購買方面，可於倫敦通行證的官方網站購買。購買成功後，抵達當地只需展示手機畫面即可使用通行證，如選擇郵寄要收費，英國國內郵寄£3(HK$30)起，海外郵寄£8(HK$80)起。

通行證一天費用：成人£79(HK$759)起，小童£50(HK$500)起；(含Oyster Card)成人£89(HK$880)起，小童£60.1(HK$600)起。

INFO
- 09:00~17:00，週六10:00~16:00，週日10:30~16:00
- 080 0090 3140
- londonpass.com

Part 4

精選酒店住宿

本章住宿價格謹供參考，以酒店或旅館公布為準。

訂房方法

倫敦的交通費昂貴，考慮住宿時必須考慮酒店是否擁有方便的地理位置。倫敦的住宿主要分為一般連鎖式酒店、公寓式酒店，價格比其他地區的同級酒店貴很多，如想節省住宿費可入住便宜的青年旅館。越靠近市中心，住宿自然越昂貴，但可省下交通往返時間以及車資。另外，早餐、網絡、環境安全性、室內設備(如冷氣機、暖氣機、廚房、冰箱等)是否俱備，亦是重要的考慮因素。

訂房網站

- 想要訂中等價位的旅館的話，除可利用綜合訂房網站，例如：Booking.com、Agoda.com，還應該直接上當地連鎖酒店網站訂房，如Premier Inn(premierinn.com)、ibis(ibis.accor.com)和較廉價的Travelodge(travelodge.co.uk)，更易找到性價比高的選擇。
- 英國各地有很多短租私人公寓，多人入住的話比酒店便宜，加上提供煮食用具可省回外出用餐費用。到Airbnb網站(airbnb.com.hk)訂房即可。
- 想要訂實惠經濟的青年旅舍的話，可利用：Hostelworld(hostelworld.com)、hostelsclub(hostelsclub.com)。

住宿介紹

倫敦市內住宿

馬里波恩、梅菲爾

位於購物美食地帶 Thistlel Marble Arch 地圖P.80、110

酒店出入口就在商店林立的牛津街(P.84)附近，而步行10~15分鐘便可來到海德公園(P.140)、蘇豪區(P.92)和唐人街(P.93)，對喜愛購物、美食和夜生活的朋友來說相當方便。酒店規模很大，部分房間可俯瞰繁華的牛津街街景。房間寬敞舒適，咖啡機、風筒、熨斗及浴室用品等一應俱全。早餐方面，提供豐富的傳統英式自助早餐，用料講究，不過不是免費，想品嘗的話可在訂房時選擇包含早餐的方案。

▲房間相當寬敞。

►早餐用料講究，沙律的配料有各種橄欖和煙三文魚。

►英式早餐指定食物：蘑菇、炒蛋、香腸、番茄、煙肉、薯茸(或薯角)和茄汁焗豆。

INFO
- Bryanston Street, Marylebone, London
- 乘地下鐵Central線到Marble Arch站，步行約5分鐘
- Check-in/Check-out:15:00/12:00
- 雙人房每晚￡199(HK$2,014)起
- 0800 330 8523
- thistle.com

(圖文：蘇飛)

入住多人房認識世界的旅人 Clink261

地圖P.111 ☑免費早餐

位於地下鐵King's Cross站附近，交通便利。Clink261設有廚房、洗衣機，還有免費早餐，對長住的旅客來說很方便，只是建築略為殘舊。房型分為私人房以及多人共用房(分為4~6人、8~10人及18人房)，滿足有不同預算和需求的旅客。全部房型都要共用浴室。

▲ Clink261。(照片提供：Clink Hostels)

INFO

- 261~265 Grays Inn Road, London
- 乘地下鐵Circle、Hammersmith & City、Metropolitan、Northern、Piccadilly或Victoria線到King's Cross St. Pancras站，步行約4分鐘
- Check-in/Check-out：14:30/10:00
- 多人房一人床位約￡20(HK$198)起，私人房每晚約￡90(HK$864)起
- 020 7183 9400
- www.clinkhostels.com/london/clink261

位置優越、房間舒適 Travelodge London Kings Cross Royal Scot Hotel

地圖P.111

酒店位置四通八達，特別適合翌日乘坐火車或歐洲之星列車(EuroStar)的旅客。大英圖書館(P.118)也在附近，可步行前往。房間以柔和的淺色為主，簡潔乾淨，讓人感覺舒適。留意，酒店只提供首30分鐘免費Wi-Fi，如想24小時使用Wi-Fi，需收取￡3(HK$30)，或訂房時選擇包Wi-Fi的方案。

▲酒店外觀。(攝影：Travelodge London Kings Cross Royal Scot Hotel)

INFO

- 100 Kings Cross Road, London
- 乘地下鐵Circle、Hammersmith & City、Metropolitan、Northern、Piccadilly或Victoria線到King's Cross St. Pancras站，步行約10分鐘
- Check-in/Check-out：15:00/12:00
- 雙人房每晚約￡70(HK$672)起，包早餐及Wi-Fi約￡90(HK$864)起
- 08719 846272

酒店官網

平價青年旅館 Generator Hostel London

地圖P.111

設計走現代英式風格的平價青年旅館，適合背包客或住宿預算有限的旅客。地理位置方便，位於地下鐵King's Cross與Russell Square站中間，離Russell Square站約5分鐘路程。房間分為多人共用房及套房，套房有含浴室及不含浴室的。共用房間價錢較便宜，但房間較狹窄，並要使用公共浴室及洗手間，不過公共空間夠大，還有提供輕食及咖啡的吧枱及設有酒吧。

INFO

- 37 Tavistock Place, London
- 乘地下鐵Piccadilly線到Russell Square站，步行約5分鐘
- Check-in/Check-out：14:00/10:00
- 多人房一人床位(浴室需共用)約￡26(HK$250)起，套房(含私人浴室)每晚約￡142(HK$1,363)起
- 020 7388 7666
- http://staygenerator.com/hostels/london

節省預算的公寓式酒店 Studios 2 Let Cartwright Gardens

地圖P.111

這間公寓式酒店交通位置方便，房內空間不算很大，但乾淨舒適，更設有完善的廚房設施，例如微波爐、雪櫃、簡單的廚房用具等，適合想下廚節省飲食預算的遊客。某些房型更設有露台，非常寫意。

INFO

- 36~37 Cartwright Gardens, London
- 乘地下鐵Circle、Hammersmith & City、Metropolitan、Northern、Piccadilly或Victoria線到King's Cross St. Pancras站，步行約6分鐘；或Piccadilly線到Russell Square站，步行約7分鐘
- Check-in/Check-out：14:00/11:00
- 雙人房每晚約￡123(HK$1,190)起
- 020 7380 8450

酒店官網

購物看歌劇同樣方便 Hard Rock Hotel London

地圖P.80

◀酒店大堂很時尚。

▲房間不大，但很整潔。

酒店就在海德公園和地下鐵站Marble Arch對面、牛津街西面起點，無論是Check-in後去購物、血拼完回酒店，還是到著名的海德公園都十分方便。相對區內其他酒店，這家酒店建築和設計較新，房間不太大但設備齊全，部分房間有翠綠的公園園景。酒店就近劇院區，方便想欣賞歌劇的旅客。

INFO
- Great Cumberland Place, London
- 乘地下鐵Central線或Elizabeth線到Marble Arch站，出站後沿Oxford Street步行約2分鐘
- Check-in/Check-out:15:00/12:00
- 雙人房每晚約£233(HK$2,358)起
- 0800 330 8089
- www.hardrockhotels.com/london

(攝影：蘇飛，文字：IKiC)

南肯辛頓及騎士橋

方便隨時血拼 Queensway Hotel

地圖P.139

☑免費早餐

▲ Queensway Hotel。

酒店鄰近海德公園，離地下鐵Paddington站只有3分鐘路程，要前往牛津街或龐德街(P.90)購物逛街都非常方便，適合喜愛血拼的旅客。房型方面，有單人房、雙人大床、雙床房及3人房，房間設備簡單齊全，價錢屬中等價位。

INFO
- 147~149 Sussex Gardens, Paddington, London
- 乘地下鐵Bakerloo、Circle、District或Hammersmith & City線到Paddington站，步行約3分鐘
- Check-in/Check-out:14:00/11:00
- 單人房約£89.1(HK$902)起
  雙人房(一大床)約£106(HK$1,000)起
- 03330 034283

酒店官網

交通方便的經濟型酒店 Point A Hotel

地圖P.139

Point A Hotel是連鎖酒店集團，為了保持競爭力和維持低價，酒店房間較小，而且只提供每3天一次的打掃房間服務。酒店的位置非常方便，在西敏寺、地下鐵King's Cross 及Paddington站附近都有分店。

INFO
- 41 Praed Street, London
- 乘地下鐵Bakerloo、Circle、District或Hammersmith & City線或Elizabeth線到Paddington站，步行約6分鐘
- Check-in/Check-out:15:00/11:00
- 雙人房約£107(HK$1,027)起
- 020 7258 3140
- pointahotels.com/our-hotels/paddington/

Tips

住在Paddington站相當方便，由希斯路機場乘希斯路快車或Elizabeth線均可直達，不用拿着行李再轉車。

溫馨家庭式酒店 Admiral Hotel London 地圖P.139

酒店感覺較家庭式，設備簡單整潔。附近一排建築物都是商務旅館，鄰近海德公園，與Paddington站只有5分鐘步行距離。

INFO
- 143 Sussex Gardens, Hyde Park, London
- 乘地下鐵Bakerloo、Circle、District或Hammersmith & City線或Elizabeth線到Paddington站，步行約5分鐘
- Check-in/Check-out：13:00/11:00
- 單人房約£82(HK$792)起，雙人房每晚約£148(HK$1,425)起
- 020 7723 7309、020 7723 3975
- www.parkavenueadmiralhotel.co.uk

型格酒店 The Z Hotel Victoria 地圖P.66、138

酒店有8層，共106間房，位於地下鐵Victoria站附近，旅客可以前往Victoria巴士站乘長途巴士往周邊城市。房間設計時尚，富有現代感，乾淨衛生，唯一缺點是只有大床房，不設雙床房。

INFO
- 5 Lower Belgrave Street, London
- 乘地下鐵Circle、District或Victoria線到Victoria站，步行約6分鐘
- Check-in/Check-out：15:00/11:00
- 雙人房每晚約£138(HK$1,332)起
- 020 3589 3990
- www.thezhotels.com/victoria

首屈一指 倫敦文華東方酒店 地圖P.138 ☑免費早餐

Mandarin Oriental, London

這是一家5星級豪華酒店，面對着海德公園，以優質卓越的服務及設施見稱，於2016年翻新後，進一步提升酒店的基礎設施等級，設有水療中心提供專業的護理療程。房間分兩種景觀：庭院景觀及海德公園園景。酒店位於倫敦的中心地帶，可步行前往哈洛德百貨公司(P.142)或海德公園。

INFO
- 66 Knightsbridge, London
- 乘地下鐵Piccadilly線到Knightsbridge站，步行約1分鐘
- Check-in/Check-out：14:00/12:00
- 雙人房每晚約£900(HK$9,109)起
- 020 7235 2000
- www.mandarinoriental.com.hk/london

別具格調的精品酒店 The Kensington Hotel 地圖P.138

酒店以優雅亮麗的格調見稱，即使是最基本的房型亦配有40吋電視和Nespresso咖啡機，整個氛圍給住客帶來溫暖的感覺。酒店提供多種套房房型，適合一家人或朋友入住。另外，酒店的餐廳提供下午茶，方便遊客隨時優雅地品嘗英式下午茶。

INFO
- 109~113 Queen's Gate, South Kensington, London
- 乘地下鐵Circle、District或Piccadilly線到South Kensington站，步行約5分鐘
- Check-in/Check-out：14:00/12:00
- 雙人房每晚約£290(HK$2,935)起
- 020 7589 6300
- www.doylecollection.com/hotels/the-kensington-hotel

鄰近Westfield購物中心

ibis London Shepherds Bush

地圖P.52

酒店位於倫敦西部，鄰近南肯辛頓及騎士橋區的景點，與Westfield購物中心更只有8分鐘步程，前往購物非常方便。酒店走現代風格，房間則以木質家具和地板為主調，裝潢簡潔。酒店設有餐廳及酒吧。

INFO
- 3~5 Rockley Road, London
- 乘地下鐵Central線或路面電車(London Overground)到Shepherd's Bush站，步行約3分鐘
- Check-in/Check-out: 14:00/12:00
- 雙人房每晚約£130 (HK$1,308)起
- 020 7348 2020

酒店官網

酒店位置地圖

Shepherd's Bush Market站
Wood Lane
Westfield 購物中心
Shepherd's Bush站
Shepherd's Bush站
Uxbridge Road
Shepherd's Bush Green
ibis London Shepherds Bush (P.52)
Goldhawk Road站
100米
© 跨版生活圖書出版

圖例
- 住宿
- 購物
- 地下鐵站
- 地下鐵 Central 線
- 地下鐵 Circle 線
- 地下鐵 Hammersmith & City 線
- 路面電車站
- 路面電車線 (London Overground)

西敏區

格調奢華的四星酒店

St. Ermin's Hotel

地圖P.67

▲St. Ermin's Hotel。

◀酒店大堂。

☑免費早餐

屬於比較高級的4星酒店，是萬豪國際集團旗下的酒店。位於西敏區的中心地帶，外觀華麗、極具氣派，提供多種房型，每間房裝潢各有特色。酒店位於地下鐵St. Jame's Park站附近，可以步行至白金漢宮(P.69)、國會大廈(P.72)以及大笨鐘(P.72)，方便觀光。

INFO
- 2 Caxton Street, London
- 乘地下鐵Circle或District線到St. Jame's Park站，步行約2分鐘
- Check-in/Check-out:15:00/11:00
- 雙人房每晚約£344(HK$3,300)起
- 020 7222 7888
- www.sterminshotel.co.uk

(攝影：St. Ermin's Hotel)

西堤區

空間感十足的服務式公寓

Marlin Apartments Queen Street

地圖P.120

房間分為套房(Studio Apartments)、一室公寓(1 Bedroom Premier Apartment)及兩室公寓(2 Bedroom Premier Apartment)。比起一般市內酒店，擁有設備齊全的廚房和客廳，讓旅人身在異地也有回到家的感覺。房間的沐浴用品採用L'OCCITANE，令人驚喜。公寓鄰近觀光勝地聖保羅大教堂(P.126)和泰晤士河(P.73)，附近亦有許多餐廳及酒吧，例如Burger & Lobster(P.126)，無論遊玩或覓食都很方便。

INFO
- 30 Queen Street, London
- 乘地下鐵Circle或District線到Mansion House站，步行約2分鐘
- Check-in/Check-out：15:00/10:30
- 一室公寓約£187(HK$1,800)起
- 020 7332 5500
- marlin.com/locations/London-City-Queen-Street

跨年觀看煙花匯演

Hampton by Hilton London Waterloo

地圖P.154

☑免費早餐

Hampton是希爾頓旗下一間大型連鎖酒店，距地下鐵Waterloo站只有5分鐘路程，交通便利。每天早上提供免費的傳統英式自助早餐，食物種類繁多，除了一般英式早餐必備的香腸、火腿、蘑菇和芝士外，還有不同款式的糕點甜品，水果沙律的種類也多得驚人，自助窩夫餅則是必吃的。酒店就在倫敦眼(P.157)附近，在除夕時，大部分房間都可欣賞到以倫敦眼為背景的泰晤士河煙花匯演！

▲酒店雖然鄰近地下鐵 Waterloo 站，但不算太嘈雜。

▲自助窩夫機，這個一定要試試。

◀早餐食物種類多是這家酒店的賣點之一。

▲典型的英式早餐。

Tips

除夕煙花匯演

每年除夕晚上12點泰晤士河都會有煙花匯演。熱門的觀賞地點是泰晤士河兩岸，特別是倫敦眼和國會西敏橋附近，不少人趁天還未黑已佔位等看煙花。這家酒店大部分房間都可看到以倫敦眼為背景的煙花匯演，打開窗還可以聽到巨大的煙花爆發聲、音樂和人群的歡呼聲，跨年時來倫敦不妨入住這家酒店。

▶倫敦除夕煙花匯演短片

INFO

- 157 Waterloo Road, London
- 乘地下鐵Northern、Bakerloo、Jubilee或Waterloo & City線到Waterloo站，出站後轉右沿Waterloo Road步行約5分鐘
- Check-in/Check-out：15:00/11:00
- 雙人房每晚£235(HK$2,250)起
- 020 7401 8080

酒店官網

(攝影：蘇飛，文字：IKiC)

英格蘭坎布里亞郡(溫德米爾湖附近)住宿

欣賞絕美湖景 Wateredge Inn

地圖P.238 ☑免費早餐

Wateredge Inn位於英格蘭西北部坎布里亞郡(Cumbria)的旅遊城鎮安布賽德(Ambleside)。酒店就在英格蘭最大的湖泊溫德米爾湖(P.237)的北面，部分房間更可欣賞到絕美的湖畔景致，房間裝潢柔和舒適。附近的湖畔碼頭(Waterhead Pier)便是乘坐觀光船的碼頭。

▲酒店位於觀光船上落碼頭附近。

INFO

- Borrans Road, Ambleside, Cumbria
- 乘火車到Windermere站，轉乘555號巴士到Waterhead Hotel for Pier站下車
- Check-in/Check-out:15:00/11:00
- 雙人房每晚約£170(HK$1,632)起
- 015394 32332
- inncollectiongroup.com/wateredge-inn

(攝影：蘇飛，文字：IKiC)

提供各式健康活動 YHA Ambleside Hostel

地圖P.238

▲旅舍是一間古典英式大屋，建築本身就是一個景點。

YHA Ambleside位於溫德米爾湖(P.237)北面湖邊，是一所青年旅舍，鄰近乘坐觀光船的碼頭。旅舍外形獨特又大，乘坐觀光船時很遠就可以看到這座別致的英式大屋。旅舍設有湖景房間及多人共住的房間床位，價錢比附近的酒店便宜。此外，旅舍提供一系列的活動供住客參加，如行山、踏單車、攀石、水上活動等，還有免費瑜伽體驗。

Tips

留意，床位及部分私人房需共用浴廁，如想有私人套房，可在訂房時選擇"en suite"房間，不過雙人房不設私人浴廁(或可訂4人房)。

INFO

- Waterhead, Ambleside, Cumbria
- 乘火車到Windermere站，轉乘555號巴士到Waterhead Hotel for Pier站下車
- Check-in/Check-out:14:00/10:00
- 單人每晚£45(HK$430)起，雙人房每晚£68(HK$656)起
- 0345 371 9620
- yha.org.uk/hostel/yha-ambleside

(圖文：蘇飛)

蘇格蘭愛丁堡住宿

鄰近愛丁堡機場 愛丁堡萬豪酒店

地圖P.244

Edinburgh Marriott Hotel

這是萬豪酒店集團旗下的4星酒店，現名為Delta Hotels Edinburgh，房間簡潔優雅，溫馨舒適。這裏提供的英式早餐十分豐富，還有黑色布丁。

▲提供典型的英式早餐。

►黑布丁 (Black Pudding)。

INFO

- 111 Glasgow Road, Edinburgh, Scotland
- 由愛丁堡機場乘輕軌列車(Edinburgh Trams)到Edinburgh Gateway站或Gyle Centre站，沿Glasgow Road步行約10分鐘
- Check-in/Check-out:15:00/12:00
- 雙人房每晚約£70(HK$675)起
- 0131 334 9191
- www.marriott.com/hotels/travel/edieb-edinburgh-marriott-hotel

(圖文：蘇飛)

Part 5

8大行程建議 暢玩英倫

行程圖例

午餐 晚餐 美食

5天4夜親子購物之旅

Day1

抵達倫敦希斯路機場

▼乘地下鐵Piccadilly線至South Kensington站

到南肯辛頓及騎士橋一帶參觀科學博物館、維多利亞與阿爾伯特博物館、自然史博物館

South Kensington站旁的餐廳

Oddono's吃雪糕

▼步行/乘巴士

哈洛德百貨公司購物

▼乘地下鐵至Covent Garden站

柯芬園廣場一帶購物

▼步行/乘巴士

蘇豪區購物

Princi

Day2

白金漢宮觀賞衛兵交接

The Golden Lion

▼步行

參觀西敏寺、國會大廈及大笨鐘

◀西敏寺。

▼

乘渡輪暢遊泰晤士河

▼

下船後，登上倫敦眼欣賞倫敦夜景

在地下鐵Waterloo站附近尋食

▶倫敦眼。

Day3

倫敦

▼由London乘火車至Watford Junction站(約25分鐘)，再乘接駁巴士到片場(約15分鐘)

到哈利波特片場看《哈利波特》電影的拍攝場地

Day4

▼乘地下鐵至Kew Gardens 站

到邱園看世上最大的植物溫室

邱園商店內的咖啡室吃午餐

▼乘地下鐵至Richmond 站下車

轉371巴士在Petersham Gate 站或American University站下車

在列治文公園看野生梅花鹿和騎馬

Day5

牛津街、攝政街或龐德街購物

The Breakfast Club

▼乘地下鐵Piccadilly線/希斯路快車或Elizabeth線

倫敦希斯路機場返港

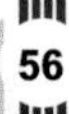

5天4夜 知性之旅 倫敦 > 沙里斯貝利

Day1

抵達倫敦希斯路機場

▼ 乘希斯路快車至Paddington站，轉乘地下鐵至Westminster站

參觀國宴廳、國會大廈及大笨鐘

🍴 地下鐵St James's Park站附近尋食

▼ 步行

參觀西敏寺

▼

乘渡輪暢遊泰晤士河

▼

下船後參觀The London Dungeon及登上倫敦眼

🍴 南岸中心內的餐廳

Day2

到南肯辛頓及騎士橋一帶參觀科學博物館、維多利亞與阿爾伯特博物館、自然史博物館

🍴 V&A Café

▼ 步行

到海德公園散步

▼ 步行

參觀肯辛頓宮

▼ 乘地下鐵至Leicester Square站

逛唐人街，到萊斯特廣場看音樂劇

Day3

倫敦

▼ 由Waterloo火車站乘火車至Salisbury站，約1小時30分鐘

沙里斯貝利及巨石陣一日遊，返回倫敦市

Day4

參觀聖保羅大教堂

▼ 步行

千禧橋

▼ 步行

參觀泰特現代美術館

🍴 波若市集內尋食

▼ 乘地下鐵至Tower Hill站

到倫敦塔參觀，晚上到倫敦塔橋看夜景

◀倫敦塔橋。

🍴 Burger & Lobster (Threadneedle Street)

Day5

參觀大英博物館

🍴 All Bar One

▼ 乘地下鐵Piccadilly線／希斯路快車或Elizabeth線

倫敦希斯路機場返港

行程3 6天5夜 悠閒觀光之旅

倫敦 牛津/劍橋

(城市位置見P.25)

Day1

抵達倫敦希斯路機場

▼ 乘希斯路快車至Paddington站，轉乘地下鐵Bakerloo線至Oxford Circus站，或直接乘Elizabeth線到Bond Street站

牛津街、攝政街或龐德街購物

◀攝政街上的店家。

Princi

▼ 步行/乘巴士

逛逛蘇豪區

Day2

哈洛德百貨公司購物

▼ 步行

海德公園野餐

▼ 步行

馬里波恩大街購物

The Golden Hind

Day3

倫敦

▼ 乘火車至Oxford(約2小時)或Cambridge站(約50分鐘)

牛津或劍橋一日遊，返回倫敦市

◀在劍橋的康河撐篙。

Day4

參觀西敏寺

▼ 步行

參觀國會大廈及大笨鐘

在地下鐵St James's Park站附近尋食

▼ 步行

乘渡輪暢遊泰晤士河並登上倫敦眼

南岸中心內的餐廳

Day5

參觀聖保羅大教堂

Burger & Lobster

▼ 步行

千禧橋

▼ 步行

參觀泰特現代美術館

波若市集內尋食

Day6

在萊斯特廣場及柯芬園廣場購物

Fernandez and Wells

▼ 乘地下鐵Piccadilly線/希斯路快車或Elizabeth線

倫敦希斯路機場返港

行程4

6天5夜 美食之旅

(城市位置見P.25)

Day1

抵達倫敦希斯路機場

▼ 乘地下鐵Piccadilly線至Green Park站，轉乘Jubilee線至Southwark站

參觀千禧橋，沿泰晤士河散步

波若市集內尋食

Day2

Fortnum & Mason購物

▼ 步行

The Ritz London Hotel嘆經典英式下午茶

▼ 步行／乘地下鐵至Piccadilly Circus站

到皮卡迪利圓環、攝政街購物

◀皮卡迪利圓環。

▼ 步行

逛唐人街

Princi

▼ 步行

All Bar One酒吧感受倫敦夜生活

Day3

參觀大英博物館

Burger & Lobster

▼ 步行

到柯芬園廣場購物

▼ 步行

參觀Somerset House

Day4

倫敦

▼ 乘火車至Bath Spa站，約1小時30分鐘～2小時

暢遊巴斯的景點

在莎莉露之屋或Monmouth Street附近尋食

▶莎莉露之屋。

▼ 火車

倫敦

Day5

白金漢宮觀賞衛兵交接

▼ 步行

參觀女王藝廊

▼ 步行

參觀西敏寺、國會大廈、大笨鐘

▼

乘渡輪暢遊泰晤士河

▼

下船後登上倫敦眼

Day6

到柯芬園廣場購物

Punjab

▼ 乘地下鐵Piccadilly線／希斯路快車或Elizabeth線

倫敦希斯路機場返港

行程5

7天6夜 觀光購物之旅

(城市位置見P.25)

Day1

抵達倫敦希斯路機場

▼ 乘Elizabeth線至Tottenham Court Road站

參觀大英博物館

🍴 All Bar One

▼ 乘地下鐵至Oxford Circus站

到牛津街、攝政街或龐德街購物

🍴 Princi

Day2

白金漢宮觀賞衛兵交接

▼ 步行

參觀女王藝廊

▼ 步行

參觀西敏寺、國會大廈、大笨鐘

▼

乘渡輪暢遊泰晤士河，下船後登上倫敦眼

🍴 南岸中心內的餐廳

Day3

倫敦

▼ 由London Marylebone火車站乘火車至Bicester Village站，約46分鐘

Bicester Village逛街購物

▼ 乘火車至Oxford站，約15分鐘

晚上抵達牛津

Day4

暢遊牛津

▼ 乘火車回倫敦(約2小時)

晚上回到倫敦

Day5

到波特貝羅市集逛街

🍴 Ottolenghi

▼ 乘地下鐵至High Street Kensington站

參觀肯辛頓宮

▼ 步行

海德公園，再到哈洛德百貨公司購物，並在此吃晚餐

Day6

千禧橋

▼ 步行

參觀聖保羅大教堂

🍴 Duck & Waffle

◀在餐廳俯瞰倫敦風光。

▼ 步行/乘地下鐵至Liverpool Street站

到舊斯皮塔佛德市集、紅磚巷逛街

▶紅磚巷。

🍴 Cereal Killer Cafe

Day7

柯芬園廣場購物

🍴 Punjab

▼ 地下鐵Piccadilly線/希斯路快車或Elizabeth線

倫敦希斯路機場返港

行程6

7天6夜 藝術之旅 倫敦

Day1

抵達倫敦希斯路機場

乘希斯路快車/Elizabeth線至Paddington站，轉乘地下鐵至High Street Kensington站

參觀肯辛頓宮

步行

到海德公園散步

步行

參觀維多利亞與阿爾伯特博物館

◀館內美術品。

地下鐵South Kensington站附近街道(Thurloe Place)尋食

Day2

在白金漢宮觀賞衛兵交接

步行

參觀女王藝廊

步行

參觀西敏寺、國會大廈、大笨鐘

乘渡輪暢遊泰晤士河，下船後登上倫敦眼

南岸中心內的餐廳

Day3

參觀哈利波特9 3/4月台

步行

到大英圖書館感受書香氣息

圖書館內的餐廳或Cafe

步行/地下鐵

參觀大英博物館

步行

到蘇豪區感受鬧市氣氛

Princi

Day4

參觀Somerset House

步行

在柯芬園廣場購物，在此吃午餐

步行

參觀國家肖像藝廊或國家藝廊

步行

在m&m朱古力旗艦專賣店購買m&m周邊產品

步行

晚飯後到萊斯特廣場看音樂劇

Day5

參觀聖保羅大教堂

Burger & Lobster

步行

參觀倫敦博物館

步行

到巴比肯藝術中心看看現代感十足的建築

乘地下鐵至Monument站

逛Leadenhall Market，看看《哈利波特》其中一個取景地，並在此吃晚餐

Day6

千禧橋

步行

參觀莎士比亞環球劇場

步行

參觀泰特現代美術館

美術館內餐廳

乘巴士/步行

逛逛波若市集，並在市集內尋食

Day7

到紅磚巷、Sunday Up Market購物

Beigel Bake

地下鐵Piccadilly線/希斯路快車或Elizabeth線

倫敦希斯路機場返港

7天6夜 暢遊倫敦周邊之旅

倫敦 ▶ 牛津/劍橋 ▶ 格林威治 ▶ 沙里斯貝利 (城市位置見P.25)

Day1

抵達倫敦希斯路機場

▼ 乘希斯路快車/Elizabeth線至Paddington站，轉乘地下鐵至Westminster站

乘渡輪暢遊泰晤士河

▼

下船後登上倫敦眼

🍴南岸中心內的餐廳

Day2

倫敦市

▼ 乘火車至Oxford(約2小時)或Cambridge站(約50分鐘)

牛津或劍橋一日遊，返回倫敦

Day3

倫敦市

▼ 乘火車或路面電車至Watford Junction站，再轉乘巴士

參觀哈利波特片場

Day4

倫敦市

▼ 由倫敦Charing Cross站乘火車至Greenwich站，約37分鐘

格林威治一日遊，參觀舊皇家海軍學院、皇后宅邸、皇家天文台等

▲皇家天文台。

Day5

參觀大英博物館

🍴 All Bar One

▼ 乘地下鐵至Oxford Circus站

到牛津街、攝政街或龐德街購物

▼ 步行

到蘇豪區或唐人街

Day6

倫敦市

▼ 由Waterloo火車站乘火車至Salisbury站，約1小時30分鐘

暢遊沙里斯貝利，例如大教堂、博物館，並且到必去的巨石陣，返回倫敦

Day7

到柯芬園廣場購物

🍴 Shake Shack

▼ 地下鐵Piccadilly線/希斯路快車或Elizabeth線

倫敦希斯路機場返港

9天8夜 世界遺產之旅

倫敦 › 牛津/劍橋 › 溫莎 › 伊頓 › 沙里斯貝利 (城市位置見P.25)

Day1

抵達倫敦希斯路機場

▼ 乘地下鐵Piccadilly線至Covent Garden站

柯芬園廣場購物

▼ 步行

逛逛蘇豪區或唐人街

Day2

參觀大英博物館

🍴 All Bar One

▼ 乘地下鐵至Oxford Circus站

到牛津街、攝政街或龐德街購物

🍴 Princi

Day3

倫敦

▼ 乘火車至Oxford(約2小時)或Cambridge站(約50分鐘)

牛津或劍橋一日遊，返回倫敦

Day4

在白金漢宮觀賞衛兵交接

🍴 The Golden Lion

▼ 步行

參觀西敏寺、國會大廈及大笨鐘

▼

乘渡輪暢遊泰晤士河，下船後登上倫敦眼

🍴 南岸中心內的餐廳

Day5

倫敦市

▼ 由Waterloo火車站乘火車至Windsor & Eton Riverside站，約40～57分鐘

溫莎、伊頓一日遊，遊走溫莎城堡，觀看伊頓公學，返回倫敦

▼溫莎城堡。

Day6

到肯頓市集及水門市集購物，並在市集吃午餐

▼ 步行

馬廄市集購物

▼ 步行

在攝政公園散步

▼ 步行／乘巴士

逛逛馬里波恩大街

🍴 The Golden Hind Restaurant

Day7

參觀肯辛頓宮並吃午餐

▼ 步行

海德公園

▼ 步行

到哈洛德百貨公司購物，並在此吃晚餐

▼ 乘地下鐵至Leicester Square站

到萊斯特廣場看音樂劇

Day8

倫敦

▼ 由Waterloo火車站乘火車至Salisbury站，約1小時30分鐘

暢遊沙里斯貝利，到必去的巨石陣，返回倫敦

Day9

參觀史賓莎大屋

▼ 步行

到Fortnum & Mason購物及吃午餐

▼ 乘地下鐵Piccadilly線／希斯路快車或Elizabeth線

倫敦希斯路機場返港

Part 6

倫敦

遊玩英國，倫敦可說是大門口，交通方便 (交通見 P.41~46)，不少人都會在市內暢玩數日，再到周邊城市或英格蘭其他城市遊玩。在本章，會介紹倫敦的西敏市、東區、西堤區、肯辛頓 - 車路士及肯頓區，還有南岸、列治文及格林威治等市內不同區域。各區各有特色，有的是行政中心，有的是文藝區域，有的則讓人感受到街頭氣息。

西敏市景點地圖

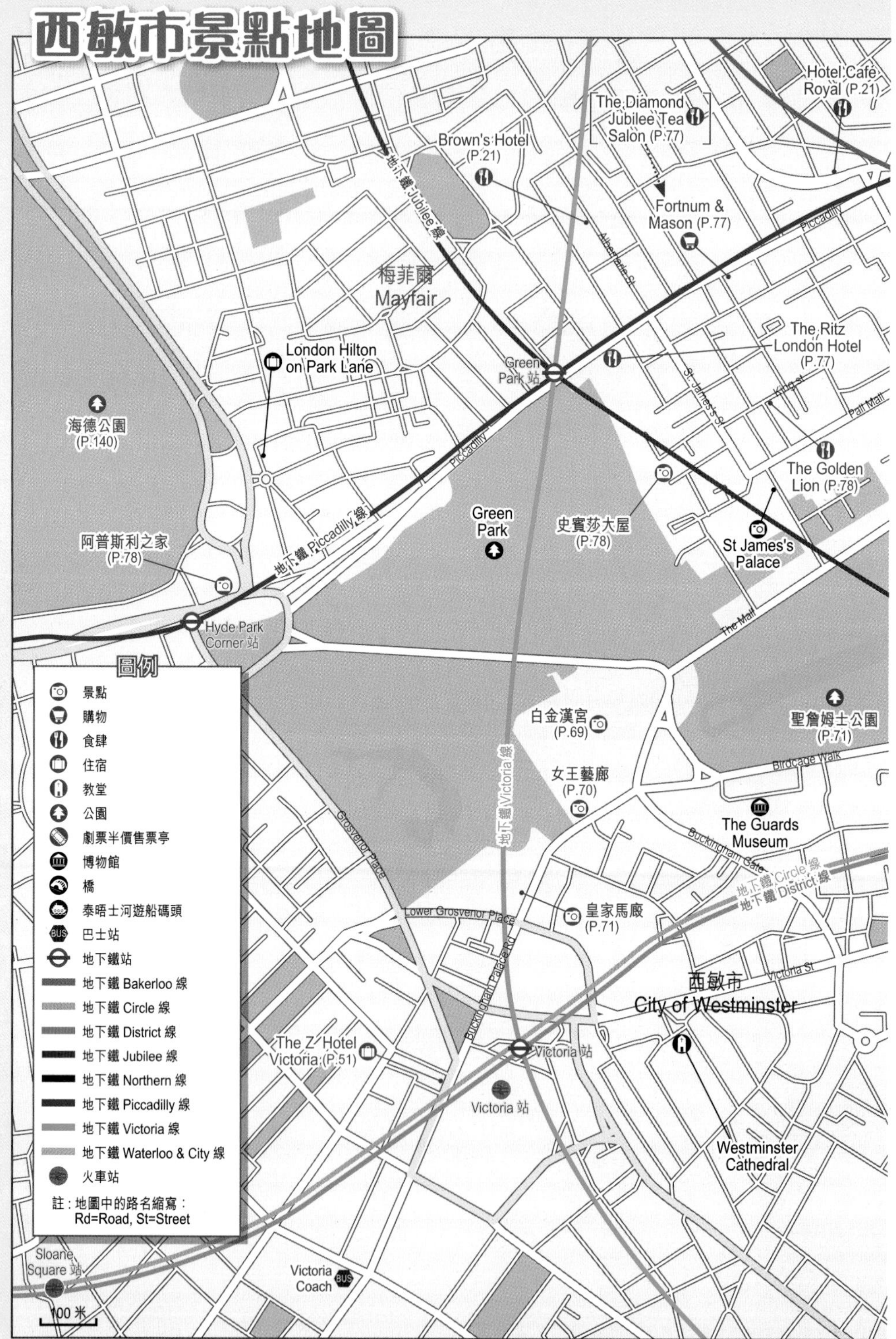

Hotel Café Royal (P.21)
The Diamond Jubilee Tea Salon (P.77)
Brown's Hotel (P.21)
Fortnum & Mason (P.77)
地下鐵 Jubilee 線
Albemarle St
Piccadilly
梅菲爾
Mayfair
London Hilton on Park Lane
Green Park 站
The Ritz London Hotel (P.77)
St James's St
King st
Pall Mall
海德公園 (P.140)
The Golden Lion (P.78)
Green Park
史賓莎大屋 (P.78)
St James's Palace
阿普斯利之家 (P.78)
地下鐵 Piccadilly 線
Hyde Park Corner 站
The Mall
圖例
景點
購物
食肆
住宿
教堂
公園
劇票半價售票亭
博物館
橋
泰晤士河遊船碼頭
巴士站
地下鐵站
地下鐵 Bakerloo 線
地下鐵 Circle 線
地下鐵 District 線
地下鐵 Jubilee 線
地下鐵 Northern 線
地下鐵 Piccadilly 線
地下鐵 Victoria 線
地下鐵 Waterloo & City 線
火車站
註：地圖中的路名縮寫：
Rd=Road, St=Street
白金漢宮 (P.69)
聖詹姆士公園 (P.71)
Birdcage Walk
女王藝廊 (P.70)
地下鐵 Victoria 線
The Guards Museum
Grosvenor Place
Buckingham Gate
地下鐵 Circle 線
地下鐵 District 線
Lower Grosvenor Place
皇家馬廄 (P.71)
Victoria St
Buckingham Palace Rd
西敏市
City of Westminster
The Z Hotel Victoria (P.51)
Victoria 站
Victoria 站
Westminster Cathedral
Sloane Square 站
Victoria Coach
100 米

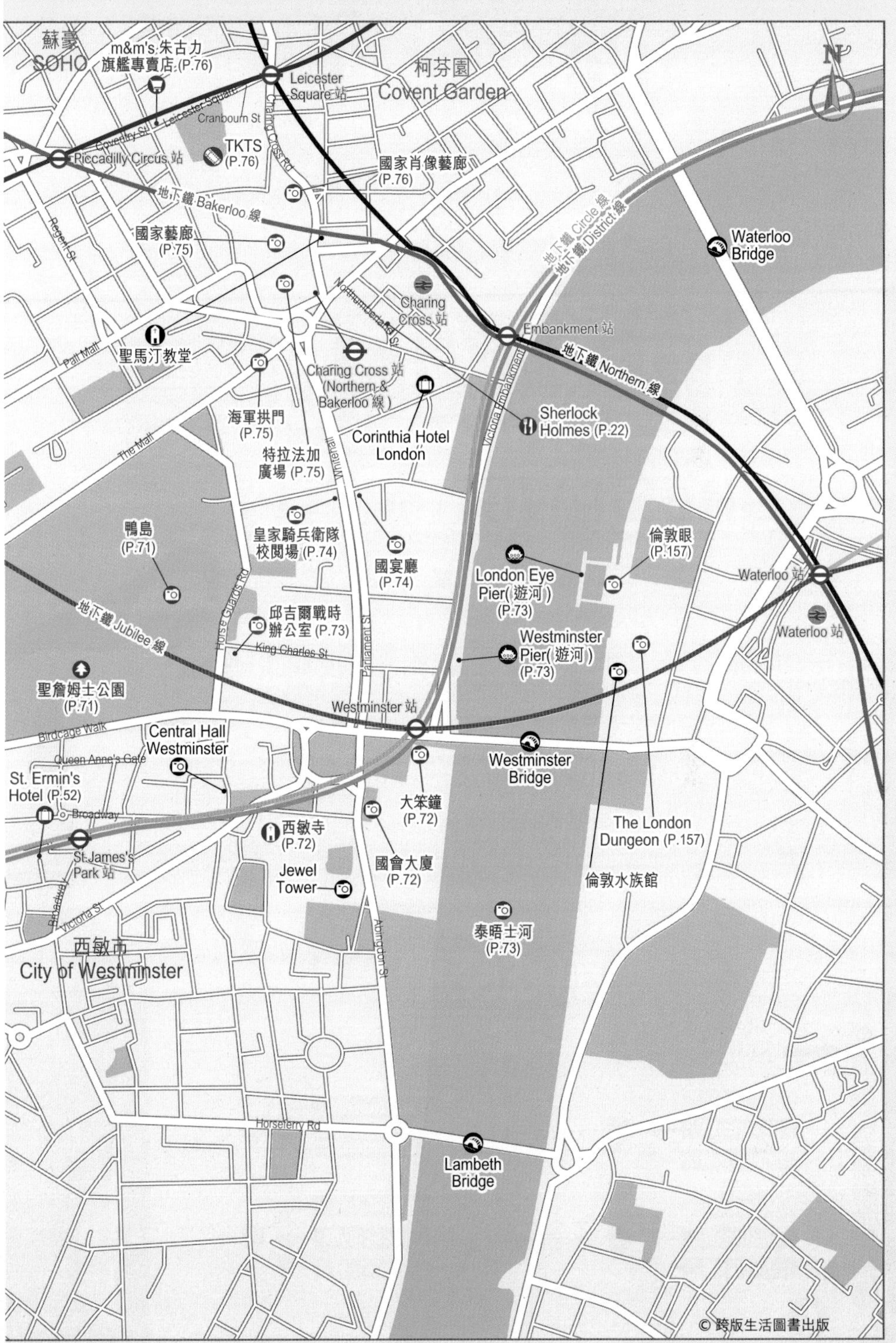
蘇豪
SOHO
m&m's朱古力旗艦專賣店 (P.76)
Leicester Square 站
柯芬園
Covent Garden
N
Leicester Square
Cranbourn St
Charing Cross Rd
Coventry St
Piccadilly Circus 站
TKTS (P.76)
國家肖像藝廊 (P.76)
地下鐵 Bakerloo 線
Regent St
國家藝廊 (P.75)
地下鐵 Circle 線
地下鐵 District 線
Waterloo Bridge
Charing Cross 站
Northumberland St
Embankment 站
聖馬汀教堂
Pall Mall
Charing Cross 站 (Northern & Bakerloo 線)
地下鐵 Northern 線
Victoria Embankment
Sherlock Holmes (P.22)
海軍拱門 (P.75)
Corinthia Hotel London
The Mall
特拉法加廣場 (P.75)
Whitehall
皇家騎兵衛隊校閱場 (P.74)
鴨島 (P.71)
倫敦眼 (P.157)
國宴廳 (P.74)
London Eye Pier(遊河) (P.73)
Waterloo 站
Horse Guards Rd
地下鐵 Jubilee 線
邱吉爾戰時辦公室 (P.73)
Parliament St
King Charles St
Westminster Pier(遊河) (P.73)
聖詹姆士公園 (P.71)
Westminster 站
Birdcage Walk
Central Hall Westminster
Westminster Bridge
Queen Anne's Gate
St. Ermin's Hotel (P.52)
Broadway
大笨鐘 (P.72)
The London Dungeon (P.157)
西敏寺 (P.72)
St James's Park 站
國會大廈 (P.72)
倫敦水族館
Jewel Tower
Victoria St
泰晤士河 (P.73)
西敏市
City of Westminster
Abingdon St
Horseferry Rd
Lambeth Bridge

Part 6.1

英國行政中心

西敏市
City of Westminster

位置地圖P.65

西敏市位於倫敦正中心，是倫敦其中一個擁有城市地位的自治市，亦是英國的行政中心，西敏寺、國會大廈、白金漢宮等都位於此處。除了是政治中心，這兒還有買名牌的好去處以及歌劇院。西敏市可以分為：政治中心「西敏區」；擁有倫敦3大必逛之街的「梅菲爾」；酒吧林立的「蘇豪區」；以劇院、街頭表演、露天市集著稱的「柯芬園廣場」；以及遠離鬧區的「馬里波恩」等區域。

前往交通

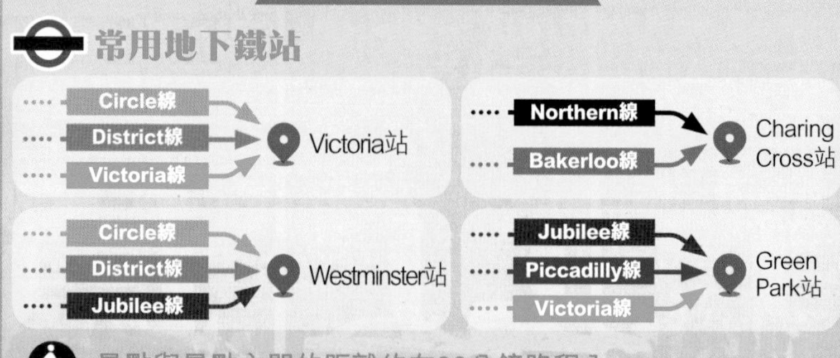

心臟地帶

~西敏區~ Westminster

西敏區是擁有許多重要景點以及皇室建築的心臟地帶，包括白金漢宮、最古老的皇家公園聖詹姆士公園、特拉法加廣場、國家藝廊及倫敦的標誌性建築——大笨鐘等。

體驗英國皇室的風采 白金漢宮 Buckingham Palace

地圖P.66 必到

白金漢宮於英國的地位極為重要，內有多間國事廳(State Rooms)，這兒既是國家慶典和皇室歡迎禮的舉行場地，亦是英國皇室平日居住和辦公的地方。宮殿建於1703年，由白金漢公爵所建而得名，前身是白金漢公爵的私人官邸，直至1837年維多利亞女王登基，皇家遷入白金漢宮，才正式成為英國皇室的宮殿。白金漢宮是每個遊客到倫敦必訪的地標性景點，自1992年為籌備溫莎城堡的火災修復經費才開放參觀，但開放時間僅於夏季(7~10月)。

▲白金漢宮。白金漢宮前的是維多利亞女王紀念碑。

◀透過皇宮正門上方懸掛皇室旗幟或英國國旗，便知國王是否在宮中。

INFO

- Buckingham Palace, London
- 乘地下鐵Circle、District或Victoria線到Victoria站，沿Buckingham Palace Road步行約10分鐘；或乘地下鐵Piccadilly、Jubilee或Victoria線到Green Park站，出Buckingham Palace出口，經過Green Park步行約8分鐘
- 約7~10月09:30~19:30(9~10月提前18:30休息)，每年開放日不同，出發前宜先到官網查詢
- **白金漢宮與國事廳**成人£33(HK$316)，青年£(HK$206)，17歲以下£18(HK$173)，5歲以下免費；**套票「白金漢宮+國事廳+皇家馬廄+女王藝廊(Royal Day Out)」**成人£55(HK$528)，青年£36(HK$346)，17歲以下£30(HK$288)
- 020 7766 7300
- www.rct.uk/visit/buckingham-palace

Tips

建議訂票

如果想確保參觀當天有票，建議先於網上訂票，當天到櫃台取票。

白金漢宮☆必看儀式☆

倫敦觀光的重頭戲 衛兵交接儀式 Changing of the Guard

白金漢宮的衛兵交接儀式一直是遊英的重點行程。儀式開始時，身穿紅色制服、頭戴黑色氈帽的禁衛軍會從鳥籠道(Birdcage Walk)進入白金漢宮，然後在宮內舉行交接儀式，期間有軍樂團演奏，全程約40分鐘。遊客只能隔着欄杆觀看交接儀式，因此白金漢宮正面的欄杆便成為觀賞交接儀式的人氣位置，夏季時更是擠滿人。

▲維多利亞女王紀念碑前亦是觀賞儀式的熱門位置。

◀透過圍欄觀看裏面的儀式。

▲白金漢宮正面有大批遊客，不妨帶自拍神器從較高位置拍攝，但小心撞到別人。

Tips

拍攝小貼士

想拍出好照片建議提前1小時到場佔據有利位置。如果想欣賞隊伍入場和全面地看到宮外的步操，可考慮在維多利亞女王紀念碑前觀看。

INFO

- 6月至7月每天11:00，其餘月份隔天舉行(宜至官網瀏覽)；若天氣不佳或遇上皇家節慶或會暫停
- changing-guard.com/changing-the-guard-buckingham-palace.html

精挑細選的皇家收藏品 女王藝廊 地圖P.66

The Queen's Gallery

女王藝廊建於1831年，前身為皇家私人禮拜堂，後被炸毀重新裝修，成為小型的展示廳，並對外開放。藝廊空間不大，但展覽的主題都非常特別和吸引。展品均從皇室的收藏中精挑細選出來，十分罕見，例如為伊利沙伯二世慶祝90歲大壽的服飾展(Fashioning a Reign: 90 Years of Style from The Queen's Wardrobe)，展示了超過150套貴重的服裝。

▲女王藝廊的入口。

INFO

- The Queen's Gallery, Buckingham Palace, London
- 乘地下鐵Circle、District或Victoria線到Victoria站，沿Buckingham Palace Road步行約5分鐘
- 約10:00~17:30，7月20日至9月29日09:30開始營業，最後入場16:15，每年開放時間不同
- 休 星期二及星期三，12月25-28日，2023年2月27日至4月20日關閉，每年休息時間不同
- 成人£17(HK$163)，18-24歲£11(HK$106)，17歲以下£9(HK$86)，，5歲以下免費；另有套票見「白金漢宮」(P.69)

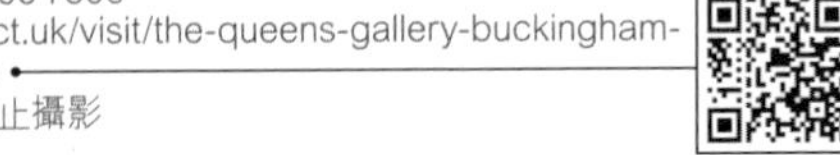

- 020 7766 7300
- www.rct.uk/visit/the-queens-gallery-buckingham-palace
- 館內禁止攝影

瑰麗皇室黃金馬車 皇家馬廄 The Royal Mews 地圖P.66

皇家馬廄是為皇室成員提供陸路交通接送的部門。皇室成員使用的馬車，均由皇家馬廄負責管理和保管。金碧輝煌的黃金馬車是必看展品，馬車長7米，約4噸重，需要8匹馬才能把它拉動。黃金馬車主要用於皇家的重要慶典，如加冕禮、國事訪問、婚禮、國會開幕大典等，而最後一次使用這輛黃金馬車是在2002年英女王登基50週年慶典上。細心一看，會發現奢華的金色馬車上有精緻的雕繪，充份展現皇家氣勢。

▲威風凜凜的騎兵。

▲皇家馬廄外觀。

INFO
- The Royal Mews, Buckingham Palace, London
- 乘地下鐵Circle、District或Victoria線到Victoria站，沿Buckingham Palace Road步行約5分鐘
- 約10:00~16:00(最後入場15:15)，3月至10月尾開放至17:30(最後入場16:00)，每年開放時間不同
- 2023年只開放3月2日至10月30日，其他日子關閉，4月7日關閉
- 成人£15(HK$144)，18-24歲£10(HK$96)，17歲以下£9(HK$86)，5歲以下免費；另有套票見「白金漢宮」(P.69)
- 020 7766 7302
- www.rct.uk/visit/the-royal-mews-buckingham-palace

(攝影：Janice Kwong)

▲黃金馬車金光閃閃，十分豪華。

市區熱門休憩地 聖詹姆士公園 St James's Park 地圖P.66~67、81

位於白金漢宮對面、林蔭大道旁的聖詹姆士公園是倫敦8個皇家公園中歷史最悠久的，佔地23公頃，呈長方形。公園中間的藍橋把園區分成兩半，站於橋上，面向西方可以看到白金漢宮(P.69)，而面向東方則可以看到倫敦眼(P.157)和大笨鐘(P.72)。夏天時，綠油油的草地上盡是在享受日光浴、遛狗散步和跑步的人。另外，位於公園最東面的**鴨島(Duck Island)**聚集了天鵝、鵜鶘、野鴨等鳥類，種類多達17種，非常受遊客和愛鳥之人歡迎。

◀公園內的水池有各種鴨類和鳥類。

◀站在藍橋時，面向東方能夠看到倫敦眼。

Tips

公園長椅要付費？

不要看到園內有長椅便貿然坐下，因為長椅是以出租形式給人使用，需要付費。

INFO
- St James's Park, London
- 乘地下鐵Circle或District線到St. James's Park站，步行約2分鐘
- 05:00~00:00
- 0300 061 2350
- www.royalparks.org.uk/parks/st-jamess-park

▶在公園內散步，呼吸新鮮空氣，好不寫意。

見證歷代英王加冕與死亡 西敏寺 Westminster Abbey

地圖P.67

世界遺產

西敏寺建於960年，原是本篤會修道院，於1065年修建完成，是英國國教會規模最大的哥德式建築。西敏寺由兩座塔樓組成，雕像的造工和鏤刻都十分細緻。其中，詩人之角和加冕寶座(Coronatin Chair)不能錯過。詩人之角位於南袖廊，收藏了許多文學偉人如狄更斯及莎士比亞的紀念碑和文物。加冕寶座是加冕歷任國王時所使用的寶座，由國王愛德華一世於1296年委託製造。另外，英國皇室的重要儀式均在西敏寺舉行，而歷代國王、女王及在學術有斐然成就的人，例如達爾文、牛頓和邱吉爾，離世後多半安葬於此。

▶西敏寺外觀華麗。

▶細看之下會發現不少鏤刻精緻的雕像。

◀從不同的角度欣賞歷史悠久的西敏寺。(攝影：Janice Kwong)

INFO

- Westminster Abbey, 20 Dean's Yard, London
- 乘地下鐵Circle、District或Jubilee線到Westminster站，出4號出口，步行約2分鐘
- 約09:30~15:30，詳情需上網查看，西敏寺內每天舉行的彌撒開放給大眾參加
- 週日及宗教節日(週日亦會舉行禮拜，但不開放參觀，只允許參加者進入)
- 成人£27(HK$259)，學生及長者£24(HK$230)，17歲以下£12(HK$115)，5歲以下免費
- 020 7222 5152
- www.westminster-abbey.org
- 西敏寺內禁止拍照或錄影

英國民主制度重要象徵 國會大廈、大笨鐘 Houses of Parliament & Big Ben

地圖P.67

世界遺產

金碧輝煌的**國會大廈**的正式名稱為「西敏寺宮」(Palace of Westminster)，是英國著名的世界遺產和地標。大廈內有約1,100個房間，當中歷史最悠久的部分為西敏廳。如要參觀，必須參加真人或語音導覽，兩個導覽行程分別約60~90分鐘，有興趣的話甚至可以觀看議會討論。

長約300米的國會大廈最南方的是維多利亞塔，最北方的則是大笨鐘。**大笨鐘**(又名大鵬鐘)位於西敏廳外側，是倫敦最具代表性的建築之一。自1859年便精準地報時，每逢整點敲響一次，發出悠揚的鐘聲。如果想拍下國會大廈全景，可至泰晤士河岸拍攝。

▲國會大廈寬闊的建築。圖中右邊的便是維多利亞塔。

▲國會大廈最北方的大笨鐘。

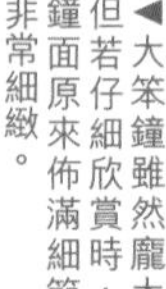

◀大笨鐘雖然龐大修長，但若仔細欣賞時，會發現鐘面原來佈滿細節，設計非常細緻。

INFO

- UK Parliament, Westminster, London
- 乘地下鐵Circle、District或Jubilee線到Westminster站，出4號出口
- 售票處10:00~16:00，週日休息
- 語音/真人導覽：成人£29(HK$278)/£22.5(HK$216)，16~18歲£24.5(HK$235)/£19.5(HK$187)，5~15歲£13(HK$125)/£9.5(HK$91)；每名成人可免費帶一名5~15歲的兒童入內，而5歲以下免費
- 020 7219 4114
- www.parliament.uk
- 大笨鐘只開放給當地人入內參觀

二戰地下指揮中心 邱吉爾戰時辦公室 地圖P.67

Churchill War Rooms

邱吉爾戰時辦公室入口並不起眼，它通往的防彈地下碉堡是二戰時的秘密指揮總部。館內主要分為兩個部分，分別是內閣戰時辦公室(Cabinet War Rooms)和邱吉爾博物館(Churchill Museum)。內閣戰時辦公室展示了當時首相邱吉爾的計劃和密謀戰略的指揮場景、會議廳及狹小的生活空間，而且設有真人大小的蠟像，讓人猶如身歷其境。邱吉爾博物館則利用影像及實物如照片、信件訴説邱吉爾的生平資料。

▲低調的正門入口。

INFO

- 地址：Churchill War Rooms, Clive Steps, King Charles Street, London
- 交通：乘地下鐵Circle、District或Jubilee線到Westminster站，出6號出口，沿Great George Street右轉入Horse Guards Road，在樓梯旁見入口，步行約8分鐘
- 時間：09:30~18:00，7月至8月開放至19:00
- 休：12月24~26日
- 費用：成人£26.35(HK$253)，學生及長者£23.6(HK$226)，15歲以下£13.15(HK$162)，5歲以下免費
- 電話：020 7930 6961
- 網址：www.iwm.org.uk/visits/churchill-war-rooms

乘船舒適享受沿途風光 泰晤士河 *River Thames* 地圖P.67

泰晤士河位於南英格蘭，是英國其中一條最長的河流，亦是重要的水路，在英國有着舉足輕重的地位。泰晤士河全長約346公里，自西向東流入牛津、伊頓、溫莎、倫敦等重要城市，最後注入北海，沿途匯集了英格蘭境內諸多細流。沿岸兩旁有許多名勝景點，例如The Shard(P.162)、倫敦眼(P.157)、聖保羅大教堂(P.126)、國會大廈(P.72)、大笨鐘(P.72)、倫敦塔(P.123)等。坐船遊泰晤士河是很多旅客喜愛的行程，途中會經過多座橋樑，橋樑結構風格不同，欣賞橋樑亦是一大趣味。

▲乘船遊泰晤士河。

INFO

交通船：Thames Clippers
- 交通：可在不同地下鐵站下車前往各個碼頭，如前往Westminster Pier，可乘Circle、District或Jubilee線到Westminster站，向泰晤士河方向走，在橋前左轉
- 費用：單程成人£4.8(HK$44)起，5~15歲£2.4(HK$22)起，5歲以下免費
- 電話：020 7001 2200
- 網址：www.thamesclippers.com

觀光船：City Experiences
- 地址：(碼頭)Westminster Pier、London Eye Pier、Tower Pier及Greenwich Pier
- 費用：單程成人£11(HK$103)起，5~15歲£7(HK$65)起，5歲以下免費
- 電話：020 77 400 400
- 網址：www.cityexperiences.com/london/

泰晤士河交通

泰晤士河的交通簡單分為點對點的交通船及觀光船。乘坐**交通船**Thames Clippers較經濟實惠，提供許多上落船位置和路線，甚至可遠至倫敦市近郊格林威治。**觀光船**方面，最大及最有名的觀光船公司為City Experiences。交通船與觀光船的最大分別是後者會安排導遊介紹沿岸的建築物。

Thames Clippers 路線圖

近距離與騎兵合照 皇家騎兵衛隊校閱場 地圖P.67

Horse Guards Parade

穿過聖詹姆士公園(P.71)後會到達皇家騎兵的後廣場，該處是騎兵衛隊校閱場。每年6月英女王生日時，騎兵都會在這裏進行閱兵典禮，儀式名為Trooping the Colour，場面非常壯觀。平日，場內的騎兵衛隊會進行交接儀式(Changing The Guard)，而白廳(Whitehall)門前分別有兩名騎兵當值，吸引許多遊客圍觀及與騎兵近距離合照。另外，這裏附設騎兵博物館(The Household Cavalry Museum)，展出了騎兵的服飾配件及相關收藏品。

▲每天早上，寬闊的校閱場上都會舉行騎兵衛隊的交接儀式。

▼跟馬兒合照時要注意安全，小心不要被牠咬到或踢到。

Tips

皇家騎兵衛隊知多些

皇家騎兵衛隊分兩種，分別是女王的近身衛隊(The Life Guards)、身穿藍色制服的藍軍及皇家騎兵團(The Blues and Royals)。他們的上衣、上衣領子及頭盔上羽毛的顏色都不同。

▲駐守在白廳前的騎兵，遊客可近距離接觸騎兵與馬。

INFO

- Horse Guards, Whitehall, London
- 乘地下鐵Circle、District或Jubilee線到Westminster站，出4號出口，右轉入Whitehall步行約6分鐘；或乘Northern或Bakerloo線到Charing Cross站，出站後沿Whitehall步行約6分鐘
- **衛兵交接儀式**11:00，週日10:00；**騎兵當值**10:00~16:00，每隔1小時換崗；**騎兵博物館**10:00~18:00，11月至3月10:00~17:00
- 騎兵博物館：馬拉松日、耶穌受難節及12月24~26日
- 騎兵博物館：成人£10(HK$96)，5~16歲£8(HK$78)
- 020 7930 3070
- www.householdcavalrymuseum.co.uk

白廳宮大火後僅存部分 國宴廳 *The Banqueting House* 地圖P.67

曾是英國國王在倫敦主要居所的白廳宮於1698年毀於一場大火，而位於白廳街的國宴廳倖免於難，成為規模宏大的白廳宮唯一剩下的部分，使得國宴廳的壯麗輝煌更顯珍貴。位於2樓的宴會廳是皇室舉行慶典的場所，天花板由著名藝術家魯本斯繪畫。宴會廳中間有一張鏡子桌，遊客可以透過鏡子欣賞天花板。

►國宴廳的外觀。

INFO

- Banqueting House, Whitehall, London
- 乘地下鐵Circle、District或Jubilee線到Westminster站，出4號出口，右轉入Whitehall走6分鐘；或乘地下鐵Northern或Bakerloo線到Charing Cross站，出站後沿Whitehall走約7分鐘
- 10:00~18:00，只有指定時段開放給公眾，詳見官網Visit>Opening and closing times 頁面
- 1月1日及12月24~26日
- 成人£12.5(HK$120)
- 020 3166 6155
- www.hrp.org.uk/banqueting-house

獻給維多利亞女王 海軍拱門 Admiralty Arch 地圖P.67、81

1912年，為紀念維多利亞女王，建成宏偉壯觀的海軍拱門，因位於海軍總部附近而得名。最中間的拱門平時禁止通行，僅在正式場合如國家慶典才能使用，靠近中間拱門的兩個巨大拱門允許一般車輛通行，而最靠邊的兩個小拱門供行人步行通過。

INFO
- The Mall, St. James's, London
- 乘地下鐵Northern或Bakerloo線到Charing Cross站，出6號出口，沿The Mall，步行約5分鐘
- 020 7276 5000

▲從白金漢宮沿着 Whitehall 走向海軍拱門時的街景。

▲最中間的拱門一般是關閉狀態。

充滿生氣和活力的廣場 特拉法加廣場 Trafalgar Square 地圖P.67、81

特拉法加廣場是英國人遊行、集會及慶祝新年的重要場所之一，意義重大。廣場位置方便，緊鄰國家藝廊(見下)、國家肖像藝廊(P.76)、聖馬汀教堂等，漸漸成為人們聚集的場所，無論是白天或晚上都非常熱鬧。建於廣場中心的石柱是廣場的標誌性建築，石柱頂端是著名的英國海軍尼爾森將軍(Horatio Nelson)的雕像。他於1805年對抗拿破崙的特拉法加戰役中殉國，英國人為紀念他而建立了石柱。

INFO
- Trafalgar Square, Westminster, London
- 乘地下鐵Northern或Bakerloo線到Charing Cross站，出Trafalgar Square出口即達

▶蘇格蘭風笛表演。

◀廣場上有許多街頭藝人表演。

◀石柱是為紀念尼爾森將軍而建的。另外，每年聖誕節前後，廣場中央會豎立起一棵高大的聖誕樹。該聖誕樹源於1947年，當時挪威人為答謝英國人於二次世界大戰期間支持而送贈。

免費欣賞世界級名畫 國家藝廊 National Gallery 地圖P.67

國家藝廊主要收藏13至19世紀的世界名畫，擁有超過2,300件展品，館藏豐富，讓人目不暇給，藝術愛好者絕不能錯過。只要細心留意畫作，便能感受作品體現的社會背景和文化。世界名畫如達文西的《岩間聖母》(The Virgin of the Rocks)和梵高的《向日葵》(Sunflowers)也在這裏展出。

INFO
- National Gallery, Trafalgar Square, London
- 乘地下鐵Northern或Bakerloo線到Charing Cross站，出7號出口，經特拉法加廣場(Trafalgar Square)步行約2分鐘
- 10:00~18:00，週五10:00~21:00
- 休 1月1日及12月24~26日
- 免費
- 020 7747 2885
- www.nationalgallery.org.uk
- 館內不准開閃光燈拍攝

▶位於特拉法加廣場(見上)正北方的國家藝廊。

收藏了最完整的人物肖像 國家肖像藝廊 地圖P.67

National Portrait Gallery

國家肖像藝廊旨在透過人物肖像記錄和保存英國的歷史和文化，因此藏品比較着重被畫者的身分及其對歷史的意義。館內展品約有1,400件，包括繪畫、照片、素描、雕塑等，著名展品有英國皇室成員如國王亨利八世、伊利沙白二世、莎士比亞及披頭四等的畫像。如果對某作品有興趣，不妨到商店選購名人肖像紀念品。另外，3樓設有餐廳與咖啡廳，逛累了可以喝杯飲料，稍作休息。

◀國家肖像藝廊位於國家藝廊後面。

INFO

- National Portrait Gallery, St Martin's Place, London
- 乘地下鐵Northern或Bakerloo線到Charing Cross站，出7號出口，面向聖馬汀教堂(St Martin-in-the-Fields)方向，沿St. Martin's Place步行約4分鐘
- 10:00~18:00，週四及五10:00~21:00
- 休 12月24~26日
- 常設展免費，特別展需要付費
- 020 7306 0055
- www.npg.org.uk
- 館內禁止拍攝

大人和小朋友的最愛！ m&m's朱古力旗艦專賣店 地圖P.67

m&m's World

▲ m&m's 朱古力旗艦專賣店。

▶大量m&m's周邊商品。

這間m&m's是大型朱古力店，裏面售賣各式周邊商品，全球共有5間分店。每間店的設計都會結合該城市的特色，例如倫敦店會有紅色巴士、披頭四、皇家衛兵等特色玩偶和裝飾。倫敦店有4層，內有大量m&m's周邊商品如服飾、娃娃、匙扣、雜物等，像博物館，讓人目不暇給。店內有不少值得拍照留念的地方，絕對不容錯過！

▲模仿披頭四著名的專輯唱片封面。

◀ DIY m&m's 工場。

◀七彩朱古力牆，共有超過100種朱古力。

INFO

- 1, Swiss Court, London
- 乘地下鐵Bakerloo或Piccadilly線到Piccadilly Circus站，沿Coventry Street步行約2分鐘
- 10:00~21:00，週日12:00~18:00，聖誕節期間營業時間會變更
- 休 復活節及12月25日
- 020 7025 7171
- www.mms.com/en-gb/

官方半價售票亭 TKTS 地圖P.67

由劇院公會經營的半價售票亭(TKTS)會根據各劇院釋出的票，部分以75折或更低折扣出售當天及接下來兩天尚未出售的音樂劇門票，每天出售的數量和價錢都不一樣。折扣票的座位時好時壞，純看運氣。想購買的話必須排隊購票，雖然TKTS不接受網上或電話預約，但可以預先到官網查看優惠票的價錢及時間。購買折扣票，TKTS會另收£3(HK$30)手續費，購買普通票則不收額外手續費。

INFO

- Leicester Square, London
- 乘地下鐵Piccadilly或Northern線到Leicester Square站，出4號出口，沿Cranbourn Street走，轉左沿公園(Leicester Square)一直走，步行約3分鐘
- 售票時間：10:30~18:00，週日12:00~16:30
- www.tkts.co.uk
- 熱門劇碼的折扣和優惠票並不多

皇室御用百貨公司 Fortnum & Mason 地圖P.66 皇家認證

Fortnum & Mason源於1707年，創辦人曾為英國皇室服務，當時由賣皇室剩下來的蠟燭起家。多年來，這間百貨一直為皇室提供食品與茶品，並獲皇室認證。百貨不論裝潢還是櫥窗設計都古典優雅，裏面售賣的自家品牌商品琳瑯滿目，例如果醬、朱古力、瓷器等，所有商品都配上精緻華麗的包裝。各種商品中以茶葉最有名，並以Royal Blend堪稱是鎮店之茶。

4樓的The Diamond Jubilee Tea Salon(P.21)提供的英式下午茶非常有名。除了茶品是信心的保證外，食物亦有相當水準，價錢約￡80(HK$768)。餐廳的色調、茶具及餐具均以Fortnum & Mason的代表色——藍綠色為主，保持一貫的優雅。建議出發前先預約。

►店內華麗的裝潢。

Tips

皇家認證有幾「巴閉」？

皇家委任認證(Royal Warrant of Appointment)，簡稱皇家認證，是英國皇室成員頒授予某些商品或服務的品牌或商人的尊貴稱號。不過，並不是每位皇室成員都有這種權利，現時只有女王、菲臘親王及查理斯王子才可以頒發皇家認證。由於皇家認證代表了英國皇室的選擇，所以亦象徵英國的最高品質，受到大眾追捧。

►除了茶葉，還有優雅的茶具。

▲琳瑯滿目的茶葉。

INFO

- 181 Piccadilly, London
- 乘地下鐵Jubilee、Piccadilly或Victoria線到Green Park站，出站後沿Piccadilly步行約4分鐘
- 10:00~20:00，週日11:30~18:00
- 020 7734 8040
- www.fortnumandmason.com

五星級酒店嘆英式下午茶 The Ritz London Hotel 地圖P.66、81

無人不曉的百年歷史五星級酒店，配上富麗堂皇的裝飾盡顯大酒店的氣派。最經典的倫敦之行當然包括找一天到飯店的餐廳，優雅地吃一頓傳統的英式下午茶(Traditional Afternoon Tea)。英式下午茶包含了茶、英式鬆餅、三文治、蛋糕、糕點等。(酒店英式下午茶介紹見P.21)

►酒店外觀。

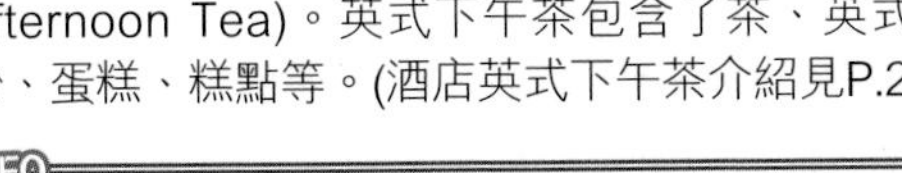

INFO

- 150 Piccadilly, London
- 乘地下鐵Piccadilly、Jubilee或Victoria線到Green Park站，出站後步行約2分鐘
- 下午茶每天11:30、13:30、15:30、17:30及19:30
- 傳統英式下午茶成人￡70(HK$672)起
- 020 7493 8181(一般查詢)、020 7300 2345(下午茶預約)
- www.theritzlondon.com
- 下午茶必須事前預約；酒店設有服裝規定，男士必須穿西裝，男女都不能穿球鞋或牛仔褲

◄The Ritz 餐廳入口。

盡顯公爵尊貴氣派 阿普斯利之家 Apsley House 地圖P.66

▲阿普斯利之家。

阿普斯利之家又名威靈頓博物館(The Wellington Museum)，是在滑鐵盧戰役中打敗拿破侖的威靈頓公爵的故居。由於古時候該處是從鄉村進入倫敦城時見到的第一棟豪宅，因此又有倫敦第一號(No.1 London)之稱。室內裝潢展示出當年的華麗氣派。另外，裏頭收藏了3,000多件由其他人贈送給威靈頓公爵的珍品，包括畫作、雕刻、銀器、陶瓷等。

INFO

- 149 Piccadilly, Hyde Park Corner, London
- 乘地下鐵Piccadilly線到Hyde Park Corner站，出站後沿Piccadilly步行約2分鐘
- 1月至3月尾週六及日10:00~16:00，4月至12月週三至日11:00~17:00，最後入場為休館前30分鐘
- 聖誕至新年期間休息(詳見官網)
- 成人£11.6(HK$111)，65歲以上長者及學生£10.4(HK$100)，5~17歲£6.9(HK$66)
- 0370 333 1181
- www.english-heritage.org.uk/visit/places/apsley-house

▲公爵故居內的裝潢極具華麗氣派，牆上掛滿畫作。

(相片授權：©English Heritage)

體驗貴族式生活 史賓莎大屋 Spencer House 地圖P.66、81

史賓莎大屋是已故戴安娜王妃的祖先、第一史賓莎伯爵的私人住宅，亦是歐洲第一間新古典主義建築。21世紀後開放給公眾參觀，讓人有機會一睹古時貴族的優雅生活。現時，史賓莎大屋常作舉辦活動之用，例如婚禮、時裝展、宴會等，只有週日會以定時導覽的形式開放給大眾參觀，每團由一位導遊帶領，全程約1小時。

◀以棕櫚樹為設計概念的房間金碧輝煌。
(攝影：The Rothschild Foundation)

INFO

- 27 St James's Place, London
- 乘地下鐵Piccadilly、Jubilee或Victoria線到Green Park站，出站後沿Green Park的小路走，至St James's Place後轉右，步行約4分鐘
- 週日(8月除外)10:30~17:00
- 成人£18.5(HK$177)，長者、學生及16歲以下£15.5(HK$150)
- 020 7514 1958
- www.spencerhouse.co.uk

一流氣氛及食物質素 The Golden Lion 地圖P.66

這間英式酒吧環境氣氛舒適，對食物質素的要求亦相當講究。店內提供多款小吃和主食，例如水牛城辣雞、三文治、墨西哥玉米片、漢堡包及甜品等，菜單非常豐富，滿足不同食客需要。

INFO

- 25 King Street, St James's, London
- 乘地下鐵Piccadilly、Jubilee或Victoria線到Green Park站，出站後沿Piccadilly走，右轉入St James's Street，再左轉入King Street直走，步行約6分鐘
- 週一至三11:00~23:00，週四及五11:00~23:30，週六11:00~21:00，週日12:00~18:00
- 0207 925 0007
- wwww.greeneking-pubs.co.uk/pubs/greater-london/golden-lion-st-jamess/

血拼購物好去處

~ 梅菲爾 ~ Mayfair

梅菲爾是倫敦的核心地帶，亦是歐洲數一數二的熱鬧購物區，這裏匯集了全球各國赫赫有名的流行時尚品牌、國際頂級精品，是首屈一指最好逛、最好買的一區。當中的攝政街、牛津街、龐德街更是倫敦必逛的3條大街。店鋪毗鄰而立，平價或昂貴的品牌應有盡有，購物店均在幾個地下鐵站之間，非常方便。

Tips

聖誕節及翌日在梅菲爾一帶購物提示

聖誕節時許多店家都不開放，如聖誕前往英國可能要縮短行程時間或提前回酒店休息，建議先上網查看最更新的商店營業時間。另外，大部分商店於12月26日開始大減價，大品牌的減價貨品便宜超值，不能錯過！

前往交通

常用地下鐵站

路線	車站
Bakerloo線、Piccadilly線	Piccadilly Circus站
Bakerloo線、Central線、Victoria線	Oxford Circus站
Central線、Elizabeth線、Jubilee線	Bond Street站
Northern線、Elizabeth線、Central線	Tottenham Court Road站
Jubilee線、Piccadilly線、Victoria線	Green Park站

景點與景點之間的距離約在30分鐘路程內

梅菲爾、蘇豪區景點地圖

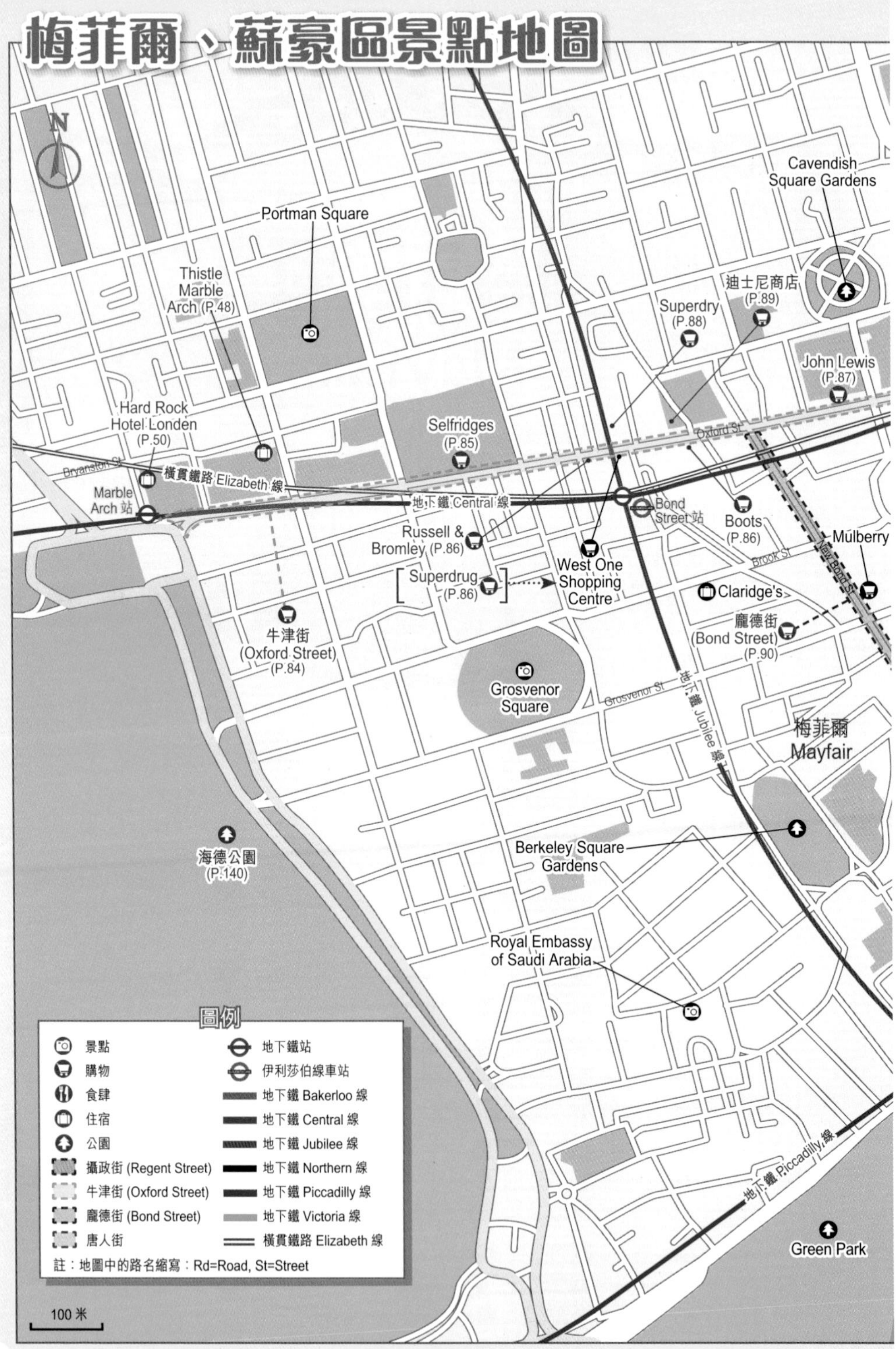

N
Portman Square
Thistle
Marble
Arch (P.48)
Cavendish
Square Gardens
迪士尼商店
(P.89)
Superdry
(P.88)
John Lewis
(P.87)
Hard Rock
Hotel Londen
(P.50)
Selfridges
(P.85)
Oxford St
Bryanston St
橫貫鐵路 Elizabeth 線
Marble
Arch 站
地下鐵 Central 線
Bond
Street 站
Boots
(P.86)
Russell &
Bromley (P.86)
Brook St
Mulberry
New Bond St
Superdrug
(P.86)
West One
Shopping
Centre
Claridge's
龐德街
(Bond Street)
(P.90)
牛津街
(Oxford Street)
(P.84)
Grosvenor
Square
Grosvenor St
地下鐵 Jubilee 線
梅菲爾
Mayfair
海德公園
(P.140)
Berkeley Square
Gardens
Royal Embassy
of Saudi Arabia
圖例
景點
購物
食肆
住宿
公園
攝政街 (Regent Street)
牛津街 (Oxford Street)
龐德街 (Bond Street)
唐人街
地下鐵站
伊利莎伯線車站
地下鐵 Bakerloo 線
地下鐵 Central 線
地下鐵 Jubilee 線
地下鐵 Northern 線
地下鐵 Piccadilly 線
地下鐵 Victoria 線
橫貫鐵路 Elizabeth 線
註：地圖中的路名縮寫：Rd=Road, St=Street
地下鐵 Piccadilly 線
Green Park
100 米

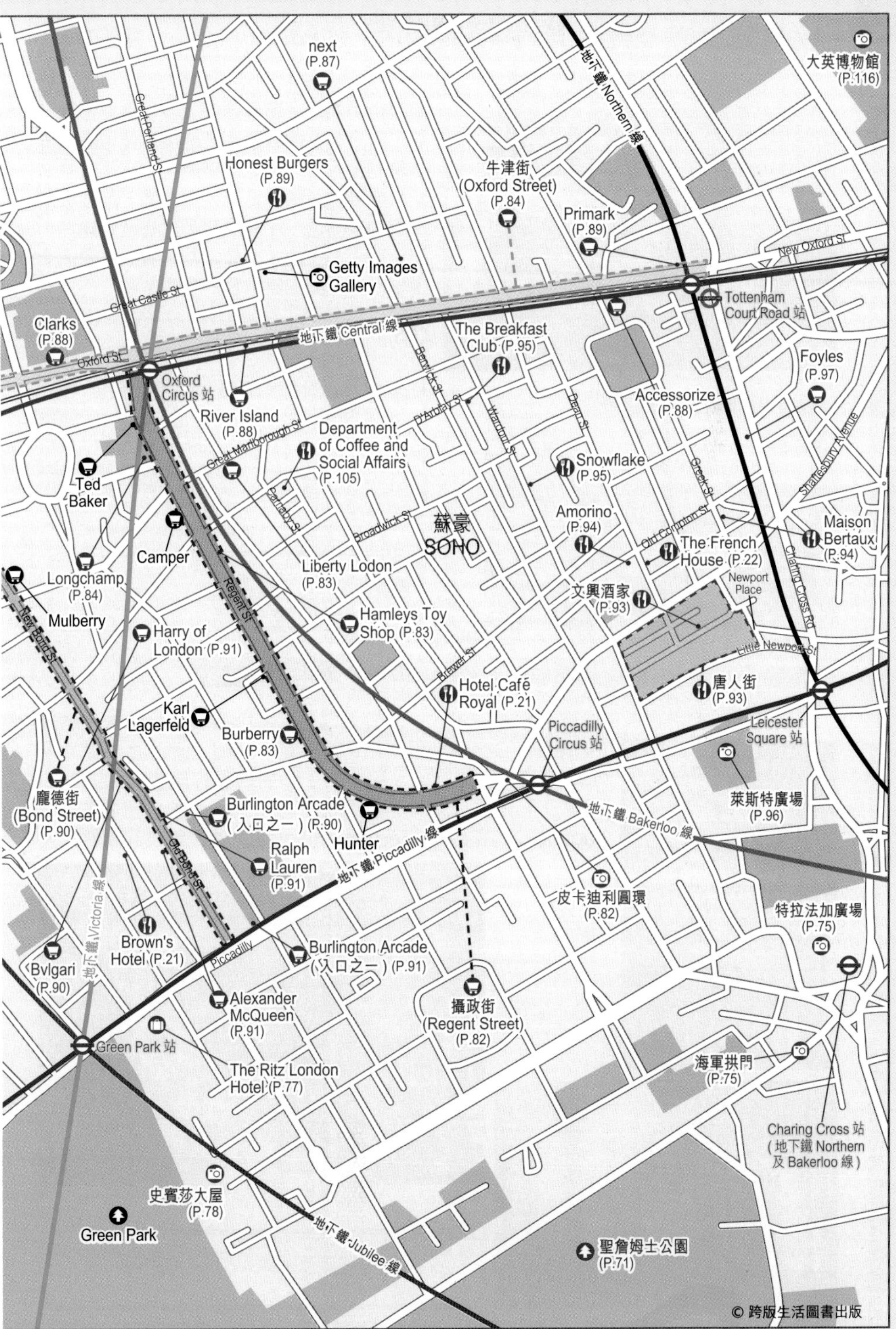
大英博物館
(P.116)
next
(P.87)
地下鐵 Northern 線
Great Portland St
Honest Burgers
(P.89)
牛津街
(Oxford Street)
(P.84)
Primark
(P.89)
New Oxford St
Getty Images
Gallery
Great Castle St
Tottenham
Court Road 站
Clarks
(P.88)
地下鐵 Central 線
The Breakfast
Club (P.95)
Oxford St
Oxford
Circus 站
Berwick St
Foyles
(P.97)
River Island
(P.88)
D'Arblay St
Dean St
Accessorize
(P.88)
Great Marlborough St
Department
of Coffee and
Social Affairs
(P.105)
Wardour St
Snowflake
(P.95)
Shaftesbury Avenue
Ted
Baker
Carnaby St
Greek St
Camper
Broadwick St
蘇豪
SOHO
Amorino
(P.94)
Old Compton St
Maison
Bertaux
(P.94)
The French
House (P.22)
Charing Cross Rd
Longchamp
(P.84)
Liberty Lodon
(P.83)
Newport
Place
Mulberry
Regent St
文興酒家
(P.93)
New Bond St
Harry of
London (P.91)
Hamleys Toy
Shop (P.83)
Little Newport St
Brewer St
Karl
Lagerfeld
Hotel Café
Royal (P.21)
唐人街
(P.93)
Burberry
(P.83)
Piccadilly
Circus 站
Leicester
Square 站
龐德街
(Bond Street)
(P.90)
Burlington Arcade
(入口之一) (P.90)
Hunter
地下鐵 Bakerloo 線
萊斯特廣場
(P.96)
Ralph
Lauren
(P.91)
地下鐵 Piccadilly 線
Old Bond St
皮卡迪利圓環
(P.82)
地下鐵 Victoria 線
特拉法加廣場
(P.75)
Brown's
Hotel (P.21)
Burlington Arcade
(入口之一) (P.91)
Piccadilly
Bvlgari
(P.90)
Alexander
McQueen
(P.91)
攝政街
(Regent Street)
(P.82)
Green Park 站
海軍拱門
(P.75)
The Ritz London
Hotel (P.77)
Charing Cross 站
(地下鐵 Northern
及 Bakerloo 線)
史賓莎大屋
(P.78)
Green Park
地下鐵 Jubilee 線
聖詹姆士公園
(P.71)
© 跨版生活圖書出版

倫敦最熱鬧的圓環廣場 皮卡迪利圓環 Piccadilly Circus

地圖P.81

▲圓環一帶的建築。

說皮卡迪利圓環是倫敦最重要的交通樞紐也不為過，這裏匯集了多條重要道路，如名牌店林立的攝政街、連接多個地區的皮卡迪利街等，中間是圓環廣場，有個噴水池及希臘神像。這裏日夜人潮洶湧，是倫敦最熱鬧的景點之一。廣場四周建有歐式建築，配合愈來愈多的大型廣告電子看板，營造一種現代與歷史完美結合的氛圍。

◀這個噴水池上的雕像據說是愛神像。

Tips

Piccadilly名字來源

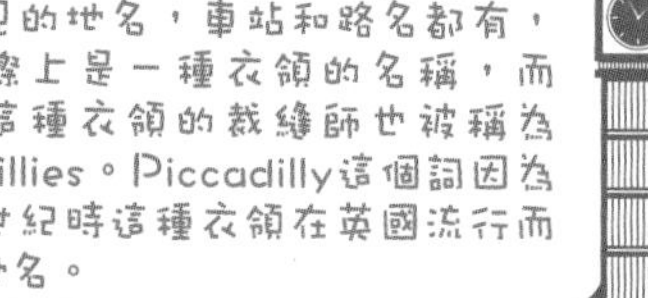

皮卡迪利(Piccadilly)在英國是常見的地名，車站和路名都有，這實際上是一種衣領的名稱，而製作這種衣領的裁縫師也被稱為picadillies。Piccadilly這個詞因為十七世紀時這種衣領在英國流行而成為地名。

INFO

- Piccadilly Circus, London
- 乘地下鐵Bakerloo或Piccadilly線到Piccadilly Circus站，出站後即達

購物血拼一級戰區 攝政街 Regent Street

地圖P.81、110

這條繁華的購物街在國際上相當有名，以高質量的英國名牌服裝店見稱。起點是Piccadilly Circus地下鐵站，終點是Oxford Circus地下鐵站，沿路都是耳熟能詳的品牌。街上知名的品牌旗艦店和大型的百貨公司林立，例如經典雨靴品牌Hunter、源自巴黎的Karl Lagerfeld、本土牌子Ted Baker等，是喜歡買時裝和購物的人的必去處。

◀攝政街的地下鐵出入口。

▼攝政街得名於攝政王喬治四世，W1是英國的郵政分區。

▲攝政街。

INFO

- 乘地下鐵Bakerloo、Central或Victoria線到Oxford Circus站，或乘地下鐵Bakerloo或Piccadilly線到Piccadilly Circus站，出站即達

攝政街購物推介

英國最具代表性的品牌 Burberry 地圖P.81

廣為人知的Burberry除了是英國本土精品品牌代表，亦是英國皇室御用品牌，以生產雨衣及絲巾為主。用料講究，加上傳統的英式設計，盡顯高貴優雅。最具標誌性的格子圖案更註冊成商標，以紅、黑、白、藍及駱駝色為主色，並把商標慢慢滲到產品裏，讓人愛不釋手。

▲ Burberry。

INFO
- 121 Regent Street, London
- 乘地下鐵Bakerloo或Piccadilly線到Piccadilly Circus站，出站後沿Regent Street步行約5分鐘
- 11:00~22:00，週日11:00~18:00
- 020 7806 8904
- https://uk.burberry.com

無人不曉的玩具大亨 Hamleys Toy Shop 地圖P.81 皇家認證

起源於1760年，至今已有200多年歷史的玩具店曾兩度獲得皇室認證。有7層樓高的商店內，玩偶、模型、遊戲機等應有盡有，滿足小朋友所有願望。店內外會有專業的職員向小朋友介紹和展示最新的玩具，例如讓紙飛機在店內有技巧地飛來飛去，小朋友目不暇給，同時為顧客帶來歡樂。

▲ Hamleys Toy Shop。

▶ 店內出售可愛的柏靈頓熊。

▶ 門口有個士兵歡迎顧客。

INFO
- 188~196 Regent Street, London
- 乘地下鐵Central、Bakerloo或Victoria線到Oxford Circus站，出站後沿Regent Street步行約4分鐘
- 10:00~20:00，週日12:00~18:00
- 0371 704 1977
- www.hamleys.com

老字號百貨公司 Liberty London 地圖P.81

百貨公司Liberty的黑白色外型散發都鐸王朝的氣息，令它在倫敦的潮流區中顯得醒目，吸盡途人的目光。裏面的裝潢走溫婉低調風格，用上大量原木，配偏暗暖和的燈光，打造成溫暖而寧靜的購物空間，猶如一間夢幻小木屋。Liberty創立自家印花品牌Liberty Art Fabrics，以獨特的印花布織品馳名，無論染色還是設計都享負盛名，深受手作人的喜愛。

INFO
- Liberty London, Regent Street, London
- 乘地下鐵Central、Bakerloo或Victoria線到Oxford Circus站，出站後沿Regent Street走，左轉入Great Marlborough Street，步行約3分鐘
- 10:00~20:00，週日12:00~18:00
- 020 7734 1234
- www.libertylondon.com

▲ Liberty 附近的Carnaby Street亦有許多商店。

▲ Liberty 黑白色的外型份外搶眼。

著名巴黎皮具品牌 Longchamp 地圖P.81

以法國傳統手工見稱的Longchamp在歐洲非常普及，幾乎走在街上便能看到Longchamp的手提包。於1993年推出的尼龍折疊包輕便實用，加上價格親民，一直以來大受歡迎，成為該品牌最具人氣的商品。除了提供多種顏色的經典款，每季還會推出新款，為顧客提供更多選擇。

▲有多款顏色的尼龍折疊包，比起香港買略為便宜。

◀ Longchamp。

INFO

- 229~247 Regent Street, London
- 乘地下鐵Central、Bakerloo或Victoria線到Oxford Circus站，出站後沿Regent Street步行約2分鐘
- 10:00~19:00，週日12:00~18:00
- 020 3141 8141
- www.longchamp.com/gb/en

年輕及平價品牌匯聚地 牛津街 Oxford Street 地圖P.80~81、110~111、138

▲聖誕節時街上份外燈光璀璨。

牛津街是年輕人的購物天堂。大街上約有300家店，聚集了許多年輕及平價潮流品牌，每天吸引大批遊客前往觀光、購物及朝聖。牛津街絕對是感受倫敦大城市熱鬧氣氛的必去之地！

INFO

- 乘地下鐵Bakerloo、Central或Victoria線到Oxford Circus站，或Central或Jubilee線或Elizabeth線到Bond Street站，或Central或Northern線到Tottenham Court Road站

牛津街購物推介

世上最佳百貨公司 Selfridges 地圖P.80

走在牛津街上，你會發現人們都拿着一個個鮮黃色的手提購物袋，因為大家剛從Selfridges血拼完！Selfridges是一間歷史悠久的高檔百貨公司，曾經3次被評選為世上最佳的百貨公司，是時尚達人的最愛，亦吸引世界各國遊客聞風而至。Selfridges百貨的專櫃及品牌很齊全，有超過300家精品店，各種價位的品牌都有。另外，緊貼潮流的Selfridges以獨特的櫥窗設計見稱，稱之為時尚裝置藝術也不為過，成功引領潮流。

▶鞋款齊全。

◀百貨內商鋪眾多，讓人眼花繚亂。

◀Selfridges。

▲位於低層的餐廳 The Brass Rail，售賣有名的現做刀切鹹牛肉三文治。

▲聖誕節時會亮起燦爛彩燈。

▶在百貨內可找到售賣 Cupcake 的店家，看來非常吸引！

INFO

- 400 Oxford Street, London
- 乘地下鐵Central或Jubilee線或Elizabeth線到Bond Street站，出Oxford Street出口，轉左步行約4分鐘
- 10:00~22:00，週六10:00~21:00，週日11:30~18:00
- 0800 123 400
- www.selfridges.com

牛津街購物推介

時尚與奢華皮具代表 Russell & Bromley 地圖P.80

▲ Russell & Bromley。

以鞋子和手袋為主，集結時尚和奢華的風格，打造出一個高品質的品牌。皮革用料一流，造工精緻，讓愛皮具之人愛不釋手。Russell & Bromley常跟不同品牌(如Moreschi、Church's)和設計師(如Stuart Weitzman)合作，帶領國際潮流。

INFO
- 395/397 Oxford Street, London
- 乘地下鐵Central或Jubilee線或Elizabeth線到Bond Street站，出站後轉左沿Oxford Street步行約1分鐘
- 週一至三10:00~21:00，週四至六10:00~22:00，週日11:00~19:00
- 020 7409 2776
- www.russellandbromley.co.uk

皇家認證藥妝店 Boots 地圖P.80

皇家認證

由一間小藥房，發展成英國最大規模及最有名的皇家認證藥妝店。從化妝品、保養品、醫療用品，到眼鏡、食物都有，種類多元化。購買藥物的話可到Pharmacy部門，購買與眼鏡相關的產品則可以到Opticians選購。在Boots除可找到一般歐美品牌，還可找到Boots旗下的自家研發品牌，特別推薦NO.7，價格實惠，品質不俗。

◄▲ Boots 在牛津街上有數間分店，以這間規模較大。

▼特定品牌經常設額外優惠。

▲大部分歐美品牌都能夠在 Boots 找到。

INFO
- 361 Oxford Street, London
- 乘地下鐵Central或Jubilee線或Elizabeth線到Bond Street站，出站後轉右沿Oxford Street步行約2分鐘
- 08:30~22:00，週六09:00~22:00，週日12:00~18:00
- 020 7491 2697
- www.boots.com

牛津街購物推介

英國第二大藥妝店品牌 Superdrug

地圖P.80

Superdrug分店雖然沒有Boots多，但同樣以價廉物美聞名，售賣各式平價好貨，包括日用品和化妝品，送禮自用兩相宜。Superdrug常有減價優惠或推廣活動，特定品牌會打折或者買第二件有半價優惠。

►這間 Superdrug 分店位於 West One Shopping Centre 內。

INFO

- Units C9 C10 & C11, West One Shopping Centre, 381 Oxford Street, London
- 乘地下鐵Central或Jubilee線或Elizabeth線到Bond Street站，店家所在的商場與地下鐵站直接連結
- 週一至五07:30~21:30，週六09:00~21:30，週日12:00~20:00
- 020 7629 7314
- www.superdrug.com

平價時尚品牌 next

地圖P.81

以平價和緊貼潮流為賣點，next一直廣受大眾喜愛。服飾的設計及風格多元化，適合在不同場合穿着，滿足大眾需求。多個系列當中，童裝的衣料不俗而且便宜，份外受遊客喜愛。

INFO

- 120-128 Oxford Street, London
- 乘地下鐵Central、Bakerloo或Victoria線到Oxford Circus站，出站後轉右沿Oxford Street步行約6分鐘
- 09:00~21:00，週日11:30~18:00
- 0333 005 5217
- www.next.co.uk

本地高質產品 John Lewis

地圖P.80

皇家認證

John Lewis開設於1864年，主營英國本土品牌，銷售高質素的服飾、日用品、電子產品等。店內還有專業的職員提供個人化的諮詢服務。旅客可考慮購買John Lewis的自家品牌系列，價錢合理，質素又高。

▲► John Lewis，超市 Waitrose 亦位於此。

INFO

- 300 Oxford Street, London
- 020 7629 7711
- 乘地下鐵Central、Bakerloo或Victoria線到Oxford Circus站，出站後轉左沿Oxford Street步行約3分鐘
- 10:00~20:00，週四10:00~21:00，週日12:00~18:00
- www.johnlewis.com

牛津街購物推介

價錢比香港便宜一半 Clarks 地圖P.81

◀女裝鞋款多。

在變化多端的潮流中，Clarks這個傳統英式品牌的鞋依然屹立不倒。憑着優質的用料、精緻的造工，加上簡單乾淨的設計和合理的價格，深受大眾喜愛。英國的定價比香港便宜約一半，而且顏色和款式亦較多。

INFO
- 260 Oxford Street, London
- 020 7499 0305
- 乘地下鐵Central、Bakerloo或Victoria線到Oxford Circus站，出站後轉左沿Oxford Street步行約2分鐘
- 10:00~21:00，週日11:00~19:00
- www.clarks.co.uk

大膽狂野潮人最愛 River Island 地圖P.81

◀ River Island。

以獨一無二的設計感為賣點，曾多次與明星合作推出熱賣的產品。服飾風格比較大膽狂野，有些更走搖滾路線，不只設計搶眼，造型更多元化，深受當地潮人的喜愛。River Island擁有自家的設計師團隊，確保所有設計均是獨一無二的。

INFO
- 207~213 Oxford Street, London
- 乘地下鐵Central、Bakerloo或Victoria線到Oxford Circus站，出站後轉右沿Oxford Street步行約2分鐘
- 09:30~21:00(週一至四/22:00(週五及六)，週日12:00~18:00
- 0344 847 2666
- www.riverisland.com

實用性十足的復古東京風 Superdry 地圖P.80

以東京風及復古為主軸，設計時尚、用料實在與功能性十足的Superdry在英國捲起一股流行風潮。英國常常下雨刮風，具有基本防水及保暖功能的防風防雨外套深受英國人歡迎。Superdry在英國買便宜不少，很多遊客會專程前來掃貨。

◀ Superdry 原位於攝政街。

INFO
- 360~366, Oxford St, London
- 乘地下鐵Central或Jubilee線或Elizabeth線到Bond Street站，步行約2分鐘
- 週一至四10:00~21:00，週五六08:00~22:00，週日12:00~18:00
- 020 3148 2000
- www.superdry.com

街頭時尚品牌 Accessorize 地圖P.81

▲ Accessorize。

Monsoon巧妙地運用精美的繡線、彩珠等材料，把民族元素如波西米亞風完美地融入時尚產品中，創造出一件件獨樹一幟的衣飾，奠定了它在時裝配飾界的重要席位。而Accessorize是屬於Monsoon旗下的配飾部，是一間售賣平價飾品和配件的專門店。

INFO
- 55~59 Oxford Street, London
- 乘地下鐵Northern或Central線或Elizabeth線到Tottenham Court Road站，出站後轉左沿Oxford Street步行約2分鐘
- 10:00~19:00，週日11:00~18:00
- 020 7734 2394
- www.accessorize.com/uk

牛津街購物推介

便宜到讓人發癲！ Primark 地圖P.81、111

在高消費的倫敦，竟可找到又便宜又時尚的流行服飾！Primark以平價時裝見稱，最低只需￡1~3(HK$10~30)便能買到飾品或襪子，花少少錢便能享受到血拼購物的快感。除了價錢便宜，款式亦非常多，任何年齡層都能在這兒獲得購物的樂趣。

INFO
- 14~28 Oxford Street, Fitzrovia, London
- 乘地下鐵Northern或Central線或Elizabeth線到Tottenham Court Road站，出1號出口過馬路即見
- 08:00~22:00，週日11:30~18:00
- 020 7580 5510
- www.primark.com

▲厚實外套減價後約￡25(HK$252)。

▲卡通款式T恤約￡6~9(HK$60~91)。

小朋友最愛 迪士尼商店 地圖P.80

這家位於牛津街的Disney Store是倫敦唯一的分店，不但有玩具、衣服和公仔，還有迪士尼主題的家品和飾物，一家大小都可在此找到心頭好。

INFO
- 350-352 Oxford Street, London
- 乘地下鐵Central或Jubilee線或Elizabeth線到Bond Street站，步行約2分鐘
- 週一至六09:00~22:00，週日12:00~18:00
- 020 7491 9136
- stores.shopdisney.co.uk/london/london/D350/

嚴選鮮肉 Honest Burgers 地圖P.81

強調使用當地新鮮食材，對肉品的新鮮程度有嚴格規定。漢堡牛肉可自選熟度，煎得恰到好處的牛肉完美地保留了肉汁，讓人一試難忘。其他蔬菜配料有甜漬紅洋葱及酸黃瓜，能中和漢堡的油膩感。

► Beef Cheese Burger ￡11.5(HK$110)。

INFO
- 4 Market Place, London
- 乘地下鐵Central、Bakerloo或Victoria線到Oxford Circus站，出站後沿Oxford Street走，左轉入Great Portland Street走，再右轉入Great Castle Street，步行約4分鐘
- 週一至三11:30~22:00，週四至六11:30~22:30，週日11:30~22:00
- 020 3675 0940
- www.honestburgers.co.uk

倫敦最奢華的購物街 龐德街 Bond Street

地圖P.80~81、110

知名度足以與法國著名的香榭麗舍大街相媲美的龐德街，街道上全是世界頂級的奢華時裝及珠寶品牌店。

▲龐德街

龐德街兩端為皮卡迪利街(Piccadilly)及牛津街(P.84)。其中南段被稱為舊龐德街(Old Bond Street)，而北段則稱為新龐德街(New Bond Street)。

INFO

- 乘地下鐵Central或Jubilee線到Bond Street站，步行約3分鐘，或乘地下鐵Jubilee、Piccadilly或Victoria線到Green Park站，步行約3分鐘

龐德街購物推介

貴族休閒風 Ralph Lauren

地圖P.81

美國品牌Ralph Lauren的創辦人熱愛大自然以及自由自在的生活方式，因此他經常把復古元素如牛仔造型放在設計裏，設計出絕無僅有的貴族休閒風格。店內無論是男女裝或以家居用品為主的RL Home系列的產品都非常齊全。除了購物，亦可以花點時間欣賞店內華麗古典的裝潢，得到視覺上的享受。

INFO

- 1 New Bond Street, London
- 乘地下鐵Jubilee、Piccadilly或Victoria線到Green Park站，出站後轉左，沿皮卡迪利街(Piccadilly)走，左轉入Old Bond Street，步行約3分鐘
- 10:00~18:00，週四至六10:00~19:00，週日12:00~18:00
- 0207 535 4600
- www.ralphlauren.co.uk

世界第三大珠寶品牌 Bvlgari

地圖P.81

繼Cartier和Tiffany之後的第三大珠寶品牌Bvlgari源自於希臘，以卓越品質和獨特的設計聞名，備受各界熱烈追捧。品牌走高貴和古典的路線，追求完美的品質以及大膽的創新設計。除了珠寶，還有手錶、皮具、配飾等，同樣很受歡迎。

INFO

- 168 New Bond Street, Mayfair, London
- 乘地下鐵Jubilee、Piccadilly或Victoria線到Green Park站，出站後轉左，沿皮卡迪利街(Piccadilly)走，左轉入Old Bond Street，步行約6分鐘
- 10:00~18:00，週日12:00~18:00
- 020 7872 9969
- www.bulgari.com

龐德街購物推介

貴價精品拱廊商場 Burlington Arcade 地圖P.81

這個拱廊商場聚集了全球最時尚、歷史最悠久的名牌精品店，如珠寶、手錶、古董商店等，商品價格不菲。另外，櫥窗的擺設和設計均非常用心，盡顯高貴優雅之英倫氣派。商場有兩個入口，一個位於Piccadilly街上，另一個位於Burlington Gardens街上。

▶拱廊內部。

▶拱廊商場另一個入口。

▲ Burlington Arcade。

▶原位於拱廊內的Harrys of London鞋店已搬到附近新址：13a Grafton St（地圖P.81）。

INFO
- 51 Piccadilly, London
- 乘地下鐵Jubilee、Piccadilly或Victoria線到Green Park站，出站後轉左沿皮卡迪利街(Piccadilly)步行約3分鐘
- 08:00~19:00，週日11:00~18:00
- 020 7493 1764
- www.burlingtonarcade.com

鬼才設計師品牌 Alexander McQueen 地圖P.81

憑着天馬行空的創造力，曾擔任Givenchy的已故設計師Alexander McQueen屢次獲得設計獎項。他那些獨一無二的華麗服飾就像藝術品，極具個人特色，讓人眼前一亮。他大膽地使用不同顏色和極端的剪裁，設計前衛，令人意想不到，深受名人如Lady Gaga的愛戴。

▶ Alexander McQueen。

INFO
- 33 Old Bond Street, London
- 乘地下鐵Jubilee、Piccadilly或Victoria線到Green Park站，出站後轉左，沿皮卡迪利街(Piccadilly)走，左轉入Old Bond Street，步行約4分鐘
- 週一12:00~18:00，週二至六10:00~18:30，週日休息
- 020 7493 1800
- www.alexandermcqueen.com

感受倫敦魅力

~ 蘇豪區 ~
Soho

18世紀的蘇豪區以劇院及聲色場所聞名。後來，由於蘇豪區的位置貼近金融區，逐漸吸引了許多上班族下班後到此消遣，餐廳與酒吧因而興起，令蘇豪區成為一個喝咖啡、飲酒和用餐的好地方。現在的蘇豪區仍然是夜生活的中心，愈夜愈熱鬧！同時還變成流行文化、時尚和藝術的集中地，享譽世界。歐洲最大的中國城正正坐落蘇豪區，能夠在此親身感受到中西文化的大融合。

前往交通

常用地下鐵站

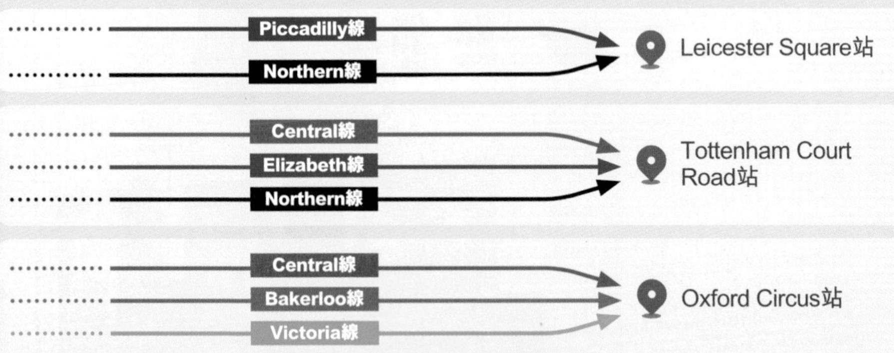

景點與景點之間的距離約在30分鐘路程內

歐洲最大中國城 唐人街 China Town

地圖P.81、111

倫敦唐人街已有100多年歷史，走進唐人街讓人感受到中西共融的獨特文化氣氛。這裏的中菜館多以粵菜為主，包括點心、燒味、飯麵等，某些餐館更能以廣東話點菜，讓人感到非常親切。當中，**文興酒家**(Four Seasons)的港式叉燒和烤鴨尤其有名。近年，有愈來愈多台灣、日本、泰國、韓國等亞洲菜餐廳逐漸進駐唐人街，為旅客提供更多選擇。

►唐人街。

◄提供小菜和點心的粵菜餐廳。

◄新加坡菜館。

►飽嘗粵式菜。

▲走進唐人街感受中西文化融合的氛圍。

INFO

- 乘地下鐵Piccadilly或Northern線到Leicester Square站，出1號出口，沿Charing Cross Road走，左轉入Little Newport Street，步行約2分鐘
- http://chinatown.co.uk

Tips

倫敦的唐人街

當初有不少華人移居英國，進行貿易或經商，慢慢形成一個小社區。而英國人比較喜歡吃三文治和沙律，華人有時吃不習慣，便索性自己開店，滿足味蕾和一解鄉愁，唐人街便逐漸成為留學生和其他華人的美食天堂！

漂亮好吃的玫瑰花意大利雪糕 Amorino

地圖P.81

創辦人為法國人，開店目的旨在為大眾帶來最高質素、不帶任何人造色素的意大利雪糕(Gelato)。雪糕口味多不勝數又好吃，但這兒的特別之處在於Gelato並不是一球球的，而是一片片拼湊而成，最後砌成一朵玫瑰花形狀，漂亮之餘顯心思，因此「花花雪糕」便成為了該店的代名詞。

▲店內環境。

►中杯(Regular)意大利雪糕，£5.5(HK$53)。

INFO

- 41 Old Compton Street, London
- 乘地下鐵Central或Northern線或Elizabeth線到Tottenham Court Road站，出1號出口，轉入Charing Cross Road走，再右轉入Old Compton Street，步行約6分鐘
- 週一至五凌晨01:00~23:00，週六日12:00~23:00
- 020 7494 3300
- www.amorino.com

古老傳統法式蛋糕店 Maison Bertaux

地圖P.81

創立於1871年，櫥窗內放滿法式蛋糕和甜點，令經過的人垂涎欲滴。店家必吃的，是馳名的鮮奶油，爽口不膩，非常難得。店內擺放了老照片和舊物，營造出一種帶有歷史感的藝術氣氛和復古情調，在這般舒適環境下，讓人可以放鬆心情享受眼前美食。

◄櫥窗內放滿了可口美味的蛋糕。

INFO

- 28 Greek Street, Soho, London
- 乘地下鐵Piccadilly或Northern線到Leicester Square站，出1號出口，沿Charing Cross Road走，左轉入Shaftesbury Avenue，再右轉入Greek Street，步行約5分鐘
- 每天09:30~18:00
- 020 7437 6007
- www.maisonbertaux.com

多種口味Gelato店 Snowflake 地圖P.81

使用有機奶油、有機澤西牛奶，並嚴選當季最新鮮的各國原材料，如意大利西西里產的開心果及馬達加斯加的香草等，為雪糕愛好者帶來了最新鮮及口味最多、最特別的Gelato。特別口味包括接骨木花、梨及石榴味。另外，更提供無麩質(Gluten-free)、無乳(Dairy-free)、無油脂、無添加糖的意大利雪糕，適合素食者食用。它在曼城的特拉福德購物中心(P.228)內也有分店。

►店家頗受歡迎。

INFO

- 102 Wardour Street, London
- 乘地下鐵Central或Northern線或Elizabeth線到Tottenham Court Road站，出1號出口，轉左沿Oxford Street走，左轉入Wardour Street，步行約7分鐘
- 週一至五14:00~23:00，週六日13:00~23:00
- 020 7287 1045
- www.snowflakegelato.co.uk

Tips

澤西牛奶

澤西牛奶是牛奶中的極品，其天然乳脂比例較一般的牛奶高，做出來的雪糕份外香濃美味，具有絲綢般的口感。

英式早餐 The Breakfast Club 地圖P.81 人氣

在倫敦有數間分店，而蘇豪店更經常座無虛席。店家開業時只專注於炮製早午餐(Brunch)，現在菜單已變得豐富，早、午及晚餐都有。一份最傳統的英式早餐The Full Monty，包括煙肉、腸仔、黑布丁、蛋、炒薯仔、蘑菇、豆等，十分足料，只售￡16(HK$154)。怕吃不完的話可以考慮份量少一半的The Half Monty。

▲班尼迪蛋配三文魚 (Eggs Royale)，￡16.5(HK$158)。

INFO

- 33 D'Arblay Street, London
- 乘地下鐵Central或Northern線或Elizabeth線到Tottenham Court Road站，出1號出口，沿Oxford Street走，左轉入Wardour Street，再右轉入D'Arblay Street，步行約7分鐘
- 07:30~15:00
- 020 7434 2571
- 週日不設訂座
- www.thebreakfastclubcafes.com

戲院區的熱鬧中心點 萊斯特廣場 Leicester Square

地圖P.81、99

萊斯特廣場位於倫敦戲院區的中心點，四周有許多商店、餐廳、劇院和戲院，非常熱鬧。位於廣場中間是一個小公園，公園中央矗立大劇作家莎士比亞的銅像。隨着年月和多次擁有權的轉讓，萊斯特廣場經歷多種面貌，而現時看到的，是在2012年舉行倫敦奧運時經過大翻新後的模樣。

◀萊斯特廣場。(攝影：蘇飛)

◀公園中央的莎士比亞銅像。

◀▲不妨來看一齣歌劇。

INFO

- Leicester Square, London
- 乘地下鐵Piccadilly或Northern線到Leicester Square站，出站後向前沿Cranbourn Street步行約2分鐘

百年老書店 Foyles 地圖P.81

Foyles為家族經營的書店，1903年由兩兄弟一同創立。書店環境寬敞，明亮舒適，約有37,000平方尺，並像圖書館般把書籍有系統地分類，藏書量接近20萬冊。除了一般書籍外，還有文具、雜誌、音樂光碟等，非常多元化。書店內經常舉辦工作坊及演講，有興趣參加的話可提前到店家的網站查詢。頂層還有一間咖啡店，讓讀者不只品味好書，還能品嘗一杯好咖啡。

►位於5樓的 the cafe at FOYLES。

▲ Foyles。

◄▲書店環境令人流連忘返。

▲總共有6層。

▲寬敞的閱讀空間。

INFO

- 107 Charing Cross Road, London
- 乘地下鐵Central或Northern線或Elizabeth線到Tottenham Court Road站，出1號出口，轉入Charing Cross Road，步行約4分鐘
- 09:00~21:00，週日11:30~18:00；咖啡店比書店提早30分鐘關門；復活節期間營業時間詳見官網
- 020 7437 5660
- www.foyles.co.uk

看歌劇逛市集

~柯芬園廣場及周邊~ Covent Garden

柯芬園廣場就在西敏及蘇豪區附近，在中古時期是修道院花園，現在搖身一變，成為觀光客必去的旅遊熱點，以劇院、街頭表演、露天市集及購物街區著稱。

看歌劇彷彿是遊英國的必去行程之一，而說到歌劇不得不提鄰近柯芬園廣場的萊斯特廣場(Leicester Square)，是著名的劇院和戲院集中地，走在街上總能看到五花八門的歌劇宣傳海報，為廣場增添藝術氣息和英倫浪漫氣氛。

前往交通

常用地下鐵站

- Piccadilly線 → Covent Garden站
- Piccadilly線、Northern線 → Leicester Square站
- Northern線、Elizabeth線、Central線 → Tottenham Court Road站
- Circle線、District線 → Temple站

景點與景點之間的距離約在25分鐘路程內

柯芬園廣場及周邊景點地圖

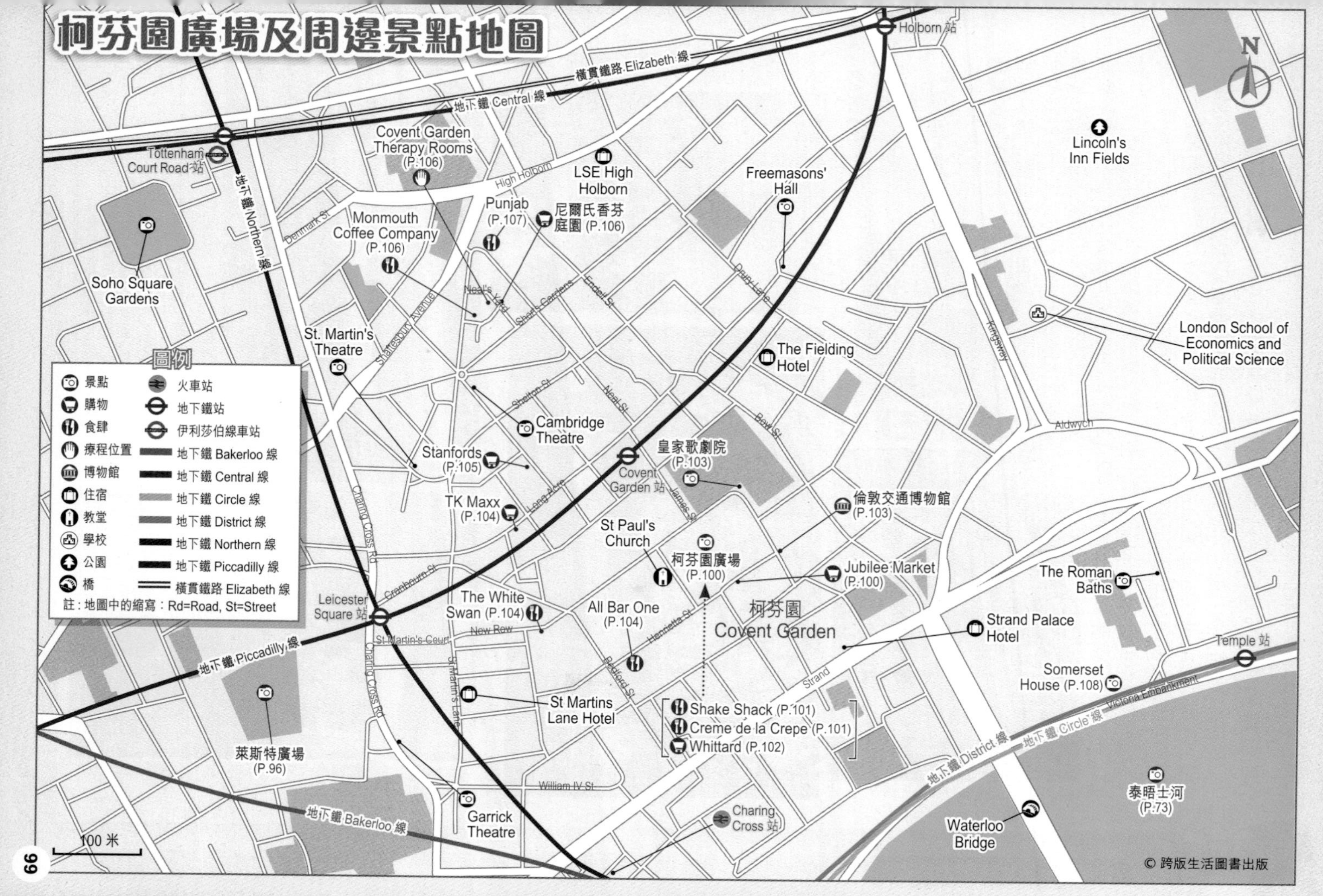

好逛好玩的著名市集 柯芬園廣場 Covent Garden 地圖P.99

柯芬園廣場位於柯芬園地下鐵站附近，位置方便，加上商店林立，集結了表演場地、攤販、市集(包括Apple Market及Jubilee Market)與餐廳，成為旅客最愛逛的市集之一。廣場的商店全是有一定歷史的著名品牌，例如Links of London、Chanel、Apple Store等。

位於廣場中央的Apple Market是小型創意市集，主要賣手作、衣服飾品、手工藝品等。一共分為兩層，下層有餐廳，同時是表演場地，常有藝術家表演，令廣場樂韻飄揚、氣氛高漲。除了可坐下來，愜意地邊喝咖啡邊欣賞表演，亦可站在上層聆聽悅耳的音樂。廣場後方是倫敦著名的交通博物館(P.103)及Jubilee Market。

▶柯芬園站附近經常車水馬龍。

▲市集旁的空地亦是賣藝熱點。

▲柯芬園廣場中央的 Apple Market，主要賣手工藝品。

◀包羅萬有的Jubilee Market，主要賣手工藝品、紀念品和創意商品。

▶柯芬園廣場下層餐廳外設有座位，讓人一邊喝飲料一邊享受音樂。

▲很多賣藝者在廣場內落力表演，吸引了不少途人注目和圍觀。

INFO

- 41 Henrietta Street, London
- 乘地下鐵Piccadilly線到Covent Garden站，出站後轉右沿James Street步行約2分鐘
- 10:00~20:00，週日11:00~18:00
- www.coventgarden.london

柯芬園廣場☆尋食☆

風靡倫敦的漢堡店 Shake Shack 地圖P.99

人氣

源於紐約、風靡整個倫敦的著名漢堡店正正位於柯芬園廣場，店鋪經常大排長龍，人氣十足。最受歡迎的Shack Burger使用了安格斯牛肉，如無特別指明的話，牛肉都是半生熟，新鮮多汁。素食者可選擇Shroom Burger(波特菇堡)，配上芝士和店家特別調製的醬汁，讓人一試難忘。除了漢堡和波浪形薯條，還可以嘗試Frozen Custard，即添加了蛋黃、忌廉和糖的雪糕，味道比一般的雪糕更濃厚和甜，每星期的口味都不一樣。用餐區位於露天廣場，採自助點餐及取餐形式。

► Frozen Custard，£5.95(HK$62)。

▲ Shake Shack。

INFO
- 24 Market Building, The Piazza, Covent Garden, London
- 11:00~22:00，週日11:00~22:00
- 019 2355 5129
- www.shakeshack.com

口味多多的法式班戟 Crème de la Crêpe 地圖P.99

創辦人當初希望把自己在法國所學到的廚藝帶到英國，便在柯芬園廣場開設了這間法式班戟店。菜單非常簡單，只有法式班戟和飲品。法式班戟分為甜和鹹口味，價錢約£4~7(HK$40~70)，鹹的可以作正餐，甜的可以作甜品或小吃；飲品方面，主要供應新鮮的水果沙冰和咖啡。

▲ Crême de la Crêpe。

Rumble in the crumble (£6.75，HK$65)

Son of a peach (£5，HK$49)

INFO
- Unit 29, The Piazza, Covent Garden, London
- 週一至二10:00~20:00，週三至六10:00~20:30，週日10:30~20:00
- 020 7836 8696
- http://cremedelacrepe.co.uk

倫敦 | 倫敦周邊 | 劍橋、牛津、史特拉福 | 英格蘭中部 | 蘇格蘭

柯芬園廣場☆購物☆

英國百年茶葉名牌 Whittard

地圖P.99

Whittard成立於1861年，旨在從亞洲進口高品質的茶葉、咖啡與可可，茶葉質素高，價錢合理，在英國享負盛名。店內售賣的茶主要分為兩種：第一種以茶葉的種類區分，例如紅茶、綠茶、白茶等；第二種以沖泡方式區分，例如普通茶包、三角形立體茶包、散裝茶葉等。其中，1886 Blend是招牌茶葉，為創辦人成立時所調配的第一種紅茶。店內提供各款精美的禮盒系列和精緻的茶具，成為遊客去英國旅行必買的手信。

◀ Whittard。

◀提供熱茶免費試飲。

▲精美的禮盒系列適合作手信。

▲左邊兩包為普通茶包，右邊兩包為散裝茶葉。禮包包裝不定期變更。

INFO

- 9 The Marketplace, The Piazza, Covent Garden, London
- 週一至三10:00~19:00，週四至六10:00~20:00，週日10:00~18:00
- 020 7836 7637
- www.whittard.co.uk

金碧輝煌的演出場地 皇家歌劇院 Royal Opera House

地圖P.99

皇家歌劇院為英國頂級演出場地，不論是皇家歌劇團、皇家芭蕾舞團或皇家歌劇院管弦樂團等，都以此作為主要的表演主場。歌劇院的觀眾席呈圓形、高4層，某些部分是自1856年留存下來的建築，內部整體佈局走優雅古典風格，以紅色及金色為主調，富麗堂皇。如有興趣，可參加不同導賞團，參觀後台或道具製作，這些導賞團很受觀迎，建議事前上網預約。

►皇家歌劇院。

INFO

- Bow Street, London
- 乘地下鐵Piccadilly線到Covent Garden站，出站後轉右走，到達柯芬園廣場後左轉，步行約3分鐘
- 售票處：10:00~20:00
- 020 7304 4000
- www.roh.org.uk

大人小孩也着迷 倫敦交通博物館 London Transport Museum

地圖P.99

親子

博物館於1980年成立，館內收藏了倫敦自古至今的公共運輸工具，包括馬車、巴士、電車等，清楚展示了交通工具的演進過程。博物館內亦展示了實體的火車模型，部分區域更能讓遊客進去拍照。其他展品包括車票、海報和職員制服等。小朋友還可以在模擬駕駛艙中嘗試當駕駛員，體驗如何操作各種交通工具，趣味滿分。參觀完仍未滿足，可到精品店購買相關的精品、模型或書籍。

▲印有倫敦地下鐵圖案的馬克杯，£5(HK$50)。

▲ London Transport Museum。

INFO

- Covent Garden Piazza, London
- 乘地下鐵Piccadilly線到Covent Garden站，出站後轉右走，到達柯芬園廣場後轉左直走，步行約4分鐘
- 10:00~18:00，最後入場17:00
- 成人£21(HK$201)，學生及長者£20(HK$192)
- 0343 222 5000
- www.ltmuseum.co.uk

►各種與倫敦地下鐵有關的周邊商品。

▲博物館入口。

多元化酒類及美食 All Bar One 地圖P.99

▲ All Bar One。

這間連鎖酒吧結合了亞洲、中東、歐洲菜，提供多元化的餐點，大受年輕人歡迎。除了食物，酒的選擇亦多，例如雞尾酒、紅酒、白酒等，適合愛酒又愛美食的人。店內環境優雅，高佻的空間設計，配上寬闊的透光落地玻璃，營造了開闊的空間感，讓人感到愉悦舒適。

INFO
- 19 Henrietta Street, London
- 乘地下鐵Piccadilly線到Covent Garden站，出站後轉右沿James Street走，穿過柯芬園廣場，右轉入Henrietta Street，步行約4分鐘
- 週一10:00~22:00，週二至四10:00~23:00，週五10:00~01:00，週六09:00~01:00，週日09:00~22:00
- 020 7240 9842
- www.allbarone.co.uk

必喝手工精釀啤酒 The White Swan 地圖P.99

▲ The White Swan。

在倫敦，幾乎於每一個旺區的路口都可見到一間酒吧。The White Swan是一間較地道的酒吧，環境適合跟朋友把酒言歡，入夜後氣氛更棒及高漲！飲料方面，提供英式的手工精釀啤酒及蘋果酒，其中以英式麥酒最有名，值得一試。每季的手工精釀啤酒均有所不同，有時會為了配合某種食品而製造某種口味的啤酒，極有特色。

INFO
- 14 New Row, Covent Garden, London
- 乘地下鐵Piccadilly或Northern線到Leicester Square站，出3號出口，沿Charing Cross Road走，左轉入St Martin's Court接New Row，步行約4分鐘
- 11:00~23:00，週五及六11:00~01:00，週日12:00~22:30
- 020 3077 1129
- www.nicholsonspubs.co.uk/restaurants/london/thewhiteswanlondon

價廉物美尋寶天堂 TK Maxx 地圖P.99

▲ TK Maxx。

從服飾、包包、化妝品到鞋襪都有，店內售賣的全是知名大品牌，價格卻是低至建議零售價的4折，TK Maxx簡直是尋寶天堂，讓人很容易失心瘋買不停！店家的時裝買手會定期入貨，從熱門的連鎖品牌，到高檔的設計師品牌，只要符合他們的標準便會買入。店內大部分是新貨，亦有些已經過季，所以非常考個人眼光，旅客要眼明手快才能買到既划算又喜歡的貨品呢。

▲店內的產品包羅萬有。

◀各品牌的服裝。

INFO
- 15~17 Long Acre, Covent Garden, London
- 乘地下鐵Piccadilly線到Covent Garden站，出站後轉左沿Cranbourn Street接Long Acre走，步行約2分鐘
- 09:00~21:30，週日12:00~18:00
- 0207 240 8042
- www.tkmaxx.com

旅人最愛的書店 Stanfords

地圖P.99

這間位於古舊建築內的書店，竟然擁有「全世界」！書店以地圖和旅行為主題，所有藏書和周邊商品幾乎都跟地圖有關。各個國家、不同大小的地圖、旅遊指南、旅遊文學、地球儀都非常齊全，讓旅人沉醉在書店的世界裏。書店分為3層，地下一層擺滿各式各樣的地球儀，場面夢幻，不少遊客更為此慕名而來。

▲Stanfords。

▲大部分周邊商品都跟地圖有關。

▲地下一層的地球儀全放在一起，非常壯觀，部分地球儀還會發光。

INFO

- 7 Mercer Walk, Covent Garden, London
- 乘地下鐵Piccadilly或Northern線到Leicester Square站，出站後沿Cranbourn Street走，接Long Arce，步行約3分鐘
- 09:00~19：00/20:00，週日12:00~18:00
- 0207 836 1321
- www.stanfords.co.uk

Tips

倫敦的大型書店

除了Stanfords，倫敦還有其他大型書店：WHSmith常見於車站，主要售賣文具禮品、雜誌和小食，書籍較少；Blackwell以專業和學術書籍為主；Waterstone's則以藝術和文學書籍為主。

▲店內收藏了大量旅遊書、地圖和地球儀。

校園風咖啡店 Department of Coffee and Social Affairs

地圖P.81

以學校作為店名和標誌，趣味盎然。店內設計俐落簡潔，而且即使下雨也能坐在有蓋的室外享受一杯香濃的咖啡。所有咖啡豆均經過嚴格挑選，對咖啡豆的產地及包裝都十分講究，由The Roastery Department新鮮烘焙，每星期烘焙兩次，務求把最新鮮的咖啡和咖啡豆帶給客人。

▶店內。

INFO

- 3 Lowndes Ct, Carnaby, London
- 乘地下鐵Central、Bakerloo或Victoria線到Oxford Circus站，出站後沿Regent Street走4分鐘，左轉往Foubert's Place
- 08:00~17:00，週六09:00~19:00，週日10:00~18:00
- departmentofcoffee.com

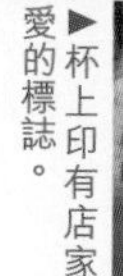

▶杯上印有店家可愛的標誌。

全倫敦人氣最強的咖啡店 地圖P.99

Monmouth Coffee Company

迷失在柯芬園的小巷弄之間，突然傳來陣陣咖啡香。香味來自創於1978年的咖啡店Monmouth，無論選豆或烘豆都用心對待，務求把最優質的咖啡帶給客人。桌上金色的咖啡豆勺是該店的特色，而後方櫃台是主要的手沖台及客人的用餐空間。對黑咖啡情有獨鍾的愛好者，必定愛上這杯精心炮製的咖啡。

▲門口放了自家烘焙的咖啡豆，為店鋪帶來誘人的咖啡香，假日總是大排長龍。

►店內除了咖啡，還提供輕食。

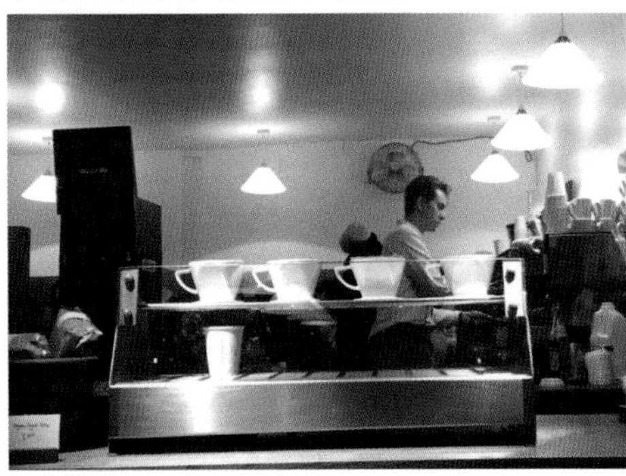

▲咖啡手沖台。

INFO

- 27 Monmouth Street, Covent Garden, London
- 乘地下鐵Piccadilly線到Covent Garden站，步行約5分鐘
- 08:00~18:00　休 週日
- 020 7232 3010
- www.monmouthcoffee.co.uk

有機認證保養品牌 **尼爾氏香芬庭園** *Neal's Yard Remedies* 地圖P.99

Neal's Yard Remedies一直為都市人提供安全的保養產品。產品不含矽、礦物油及人工香料等對人體無益的成分。除了女士護膚品，還有針對男士、媽媽及嬰兒系列等產品。此外，Neal's Yard Remedies更提供針灸、指壓、按摩等療法，解決種種因壓力而造成的身體問題，有興趣的話可向職員查詢，做療程的位置在柯芬園店附近，叫"Covent Garden Therapy Rooms"(見地圖P.99)。

▲店家就在這條色彩繽紛的巷弄內。

►推薦橙花系列的Nourishing Orange Flower Toner(橙花潤澤爽膚水，£17、HK$161)，有助恢復肌膚彈性，適合乾性皮膚。

▲Neal's Yard Remedies。

INFO

- 15 Neal's Yard, Covent Garden, London
- 乘地下鐵Piccadilly線到Covent Garden站，步行約4分鐘
- 10:00~19:00，週六10:00~18:00，週日11:00~19:00
- 020 7379 7222
- www.nealsyardremedies.com

歷史悠久的北印度餐廳 Punjab

地圖P.99 必吃

來倫敦旅行，印度菜也是必吃重點之一。Punjab開於1946年，着重呈現香料與辣度的平衡和層次感。菜式清爽，不會過辣，保留最正宗的北印風味。招牌主菜有辣雞肉咖喱(Chicken Jalfrezi)、Methi Gosht(該店特製雞肉咖喱)、白芝士番茄咖喱(Karahi Paneer)及奶油雞(Butter Chicken)等。

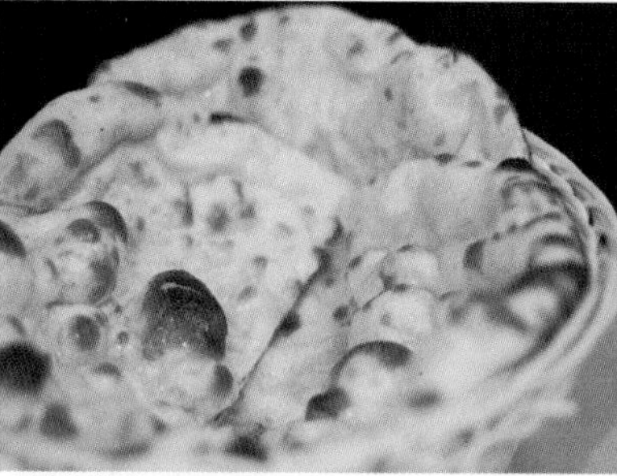
▲芝士烤餅 (Cheese Naan)，£4.75(HK$46)。

▲ Punjab。

▲香料味道濃郁的羊肉咖喱 (Lamb Korma)，£16.25 (HK$156)。

▲另一招牌主菜奶油雞，£14.95(HK$144)。

▲餐廳窗邊的座位。

▲▼各款麵包。

INFO

- 80 Neal Street, Covent Garden, London
- 乘地下鐵Piccadilly線到Covent Garden站，沿Long Arce左轉入Neal Street，步行約3分鐘
- 12:00~23:00，週日12:00~22:00
- 020 7836 9787　www.punjab.co.uk

當代藝術殿堂 Somerset House 地圖P.99

Somerset House自1547年開始營業，至今發展成蒐藏許多名作的藝廊。裏面既有免費入場的展覽，亦有需付費的不定時展覽。展覽主題主要為音樂、電影、時裝、當代藝術及視覺藝術等，有關當季的展覽詳情，可預先查詢官方網站。中庭廣場常有不同品牌聯手佈置，夏季時會架設噴泉或作音樂活動；冬季則搖身一變成為夢幻的溜冰場，人們可伴隨音樂節奏享受溜冰活動。

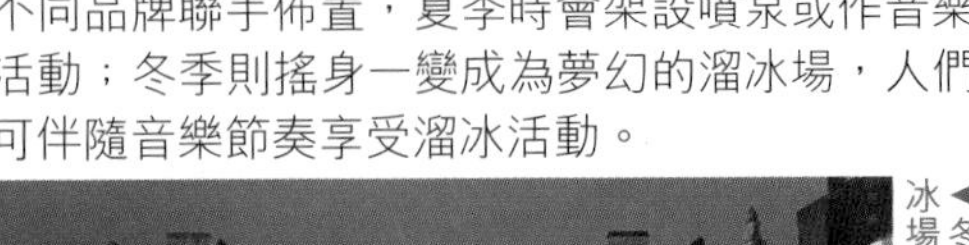

▲ Somerset House。

◀冬季時中庭廣場會變成溜冰場。

INFO

- Somerset House, Strand, London
- 乘地下鐵Circle或District線到Temple站，出站後面向泰晤士河(River Thames)轉右，沿Victoria Embankment步行約4分鐘
- 10:00~18:00，各區域及店舖開放時間略有不同
- 休 12月25日　☎ 020 7845 4600
- 常設展免費；特設展覽需付費(約£12~16.5(HK$115~158)
- www.somersethouse.org.uk

讓人回味無窮的Cupcake Hummingbird Bakery 地圖P.121

人氣

美式Cupcake(杯子蛋糕)一直給人過甜的感覺，但這間Cupcake不會太甜，搭配熱茶享用更是完美，不知不覺把蛋糕吃清光。店內人氣第一、店員極力推薦的是Red Velvet Cake，香草(雲呢拿)蛋糕，加上一層朱古力及濃濃的牛油忌廉糖衣，非常吸引！另外，不同節日會推出限定的季節性口味，碰巧遇上的話絕對不能錯過！

◀ Red Velvet Cake，堂食£3.3 (HK$33)，外帶£2.75 (HK$28)。

◀ Black Bottom，堂食£3.5 (HK$33)，外帶£3.5(HK$28)。

◀ 6吋彩虹蛋糕 (Rainbow Cake)，£29.95 (HK$301)。圖為一件，堂食£5.95 (HK$60)，外帶£4.95 (HK$50)。

INFO

- 11 Frying Pan Alley, London
- 乘地下鐵Central、Circle、Hammersmith & City、Metropolitan線或Elizabeth線到Liverpool Street站，步行約5分鐘
- 10:00~18:00，週日11:00~16:00
- ☎ 020 7851 1795　hummingbirdbakery.com

在豪宅區
品味英式休閒生活

～馬里波恩～
Marylebone

想要在鬧區中體驗倫敦人日常的悠閒生活，可以考慮到馬里波恩區逛逛。馬里波恩是西敏市的豪宅區，區內有不少辦公室與醫院，而為了滿足這區的消費群，馬里波恩大街上開滿了精緻的咖啡廳、有機輕食店和各種小店。在倫敦的中心地帶難得能找到氣氛如此悠閒的地方，讓人暫時遠離人煙稠密的鬧區，悠然自得地逛街喝咖啡。區內的其他著名景點包括杜莎夫人蠟像館及福爾摩斯博物館，有機會跟眾星合照留念！

前往交通

常用地下鐵站

- Bakerloo線 → Regent's Park站
- Hammersmith & City線 / Circle線 / Jubilee線；Metropolitan線 / Bakerloo線 → Baker Street站
- Central線；Elizabeth線；Jubilee線 → Bond Street站
- Northern線；Elizabeth線；Central線 → Tottenham Court Road站
- Piccadilly線 → Russell Square站
- Hammersmith & City線 / Circle線 / Northern線；Metropolitan線 / Piccadilly線 / Victoria線 → King's Cross St. Pancra站

景點與景點之間的距離約在30分鐘路程內

馬里波恩景點地圖

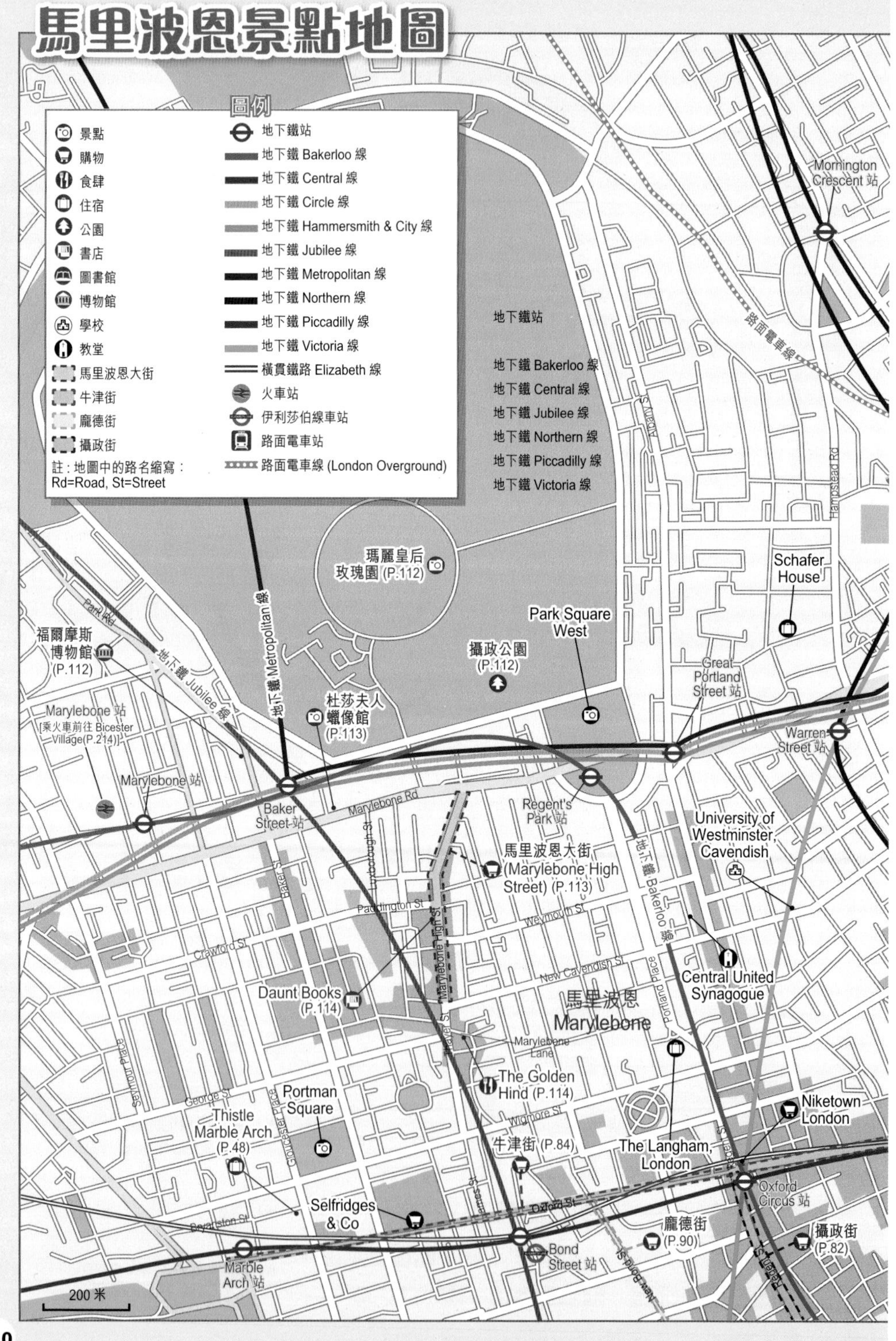
圖例
景點
購物
食肆
住宿
公園
書店
圖書館
博物館
學校
教堂
馬里波恩大街
牛津街
龐德街
攝政街
註：地圖中的路名縮寫：
Rd=Road, St=Street
地下鐵站
地下鐵 Bakerloo 線
地下鐵 Central 線
地下鐵 Circle 線
地下鐵 Hammersmith & City 線
地下鐵 Jubilee 線
地下鐵 Metropolitan 線
地下鐵 Northern 線
地下鐵 Piccadilly 線
地下鐵 Victoria 線
橫貫鐵路 Elizabeth 線
火車站
伊利莎伯線車站
路面電車站
路面電車線 (London Overground)
Mornington Crescent 站
路面電車線
Albany St
Hampstead Rd
瑪麗皇后玫瑰園 (P.112)
Schafer House
Park Square West
攝政公園 (P.112)
Great Portland Street 站
福爾摩斯博物館 (P.112)
Park Rd
地下鐵 Jubilee 線
地下鐵 Metropolitan 線
杜莎夫人蠟像館 (P.113)
Marylebone 站
[乘火車前往 Bicester Village(P.214)]
Marylebone 站
Warren Street 站
Baker Street 站
Marylebone Rd
Regent's Park 站
University of Westminster, Cavendish
馬里波恩大街 (Marylebone High Street) (P.113)
地下鐵 Bakerloo 線
Baker St
Luxborough St
Paddington St
Weymouth St
Crawford St
Marylebone High St
New Cavendish St
Central United Synagogue
Portland Place
Daunt Books (P.114)
馬里波恩 Marylebone
Thayer St
Marylebone Lane
Seymour Place
The Golden Hind (P.114)
George St
Portman Square
Gloucester Place
Wigmore St
Niketown London
Thistle Marble Arch (P.48)
牛津街 (P.84)
The Langham, London
James St
Regent St
Oxford Circus 站
Selfridges & Co
Oxford St
Bryanston St
龐德街 (P.90)
攝政街 (P.82)
Marble Arch 站
Bond Street 站
New Bond St
200 米

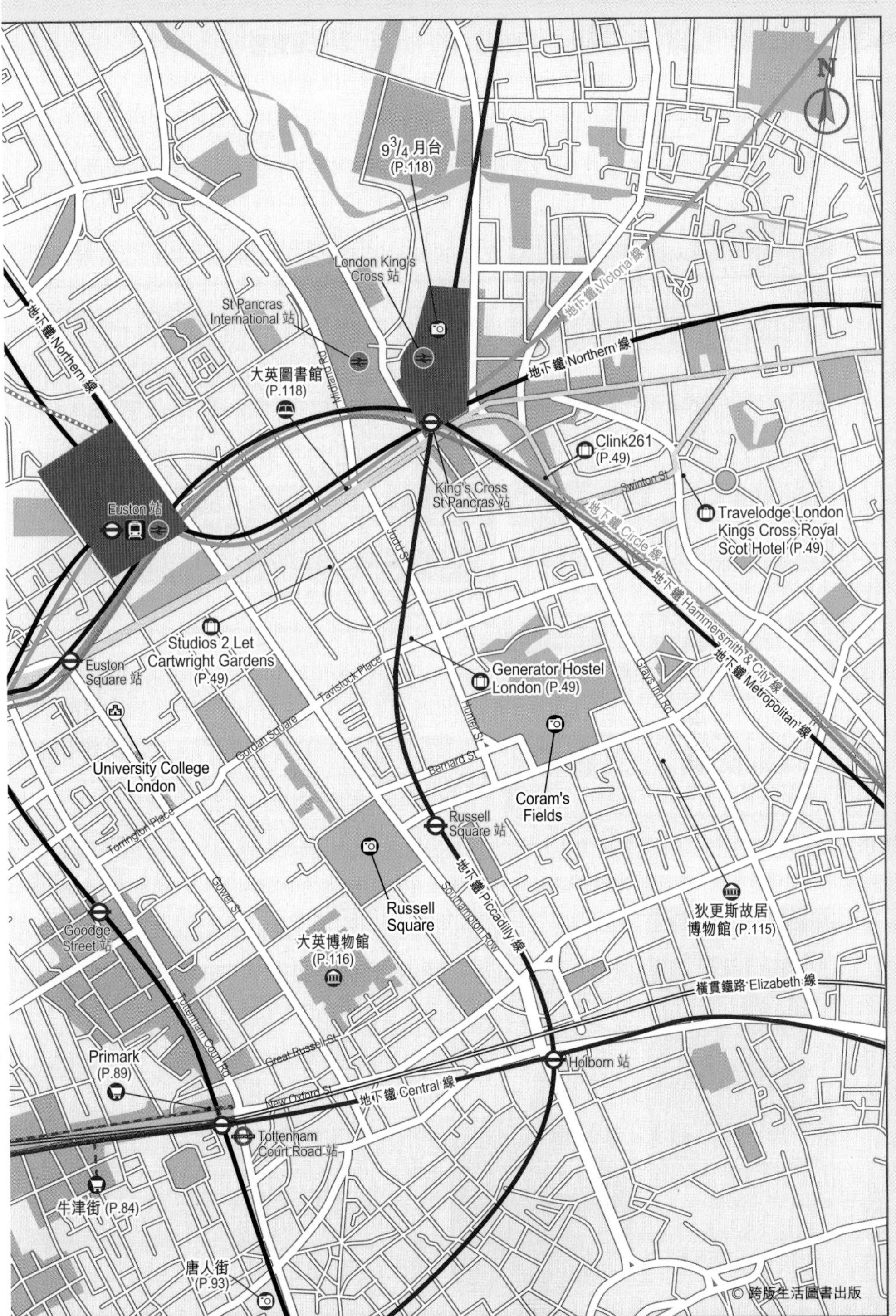
N
9¾月台
(P.118)
London King's Cross 站
St Pancras International 站
大英圖書館
(P.118)
地下鐵 Victoria 線
地下鐵 Northern 線
Clink261
(P.49)
King's Cross St Pancras 站
Swinton St
Euston 站
地下鐵 Circle 線
Travelodge London Kings Cross Royal Scot Hotel (P.49)
地下鐵 Hammersmith & City 線
地下鐵 Metropolitan 線
Midland Rd
Judd St
Studios 2 Let Cartwright Gardens
(P.49)
Euston Square 站
Tavistock Place
Generator Hostel London (P.49)
Grays Inn Rd
Hunter St
Gordon Square
University College London
Bernard St
Coram's Fields
Torrington Place
Russell Square 站
Gower St
地下鐵 Piccadilly 線
Southampton Row
Russell Square
Goodge Street 站
狄更斯故居博物館 (P.115)
大英博物館
(P.116)
橫貫鐵路 Elizabeth 線
Tottenham Court Rd
Great Russell St
Primark
(P.89)
Holborn 站
New Oxford St
地下鐵 Central 線
Tottenham Court Road 站
牛津街 (P.84)
唐人街
(P.93)
© 跨版生活圖書出版

皇家公園 攝政公園 The Regent's Park 地圖P.110

面積僅次於海德公園(P.140)的攝政公園佔地約166公頃，是倫敦最著名的公園之一。園內有倫敦動物園(ZSL London Zoo)、划船湖、露天劇院、兒童遊樂場、運動中心等，提供多種休閒娛樂設施，是當地人的週末好去處。公園擁有豐富的生態，例如有200多種鳥類、21種蝴蝶，還有松鼠、天鵝、刺猬等。園內有一大片綠地，四周被水池及花園環繞，樹蔭下設有長椅供遊人休息，讓繁忙的都市人在鬧市裏亦能放慢生活步調，享受身處大自然的快樂。

▲攝政公園有廣闊綠地。

▲可愛的松鼠。

▲春天時在公園能看到滿開的櫻花。

Tips

瑪麗皇后玫瑰園 地圖P.110

公園最受歡迎的景點是位於公園中心地帶的瑪麗皇后玫瑰園(Queen Mary's Garden)，園內有多達12,000株玫瑰，而且種類多達400種！夏季盛開時相當壯觀，花香沁人心脾。

INFO

- Chester Road, London
- 乘地下鐵到Baker Street站(地下鐵線見P.109)，或Bakerloo線到Regent's Park站，出站後步行約1分鐘
- 約05:00~19:00，每月時間不同，10月至2月較早關門(約16:30~18:00)
- 0300 061 2300
- www.royalparks.org.uk/parks/the-regents-park

(攝影：ritali)

偵探迷朝聖地 福爾摩斯博物館 Sherlock Holmes Museum 地圖P.110

對於福爾摩斯迷來說，「貝克街221b號」這個地址絕不陌生，因為小說中的名偵探福爾摩斯和助手華生醫生就住在這裏。館內外所有精心佈置和擺設，都以小說內容及情節為依據，保持維多利亞時期的模樣，連工作人員都換上了維多利亞時期的服飾，讓人彷如置身小說的真實場景中，氣氛營造得相當用心。逛完博物館可到隔壁的紀念品店，選購與福爾摩斯有關的紀念品留念。

▲福爾摩斯博物館。

►在地下鐵 Baker Street 站出站後，立即看到福爾摩斯的身影。

INFO

- 221b Baker Street, London
- 乘地下鐵到Baker Street站(地下鐵線見P.109)，出Marylebone Road出口，沿Baker Street步行約3分鐘
- 09:30~18:00　休 12月25日
- 成人£16(HK$151)，16歲以下£11(HK$101)
- 020 7224 3688
- www.sherlock-holmes.co.uk

群星聚首一堂 杜莎夫人蠟像館 Madame Tussauds 地圖P.110

杜莎夫人蠟像館眾星雲集，除了影視明星、歌手、運動員，還有皇室成員的蠟像。蠟像幾乎能夠以假亂真，講求細節和逼真度的工藝讓人難以辨別真假，栩栩如生圍繞在參觀者身邊，彷佛能跟偶像見面和合照留念。著名蠟像包括安祖蓮娜祖莉(Angelina Jolie)、畢彼特(Brad Pitt)、One Direction、湯告魯斯(Tom Cruise)等。

◀進去蠟像館跟名人合照！

INFO

- Marylebone Road, London
- 乘地下鐵到Baker Street站(地下鐵線見P.109)，出Marylebone Road出口，步行約2分鐘
- 約10:00~15:00/16:00，不同日子時間不同
- 成人￡37(HK$352)，3~15歲￡33.5(HK$302)，預先網上購票便宜￡3.5(HK$34)
- 087 1894 3000
- www.madametussauds.com

舒服好逛的購物街 馬里波恩大街 Marylebone High Street 地圖P.110

馬里波恩大街位於牛津圓環及攝政街(P.82)附近，商店林立，不過觀光客較少，讓人逛得非常舒服。大街上有不少特色小店，包括服飾、美容保養、配件、香水、家具等，著名品牌包括The Conran Shop、lululemon及Daunt Books書店等。雖然大街在豪宅區，但價位平易近人，在鬧市中是很不錯的選擇。

▲馬里波恩大街有不少家具雜貨店，也有餐廳。

INFO

- Marylebone High Street, London
- 乘地下鐵到Baker Street站(地下鐵線見P.109)，出Marylebone Road出口，沿Marylebone Road步行約6分鐘

馬里波恩大街☆最美書店☆

倫敦最美麗的書店 Daunt Books 地圖P.110

被譽為「倫敦最美麗的書店」，店內保留20世紀初、愛德華時代的建築風格，充滿古典情調。踏進書店，時間彷彿停頓下來，讓人嘖嘖稱奇。書店有採自然光的挑高天井，兩側是橡木長廊，書籍整齊地排列在書架上。書店專賣以旅行與文學為主題的書，包括旅遊指南、遊記、歷史、詩集等。不論書籍的類別，一律依照不同國家來排列。

◀古色古香的書店。

▲所有書籍均以國家排列及劃分。

▲橡木長廊放滿了旅行書籍。

INFO

- 83 Marylebone High Street, London
- 由地下鐵Baker Street站步行約8分鐘
- 09:00~19:30，週日及公眾假期11:00~18:00
- 020 7224 2295
- www.dauntbooks.co.uk

炸魚薯條改為蒸魚薯條 The Golden Hind 地圖P.110

這間提供炸魚薯條的餐廳歷史悠久，至今仍然非常受當地人歡迎和愛戴。店內走復古簡約風，氣氛輕鬆。倫敦供應炸魚薯條的餐廳不少，而這間的獨特之處是他們會按客人的要求，把炸魚改為蒸魚。無論是炸或是蒸魚，魚肉都非常鮮甜，肉質厚實，而炸魚的外皮酥脆不膩。另外，他他醬是餐廳自家製的。

▲ The Golden Hind。

▲用來炸魚的粉漿不會太厚，而且魚肉扎實！

▲炸魚薯條配碗豆茸，￡14.5(HK$140)。

INFO

- 71a-73 Marylebone Lane, London
- 乘地下鐵Central或Jubilee線或Elizabeth 線到Bond Street站，出Oxford Street出口，轉左走，右轉入James Street，再右轉入Marylebone Lane，步行約6分鐘
- 12:00~15:00、18:00~22:00，週六12:00~15:00、18:00~22:00
- 休 週日　020 7486 3644
- www.goldenhindrestaurant.com

走進大文豪的世界 狄更斯故居博物館 地圖P.111

Charles Dickens Museum

博物館原址為狄更斯在1837~1839年的故居，現改建成博物館，收藏了許多與他有關的展品，例如手稿、個人用品、家具等，總共超過100,000件展品。狄更斯曾在這裏寫下不少著名著作，例如《孤雛淚》(Oliver Twist)及《匹克威克外傳》(The Pickwick Papers)。參觀狄更斯故居博物館，除了能進一步了解狄更斯的背景，亦能於故居感受狄更斯遺留下來的人文氣息。

▲位於地下一層的廚房。(攝影：Siobhan Doran Photography, Charles Dickens Museum)

▲狄更斯故居博物館。

▲飯廳。(攝影：Siobhan Doran Photography, Charles Dickens Museum)

INFO

- 48-49 Doughty Street, London
- 乘地下鐵Piccadilly線到Russell Square站，出站後轉左沿Herbrand Street走，左轉入Guilford Street，右轉沿Doughty Street直走，步行約9分鐘
- 週三至日10:00~17:00(最後16:00入場)
- 休 週一及週二，聖誕及新年假期
- 成人£12.5(HK$120)，長者及學生£10.5(HK$101)，6~16歲£7.5(HK$72)
- 020 7405 2127　www.dickensmuseum.com

▲狄更斯的卧室。(攝影：Siobhan Doran Photography, Charles Dickens Museum)

世界三大博物館之一 大英博物館 British Museum

地圖P.81、111 必到

始建於1753年，大英博物館是歷史最悠久、規模最宏偉的博物館，亦是世上第一間開放給大眾參觀的博物館，每年訪客人數接近600萬。館內主要分為埃及展區、古希臘及羅馬展區、西亞(中東)展區、美洲展區、太平洋展區及中國南亞展區。

博物館的展品是來自世界各大洲的稀世珍寶，大多是在帝國主義時代，透過掠奪其他國家而得來的。由於收藏豐富，館內格局比較複雜，建議事前挑選有興趣的展品，了解其資料及位置，好好規劃遊覽博物館的路線。想要仔細欣賞每項藏品的話，逛兩三天也逛不完，如果時間有限，可考慮只到埃及、古希臘及西亞區等展區。有興趣可參加免費導賞團(約30~45分鐘)，對展品有更多了解。不得不提，藏量豐富的大英博物館，是**免費開放**！

▲大英博物館。

▲中庭的圓拱形天幕由 2,436 片三角形玻璃組成，灑落下來的自然光令中庭更加明亮。

▲非洲、大洋洲和美洲展區的復活島摩艾石像。

◀日本展區。

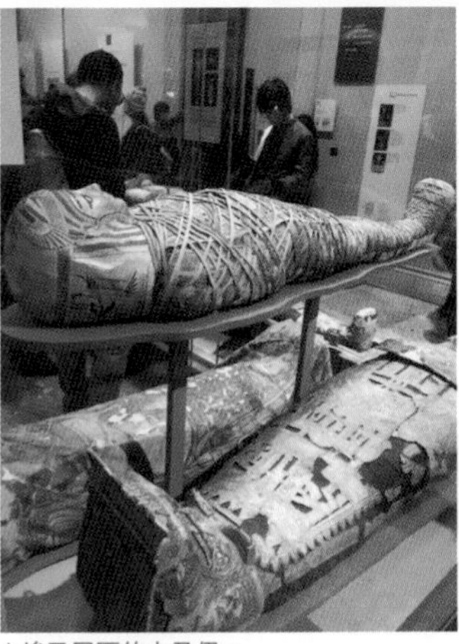
▲埃及展區的木乃伊。

▲埃及展區的拉美西斯二世像。

羅塞塔石碑

▲吸引許多人圍觀的羅塞塔石碑 (Rosetta Stone)。石碑上從上而下刻有內容相同的三種文字，分別為古埃及象形文、埃及草書及古希臘文，是學者研究埃及象形文字的重要文物。

▲古希臘展區的帕德農神殿。

INFO

大英博物館
- British Museum, Great Russell Street, London
- 乘地下鐵Central或Northern線或Elizabeth 線到Tottenham Court Road站，出1號出口，沿Tottenham Court Road走，右轉入Great Russell Street，步行約7分鐘
- 10:00~17:00，週五10:00~20:30
- 休 耶穌受難節、12月25~26日及1月1日
- 免費，特別展需收費(按不同展覽而定)
- www.britishmuseum.org

Tips

除了可以在館內購買導覽地圖，亦可事前於官網上查看和打印相關資料。另外，博物館不時舉辦特別展覽(收費)，也可出發前瀏覽官網了解詳情。

感受英倫書卷氣 大英圖書館 The British Library 地圖P.111

▲大英圖書館。

大英圖書館是英國的國家圖書館，藏書量達1億5,000萬項以上，資源非常豐富，當中包括書籍、新聞、樂譜、地圖、影音等，而館內的珍藏更包括了達文西手稿、大憲章、古騰堡聖經、披頭四的手稿，每件都極之珍貴，讓人讚嘆不已。圖書館設有常態和不定期的展覽。

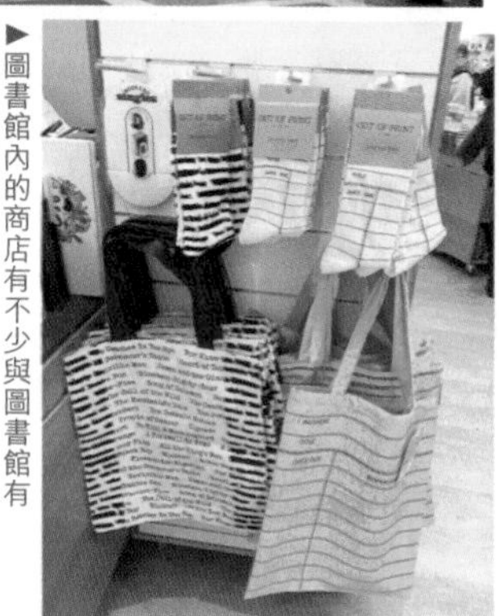

▲圖書館內的商店有不少與圖書館有關的可愛商品。

▲圖書館的接待處。

Tips

圖書的書庫是開架式的，即一般讀者不能隨意進出書庫或取閱資料，必須申請reader pass，才可在reading room看書。如想借閱圖書，要告訴工作人員，而且不能借出去，只能在圖書館內看。雖然借閱圖書比較麻煩，但遊客還是可以參觀館內建築，也可在咖啡店或書店休息或購物。

INFO

- British Library, 96 Euston Road, London
- 乘地下鐵到King's Cross St. Pancras站(地下鐵線見P.109)，出Midland Road出口，步行約3分鐘
- 09:30~20:00，週五09:30~18:00，週六09:30~17:00，週日及公眾假期11:00~17:00；部分展區開放時間不一
- 休 12月24~26日及1月1日
- 020 7412 7110
- www.bl.uk

《哈利波特》重要場景 9¾月台 Platform nine-and-three-quarters 地圖P.111

哈迷一定對9¾月台熟悉不過，在書或電影中，穿過這個月台便來到霍格華茲特快列車起點站！這個月台就在London King's Cross火車站(或簡稱King's Cross)(國王十字車站)內，King's Cross站是英國鐵路最南端的終點站。車站緊靠着歐洲之星列車(EuroStar)的起點站——聖潘克拉斯站(St Pancras Railway Station)，附近總是遊人如鯽。在9號與10號月台之間的牆上便是9¾月台，有半台手推車嵌入牆壁，重現電影內學生前往魔法學校的情節，吸引許多遊客拍照。

▲國王十字車站內。

▲9¾月台，有半截陷入牆身的手推車。(攝影：Janice Kwong)

Tips

留意，King's Cross有火車站(London King's Cross)以及地下鐵站(King's Cross St. Pancras Underground)，兩者有通道連接。如果要前往倫敦周邊城市可由火車站乘火車前往。

INFO

- King's Cross Station, London
- 乘地下鐵到King's Cross St. Pancras站(地下鐵線見P.109)，步行往London King's Cross火車站
- (站內哈利波特9¾月台商店) 08:00~22:00，週日09:00~20:00
- 020 3427 4200
- harrypottershop.co.uk/pages/platform934

Part 6.2

倫敦的商業和金融中心

西堤區

City of London

位置地圖P.65

西堤區即倫敦市，「西堤」是其音譯，另外，因其面積剛好為 1 平方英里，亦被稱為「平方英里」(Square Mile)。雖然這一區相對狹小，但在社會和經濟方面極之重要，是一個舉足輕重的金融及商業重鎮。這區有不少廣為人知、具歷史價值的重要旅遊熱點，例如倫敦塔橋、倫敦塔、聖保羅大教堂等，全部都是倫敦的必去景點！

前往交通

常用地下鐵站

- Jubilee線 - Northern線 → London Bridge站
- Circle線 - District線 → Tower Hill/Monument站
- District線 - Hammersmith & City線 → Aldgate East站
- Central線 - Hammersmith & City線 / Elizabeth線 / Circle線 - Metropolitan線 → Liverpool Street站
- Central線 → St. Paul's站
- Circle線 - Hammersmith & City線 - Metropolitan線 → Barbican站
- Central線 - Northern線 - Waterloo & City線 → Bank站

景點與景點之間的距離約在20分鐘路程內

西堤區景點地圖

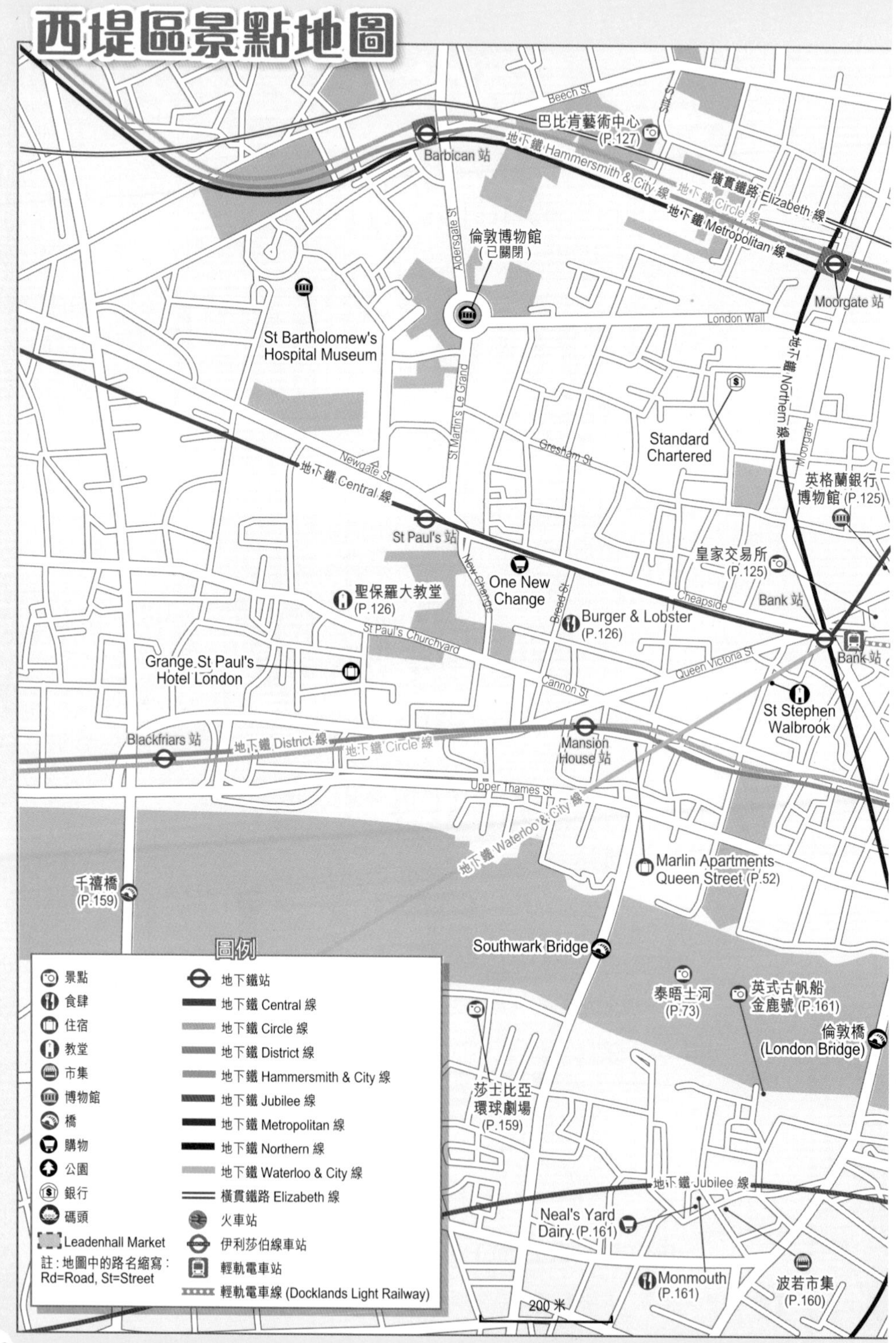

巴比肯藝術中心 (P.127)
Barbican 站
地下鐵 Hammersmith & City 線
地下鐵 Circle 線
橫貫鐵路 Elizabeth 線
地下鐵 Metropolitan 線
Moorgate 站
倫敦博物館 (已關閉)
St Bartholomew's Hospital Museum
Standard Chartered
地下鐵 Northern 線
地下鐵 Central 線
St Paul's 站
英格蘭銀行博物館 (P.125)
皇家交易所 (P.125)
Bank 站
One New Change
聖保羅大教堂 (P.126)
Burger & Lobster (P.126)
Grange St Paul's Hotel London
St Stephen Walbrook
Blackfriars 站
地下鐵 District 線
Mansion House 站
地下鐵 Waterloo & City 線
Marlin Apartments Queen Street (P.52)
千禧橋 (P.159)
Southwark Bridge
泰晤士河 (P.73)
英式古帆船金鹿號 (P.161)
倫敦橋 (London Bridge)
莎士比亞環球劇場 (P.159)
地下鐵 Jubilee 線
Neal's Yard Dairy (P.161)
Monmouth (P.161)
波若市集 (P.160)
200 米
Beech St
Aldersgate St
London Wall
Moorgate
St Martin's Le Grand
Gresham St
Newgate St
New Change
Bread St
Cheapside
St Paul's Churchyard
Queen Victoria St
Cannon St
Upper Thames St
圖例
景點
食肆
住宿
教堂
市集
博物館
橋
購物
公園
銀行
碼頭
Leadenhall Market
註：地圖中的路名縮寫：Rd=Road, St=Street
地下鐵站
地下鐵 Central 線
地下鐵 Circle 線
地下鐵 District 線
地下鐵 Hammersmith & City 線
地下鐵 Jubilee 線
地下鐵 Metropolitan 線
地下鐵 Northern 線
地下鐵 Waterloo & City 線
橫貫鐵路 Elizabeth 線
火車站
伊利莎伯線車站
輕軌電車站
輕軌電車線 (Docklands Light Railway)

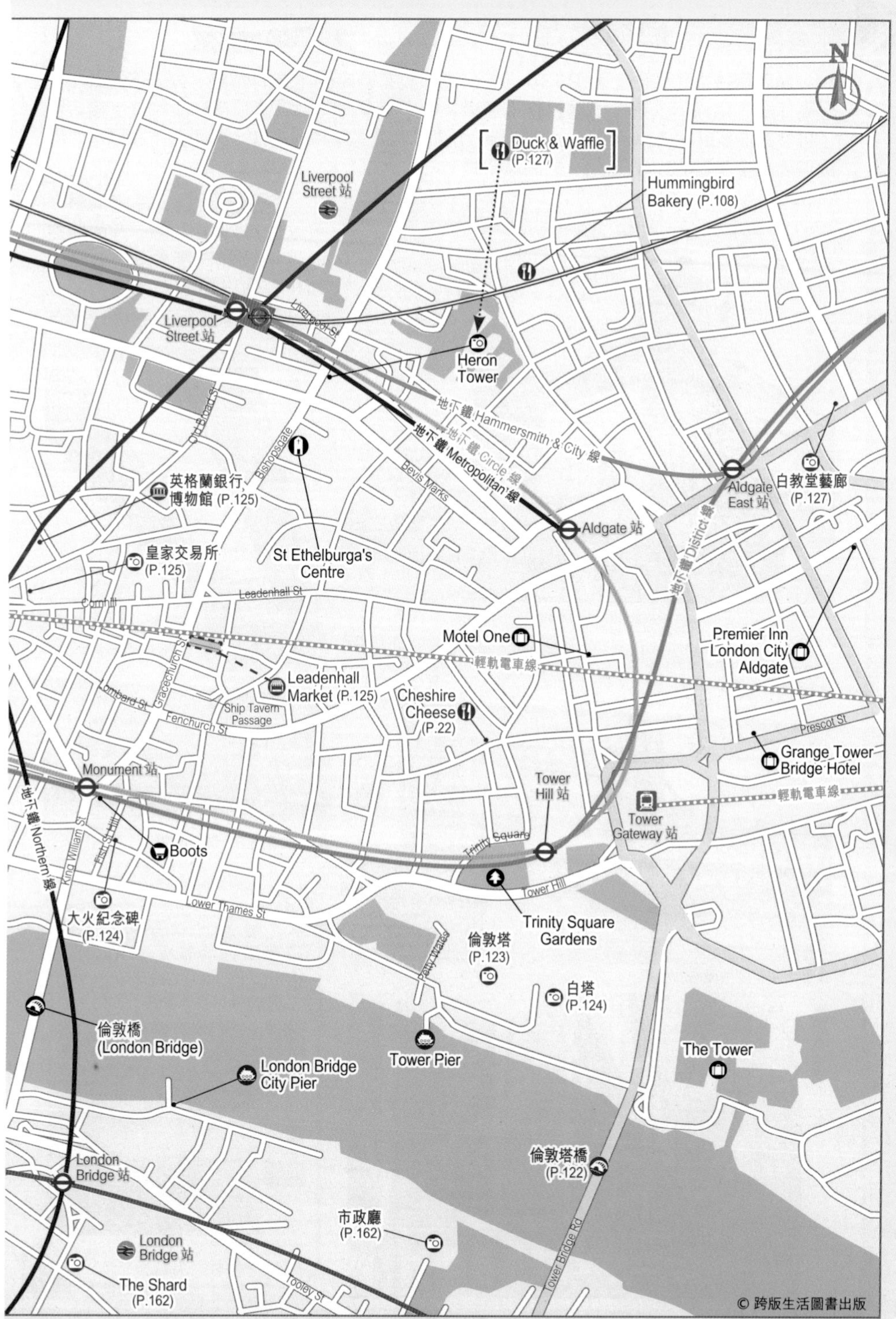
N
Duck & Waffle (P.127)
Liverpool Street 站
Hummingbird Bakery (P.108)
Liverpool Street 站
Liverpool St
Heron Tower
地下鐵 Hammersmith & City 線
地下鐵 Circle 線
地下鐵 Metropolitan 線
Old Broad St
Bishopsgate
Bevis Marks
英格蘭銀行博物館 (P.125)
Aldgate East 站
白教堂藝廊 (P.127)
Aldgate 站
地下鐵 District 線
皇家交易所 (P.125)
St Ethelburga's Centre
Leadenhall St
Cornhill
Motel One
Premier Inn London City Aldgate
輕軌電車線
Gracechurch St
Leadenhall Market (P.125)
Cheshire Cheese (P.22)
Lombard St
Ship Tavern Passage
Fenchurch St
Prescot St
Grange Tower Bridge Hotel
Monument 站
Tower Hill 站
Tower Gateway 站
輕軌電車線
地下鐵 Northern 線
King William St
Fish St Hill
Boots
Trinity Square
Tower Hill
Lower Thames St
大火紀念碑 (P.124)
Trinity Square Gardens
倫敦塔 (P.123)
Petty Wales
白塔 (P.124)
倫敦橋 (London Bridge)
Tower Pier
The Tower
London Bridge City Pier
倫敦塔橋 (P.122)
London Bridge 站
市政廳 (P.162)
Tower Bridge Rd
London Bridge 站
The Shard (P.162)
Tooley St

英國經典象徵 倫敦塔橋 Tower Bridge 地圖P.121、155

倫敦塔橋橫跨泰晤士河(P.73)，長244米，設有兩座65米高的橋塔，分上下兩層，上層高而窄，用作行人道；下層為行車通道及行人道。從北邊塔橋乘電梯能夠登上橋，除了可參觀收費展覽(Tower Bridge Exhibition)認識塔橋建築和歷史外，更可遊走在兩塔之間的玻璃高空步道(Glass Floor)，於高處俯瞰泰晤士河以及橋下的車水馬龍，刺激有趣。

橋分為兩段，每段橋最多可以豎起到86度讓下方的船隻通過，升起時間約需1分鐘。如想看到塔橋的兩段橋升起，可以預先至官網查看橋段升起的時間。

▲外型氣勢十足的倫敦塔橋歷時 8 年建成。

▲倫敦塔橋的上層，其中一小段為玻璃高空步道。

▲從不同角度拍攝倫敦塔橋。

►倫敦塔橋的下層。

Tips

留意，倫敦塔橋不可簡稱為倫敦橋，倫敦橋(London Bridge)是另一座不同的橋(見地圖P.121)。

▲倫敦橋橋墩寫上 London Bridge。(攝影：蘇飛)

▲倫敦塔橋夜景。(攝影：蘇飛)

▲右邊發光的是 The Shard (P.162)，晚上看起來猶如蠟燭。(攝影：蘇飛)

INFO

倫敦塔橋

- Tower Bridge Road, London
- 展覽及玻璃高空步道：09:30~18:00，元旦10:00~18:00
- 乘地下鐵Jubilee或Northern線到London Bridge站，出站後沿Tooley Street走，再左轉入Tower Bridge Road，步行約10分鐘
- 休 12月24~26日
- 020 7403 3761
- www.towerbridge.org.uk
- 成人£11.4(HK$110)，長者及學生£8.6(HK$83)，兒童5~15歲£5.7(HK$55)，5歲以下免費；家庭票85折(至少一成人加一兒童)

一窺皇室無價寶 倫敦塔 Tower of London

地圖P.121、155

世界遺產

坐落在泰晤士河(P.73)北岸的倫敦塔建於1080年，由多座塔樓及堡壘組成，後來慢慢擴建成現在的倫敦塔。

倫敦塔最受歡迎的景點是「皇冠珠寶」(The Crown Jewels)，裏面展示的全是無價之寶，包括教皇法冠、戒指、項鍊等。當中最光彩奪目的是鑲在十字權杖(Sovereign's Sceptre)上的「非洲之星」(First Star of Africa)，曾是世界上最大的無瑕切割鑽石。另外，價值連城的帝國皇冠(Imperial State Crown)亦是必看展品之一，上面嵌有超過3,000顆熠熠生輝的寶石。

▲從不同角度欣賞倫敦塔。

▲倫敦塔外觀。

INFO

- Tower of London, London
- 乘地下鐵Circle或District線到Tower Hill站，出站後穿過Trinity Square Gardens公園，步行約6分鐘
- 3月至10月週日及一10:00~17:30，週二至六09:00~17:30；11月至2月週日及一10:00~16:30，週二至六09:00~16:30；最後入場時間為休息前30分鐘
- 休 12月24~26日及1月1日
- 成人£29.9(HK$282)，學生及長者£24(HK$221)，5~15歲£14.9(HK$131)，5歲以下免費
- 033 3320 6000
- www.hrp.org.uk/tower-of-london

Tips

倫敦塔的傳說

倫敦塔是一座充滿權力與陰謀歷史的堡壘，它曾是皇家監獄，現時仍可看到當時的囚室、刑場和刑具。塔內有7隻被剪了翅膀的烏鴉，傳說如果烏鴉消失或飛走，倫敦塔將淪陷，大英帝國亦會殞落，因此皇家守衛非常細心地保護和飼養牠們。

倫敦塔☆必看景點活動☆

展示多款皇室兵器 白塔 地圖P.121

White Tower

▲白塔。

位於中央的白塔是倫敦塔中最古老的建築物，屬於諾曼式建築風格。塔內有一武器庫，展出了歷代國王及皇室的甲冑、盔甲及中世紀的各種武器。

◀武器庫的展品。

INFO
- 倫敦塔內

聆聽小故事 皇家守衛解說團 *Yeoman Warder Tour* 推介

▲皇家守衛，由他們帶領旅客遊倫敦塔。

倫敦塔戒備森嚴，由皇家守衛(Yeomen Warders)負責守衛。推薦參加由皇家守衛帶領的解説團，能夠聽到各種關於皇室權力鬥爭、陰謀、監禁的歷史故事。每30分鐘一團，全長約1小時，於主要出入口集合。每天最後一團的時間為15:30(夏季)或14:30(冬季)。

Tips

不可小覷的皇家守衛

塔內每位守衛穿着傳統的都鐸式服飾，古時候他們的職責是看守囚犯，而現在則是倫敦塔的專業導遊。想成為守衛必須曾於軍隊服役22年以上，非常嚴格。

INFO
- 倫敦塔內
- 倫敦塔門票已包

紀念重要歷史 大火紀念碑 地圖P.121

Monument to the Great Fire of London

1666年，倫敦發生了一場史上最嚴重的火災，當時大火整整燒了三日三夜。為了警惕世人毋忘這場大火，以及悼念是次火災的遇難者，當時的英政府豎立了這座高約62米的大火紀念碑，歷史意義重大。設計紀念碑的建築師同時是聖保羅大教堂(P.126)的設計者。

◀大火紀念碑。

INFO
- Fish Street Hill, London
- 乘地下鐵Circle或District線到Monument站，出站後向Boots方向沿Eastcheap走，右轉入Fish Street Hill，步行約2分鐘
- 09:30~13:00及14:00~18:00，最後入場為休息前30分鐘
- 休 12月24~26日
- 成人£5.8(HK$56)，學生及長者£4.4(HK$42)，5~15歲£2.9(HK$28)
- 020 7626 2717
- www.themonument.org.uk

奢華時尚購物中心 皇家交易所 Royal Exchange 地圖P.120~121

這座建於19世紀的華麗建築曾是倫敦市的商貿中心，現時轉型為高級購物中心，內庭設計華麗，呈現高貴堂皇的氣派。交易所內有多間高級食肆及高級精品店，著名品牌包括Hermés、Jo Malone等。

▲皇家交易所富有氣派。

INFO
- The Royal Exchange Bank, London
- 乘地下鐵Central、Northern、Waterloo& City線或輕軌電車(DLR)到Bank站，出站後沿Cornhill步行約2分鐘
- 07:30~22:00
- 0207 283 8935
- www.theroyalexchange.co.uk

回顧鈔票發展史 英格蘭銀行博物館 Bank of England Museum 地圖P.120~121

博物館以英格蘭銀行做主題，館內除了介紹英格蘭銀行成立以來的演變和歷史，還詳細介紹與英鎊鈔票及硬幣相關的資訊，例如不同面值鈔票上的人像、鈔票使用的防偽技術等，讓人增廣見聞。另外，博物館會不定期舉辦免費的講座或電影會，適合大人小朋友一同參加。

▲英格蘭銀行博物館。

▲館內詳盡地介紹了不同面值的英鎊鈔票。

INFO
- Bartholomew Lane, London
- 乘地下鐵Central、Northern、Waterloo& City線或輕軌電車(DLR)到Bank站，出站後沿Threadneedle Street走，左轉入Bartholomew Lane直走，步行約4分鐘
- 07:30~22:00
- 週六、日及公眾假期
- 020 3461 4444
- www.bankofengland.co.uk/museum

(攝影：Bank of England)

《哈利波特》取景地 Leadenhall Market 地圖P.121

Leadenhall Market堪稱是西堤區最古老的市集，華麗的裝潢、古典的風格，美得不可思議，難怪連電影《哈利波特》也曾在這個市集實地取景。到了黃昏，剛下班的上班族湧入市集內各個酒吧聊天飲酒，盡情享受人生。當地人特別喜歡站在酒吧門外把酒言歡，氣氛熱鬧。除了酒吧，市集內還有快餐、法式、意式餐廳、書店及雜貨店等。

INFO
- Gracechurch Street, London
- 乘地下鐵Circle或District線到Monument站，出站後沿Gracechurch Street步行約5分鐘轉右
- 24小時，各店鋪營業時間不一
- 店舖週六、日及公眾假期
- www.leadenhallmarket.co.uk

▲下班時段這裏人山人海。

▲ Leadenhall Market 的入口帶英式懷舊風。

價廉物美的龍蝦大餐 **Burger & Lobster** 地圖P.120

▶店內環境。

喜歡吃龍蝦的人一定不能錯過這家連當地人也喜歡的排隊美食！店家只有3種主菜，蒸或烤原隻龍蝦(The Whole Lobster)、牛肉漢堡(The Burger)和龍蝦三文治(Lobster Roll)，每份皆配上沙律和薯條。店家採用新鮮肥美的龍蝦肉，而且現撈現煮，吃時每一口都滲出龍蝦汁，鮮味十足！推薦原隻龍蝦配牛油汁，能嘗到龍蝦本身啖啖肉的滋味。不想自己動手拆殼的話可以選龍蝦三文治，由原隻龍蝦拆肉而成。

◀烤原隻龍蝦(Classic Whole Lobster) £38 (HK$361)。

▲蒸原隻龍蝦。

Tips
店家在蘇豪也有分店，不過人流較多，Bread Street分店則人流較少，節省輪候時間。

INFO
- 1 Bread Street, London
- 乘地下鐵Central線到St. Paul's站，出站後沿Cheapside走，右轉入Bread Street，步行約4分鐘
- 12:00~22:00，週五及六12:00~23:00，週日12:00~22:00
- 0207 248 1789
- www.burgerandlobster.com

英國第一大教堂 **聖保羅大教堂** *St Paul's Cathedral* 地圖P.120

▶聖保羅大教堂。

建於1675~1710年，聖保羅大教堂是英國最大和最重要的信仰中心。大教堂以壯觀的圓頂聞名，是僅次於羅馬聖伯多祿大教堂的圓頂教堂。教堂沿用巴洛克建築，加上華麗莊嚴的玻璃彩繪及精美的浮雕，更突顯教堂的古典優雅。來到圓頂的耳語廊(The Whispering Gallery)，可繞圓頂內部走一圈，欣賞天花板上精雕細琢的鑲嵌畫。如果有足夠力氣爬過528級樓梯的話，可考慮攻上最頂端的金迴廊(The Golden Gallery)，俯瞰整個倫敦的景色。

▲近攝大教堂。

◀從千禧橋(P.159)拍攝過去的取景角度。

▲大教堂的穹頂是倫敦特色的體現。

INFO
- St Paul's Cathedral, St Paul's Churchyard, London
- 乘地下鐵Central線到St. Paul's站，出站後沿Cheapside走，接New Change即可看到通往教堂的入口，步行約2分鐘
- 08:30~16:00(週日僅限崇拜，不開放參觀)
- 成人£21(HK$200)，學生及長者£18.5(HK$178)，6~17歲£9(HK$86)，6歲以下免費；網上購票每張大約便宜£2~3(HK$19~28)
- 020 7246 8350　www.stpauls.co.uk　教堂內嚴禁攝影

區內最高景觀餐廳 Duck & Waffle 地圖P.121 人氣

Heron Tower是倫敦第三高、西堤區第一高的建築，而餐廳Duck & Waffle位於大廈40樓，白天能清晰飽覽附近的景觀，而入夜後，餐廳氣氛非常好，還可欣賞到倫敦浪漫的夜景，不論日夜都別有一番風味。乘電梯到達40樓後會先經過喝飲料的酒吧，才會到達餐廳範圍。菜單分為早餐、早午餐、全日、宵夜及甜點，按時段提供不同菜單。食物質素不錯，服務殷勤周到，加上優雅的環境和氣氛，成為了人氣十足的排隊美食餐廳。

▲鱸魚 (Whole Sea Bass, for 2)，£50 (HK$475)。味道不錯，上面有薯仔、海蘆筍、醃菜，很開胃。

▲餐廳位於 Heron Tower 40 樓。

INFO
- 110 Bishopsgate, London
- 乘地下鐵Central、Circle、Hammersmith & City或Metropolitan線到Liverpool Street站，出4號出口，轉右沿Liverpool Street走，右轉入Bishopsgate，步行約2分鐘
- 週一至三07:00~01:30，週四至週一24小時
- 020 3640 7310
- https://duckandwaffle.com
- 建議事先透過上網或電話訂位

►從餐廳望出去能夠看到一流的倫敦景色。

最醜建築抑或建築界奇蹟？ 巴比肯藝術中心 地圖P.120

Barbican Centre

巴比肯藝術中心在1982年落成，以「未來」作主題，中心內主要大型設施有音樂廳、美術館、圖書館、餐廳、會議廳及展覽館等。中心目標是把變化多端卻志同道合的藝術形式凝聚起來，逐步向世界延伸。

◄藝術中心入口。(攝影：Morley von Sternberg)

Tips 美與醜？

中心建造時，建築師希望展現粗獷主義的形式與風格，故以粗糙的鋼筋混凝土建造外觀。外界對於這灰色外觀一直褒貶不一，有人評價它為最醜的灰色建築物，但有人形容它為建築界的奇蹟。

INFO
- Silk Street, London
- 乘地下鐵Circle、Hammersmith & City、Metropolitan線到Barbican站，出站後過馬路沿地下隧道走，右轉入Silk Street，步行約6分鐘
- 09:00~23:00，週日11:00~ 23:00，公眾假期12:00~ 23:00
- 020 7638 8891
- www.barbican.org.uk

▲藝術中心內。(攝影：Gareth Gardner)

東倫敦現代藝術發源地 白教堂藝廊 *Whitechapel Gallery* 地圖P.121

白教堂藝廊是倫敦最早由公共贊助營運的藝廊，主題為現代藝術。成立宗旨是將藝術帶入東倫敦社區，讓所有人都有機會接觸藝術。藝廊於2009年曾整修擴建，現時藝廊除了有展廳外，還有書店、咖啡店、活動場地等。

INFO
- 77~82 Whitechapel High Street, London
- 乘地下鐵District或Hammersmith & City線到Aldgate East站，出站後轉左沿Whitechapel High Street步行約3分鐘
- 11:00~18:00，週四11:00~21:00
- 週一，12月24~27日，1月1日
- 020 7522 7888
- www.whitechapelgallery.org

以「英國人的家」為主題 家博物館

地圖P.128

Museum of the Home

原本為貧民救濟院，後改建成一間蒐集了英國各地家居飾品和家具的特色博物館。館內保留及展示了英國中產階級家庭的室內設計和裝潢，透過家具、日常用品與裝飾品，重現了17~20世紀的家居環境，讓人從細節了解英國人的生活文化。**博物館於2021年6月完成重修，並由Geffrye Museum of the Home改名為Museum of the Home。**

▲這是一間有趣的博物館。

▼1830年的客廳（或休息室），以強烈的藍色為主調。(攝影：Chris Ridley)

▼1790年的客廳。(攝影：John Hammond)

▼1910年的客廳。(攝影：Chris Ridley)

▼1965年的客廳，已經散發現代感。(攝影：Chris Ridley)

▼1998年比較新式的客廳，相當漂亮！(攝影：Peter Dazeley)

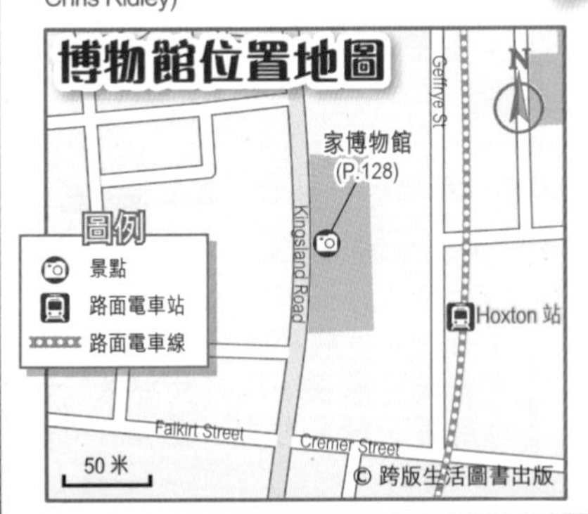

INFO

- 136 Kingsland Road, London
- 乘路面電車(London Overground)到Hoxton站，出站後沿Geffrye Street走，右轉入Cremer Street，再轉右入Kingsland Road，步行約3分鐘
- 週二至日及公眾假期10:00~17:00
- 週一(公眾假期除外)　免費
- 020 7739 9893　www.museumofthehome.org.uk

Part 6.3

倫敦潮人尋寶地帶

東區
East End

位置地圖P.65

東區源於 19 世紀末，當時倫敦東部聚集了大量移民，使人口激增，因此「東區」初時帶有貶意，是擁擠和貧窮的代名詞。時至今日，東區已經搖身一變成為倫敦最年輕及時髦的區域，有各式個性時裝店、咖啡店進駐，令人們漸漸愛上這個充滿活力和多元化的地方。週末時，東區更有大型市集 Sunday Up Market 和 Backyard Market，吸引大批民眾造訪，非常熱鬧。

▲在東區的大街小巷裏會找到許多街頭塗鴉。

前往交通

常用地下鐵站　路面電車站

Central線 - Hammersmith & City線 → Liverpool Street站

Elizabeth線 → Liverpool Street站

Circle線 - Metropolitan線 → Liverpool Street站

路面電車(London Overground) → Shoreditch High Street站

景點與景點之間的距離約在20分鐘路程內

東區景點地圖

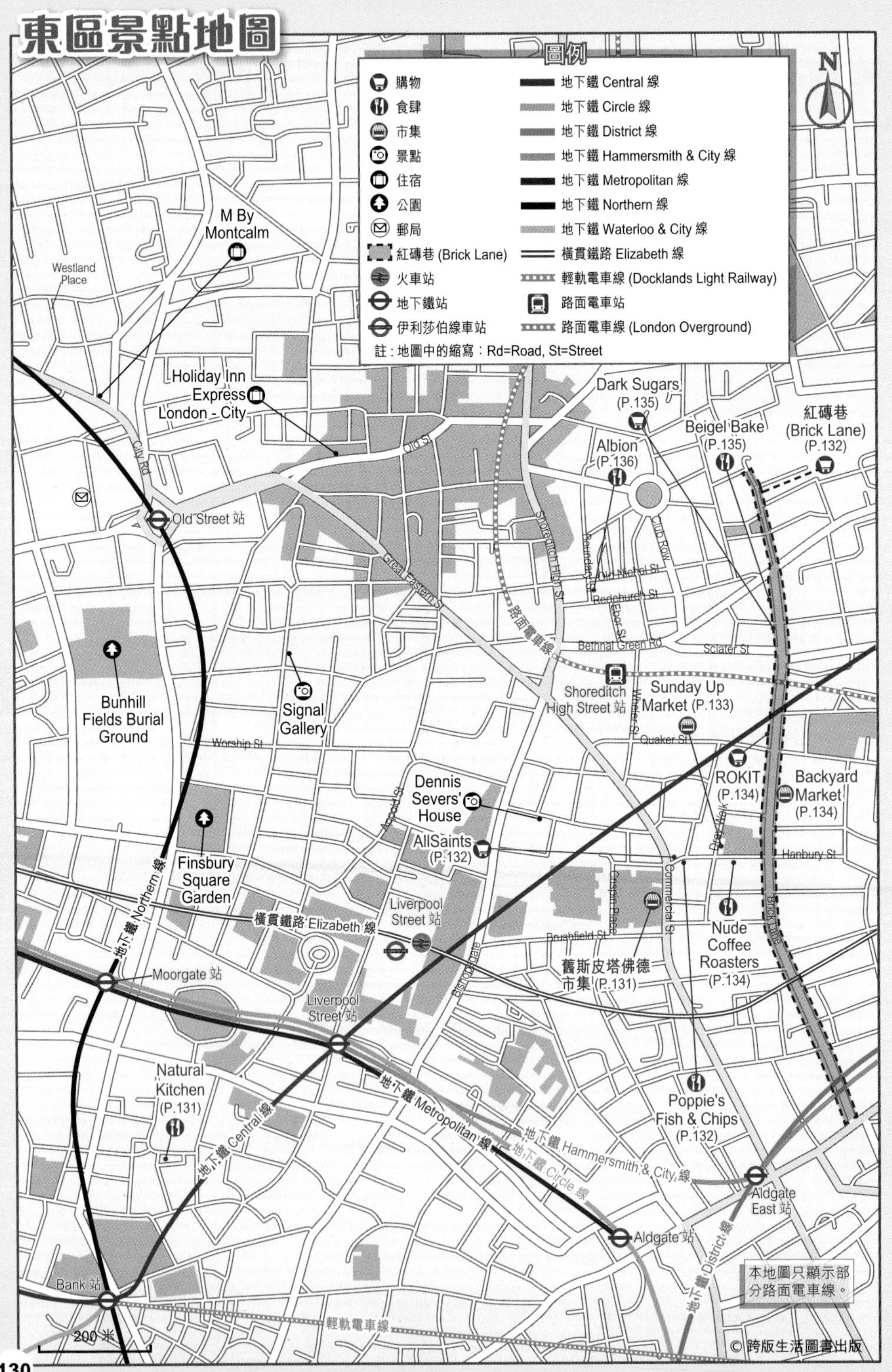

圖例
購物
食肆
市集
景點
住宿
公園
郵局
紅磚巷 (Brick Lane)
火車站
地下鐵站
伊利莎伯線車站
地下鐵 Central 線
地下鐵 Circle 線
地下鐵 District 線
地下鐵 Hammersmith & City 線
地下鐵 Metropolitan 線
地下鐵 Northern 線
地下鐵 Waterloo & City 線
橫貫鐵路 Elizabeth 線
輕軌電車線 (Docklands Light Railway)
路面電車站
路面電車線 (London Overground)
註：地圖中的縮寫：Rd=Road, St=Street
N
M By Montcalm
Westland Place
Holiday Inn Express London - City
City Rd
Old St
Old Street 站
Dark Sugars (P.135)
Beigel Bake (P.135)
紅磚巷 (Brick Lane) (P.132)
Albion (P.136)
Club Row
Shoreditch High St
Boundary St
Old Nichol St
Redchurch St
Ebor St
Great Eastern St
路面電車線
Bethnal Green Rd
Sclater St
Shoreditch High Street 站
Wheler St
Sunday Up Market (P.133)
Quaker St
Bunhill Fields Burial Ground
Signal Gallery
Worship St
ROKIT (P.134)
Backyard Market (P.134)
Dennis Severs' House
Appold St
AllSaints (P.132)
Hanbury St
Finsbury Square Garden
Crispin Place
Commercial St
Brick Lane
Liverpool Street 站
Brushfield St
Nude Coffee Roasters (P.134)
橫貫鐵路 Elizabeth 線
地下鐵 Northern 線
Moorgate 站
Bishopsgate
舊斯皮塔佛德市集 (P.131)
Liverpool Street 站
Natural Kitchen (P.131)
地下鐵 Central 線
地下鐵 Metropolitan 線
Poppie's Fish & Chips (P.132)
地下鐵 Hammersmith & City 線
地下鐵 Circle 線
Aldgate East 站
Aldgate 站
地下鐵 District 線
本地圖只顯示部分路面電車線。
Bank 站
輕軌電車線
200 米

不論陰晴都能逛 舊斯皮塔佛德市集 地圖P.130 人氣

Old Spitalfields Market

在人來人往的地下鐵利物浦街(Liverpool Street)站附近，有個人氣十足、不能錯過的創意市集：舊斯皮塔佛德市集。無論天晴還是下雨，都能夠在這個規劃完善且乾淨的市集內，舒適地探索各種英國本土設計商品、時尚商品、工藝品等，這裏還有不少賣二手貨的攤販，售賣古董飾品、復古家具等。市集會舉行活動，有興趣可至官網或Facebook查看。

▲舊斯皮塔佛德市集。

▲售賣影音光碟的攤販。

INFO

- 16 Horner Square, London
- 乘地下鐵Central、Circle、Hammersmith & City或Metropolitan線到Liverpool Street站，出2號出口後轉左沿Bishopsgate走，右轉入Brushfield Street，再走至Commercial Street，步行約7分鐘；也可乘Elizabeth線在Liverpool Street站下車
- 10:00~20:00，週四07:00~18:00，週六10:00~18:00，週日10:00~17:00
- 全個市集12月25日休息，部分區域在聖誕及新年期間休息
- 020 7247 8556
- oldspitalfieldsmarket.com
- www.facebook.com/oldspitalfieldsmarket

▶售賣文具及家飾的雜貨店Inspitalfields，可找到創意家具及文創商品。

▲市集內外都有不少餐廳及小吃攤販，可以邊吃邊逛。

為都市人而設的健康餐廳 Natural Kitchen 地圖P.130

餐廳宗旨為給忙碌的都市人提供最好的健康食品。無論肉類、魚類或蔬菜，他們只會選擇與他們宗旨相近的供應商取貨，確保貨源優質可靠。店家設上下兩層，下層賣熟食，例如三文治、沙律、冷盤、熱盤、果汁、咖啡等，選擇多，適合外賣；上層是餐廳和酒吧，另有室外空間，適合悠閒進餐。

▶用餐空間。

▲ Natural Kitchen。

INFO

- 1A Copthall Ave, Angel Ct, London
- 乘地下鐵Bank站下車，步行6分鐘
- (熟食店)週一至五08:00~15:00，(餐廳酒吧)營業至夜間，週末關閉
- 020 7374 8531
- naturalkitchen.co.uk

英式正宗炸魚薯條 Poppie's Fish & Chips 地圖P.130

自1952年開店，一直用新鮮材料，為食客提供最傳統、最正宗的炸魚薯條(Fish and Chips)，加上模仿報紙的包裝紙，感覺懷舊。鱈魚(Cod)與黑線鱈(Haddock)為最經典的炸魚款式，一份由￡15.95(HK$152)起，視乎大小，附薯條和他他醬。如果客人對果仁類過敏，店家會貼心地改用植物油。

▲進去吃炸魚薯條！

INFO
- 6~8 Hanbury Street, London
- 乘地下鐵Central、Circle、Hammersmith & City或Metropolitan線到Liverpool Street站，出2號出口，步行約10分鐘；或由路面電車(London Overground)Shoreditch High Street站，步行約6分鐘；也可乘Elizabeth線在Liverpool Street站下車
- 週日至三11:00~22:00，週四至六11:00~23:00
- 020 3161 1422　http://poppiesfishandchips.co.uk

百搭黑色皮衣 AllSaints 地圖P.130

創立於1994年，以簡潔率性、大膽前衛的設計見稱的AllSaints是東倫敦時尚品牌的代表。品牌以黑白灰等基本色為主，設計混合了多種元素，例如皺褶、磨舊的處理，創造出既隨意又型格的街頭風格。其中，重視剪裁和質感、永遠不落伍的百搭黑色皮衣是最搶手的款式。

▲ AllSaints 最經典的黑色皮衣。

◀ AllSaints。

INFO
- Jack's Place, 114 Commercial Street, Spitalfields, London
- 交通參考「Poppie's Fish & Chips」(見上)
- 10:00~20:00，週四至六10:00~21:00，週日11:30~18:00
- 020 7392 8098　www.allsaints.com

古着購物天堂 紅磚巷 Brick Lane 地圖P.130

東區現已成為一個以古着與創意設計為中心的潮區，而紅磚巷內的市集深受年輕人、潮人、古着愛好者、獨立音樂愛好者的追捧。在巷內可以看到異國文化與英國文化的融合與互補，慢慢形成東倫敦的特色和獨有風格，衍生出倫敦的次文化氛圍。市集四周有獨立的商店和咖啡室，在大街小巷閒逛時，記得留意七彩繽紛的街頭塗鴉——這也是這一區的特色。

◀ Brick Lane。

Tips
紅磚巷源於18世紀，當時大批移民被吸引到房租低廉的紅磚巷落腳，至今仍是移民(主要是孟加拉人)的集中地，因此這一區多數是供應咖喱的餐廳。

INFO
- Brick Lane, London
- 乘路面電車(London Overground)到Shoreditch High Street站，或乘地下鐵District或Hammersmith & City線到Aldgate East站，步行約8分鐘
- (Brick Lane Market)020 7364 5025

紅磚巷內☆人氣市集及特色店家☆

品嘗多國美食兼購物 Sunday Up Market

地圖P.130

限週六、日

Sunday Up Market，顧名思義就是每到週六、日才開放的大型市集，市集包羅萬有，總共約有200個攤檔。除了有賣皮具、手作、衣服的自家品牌的店家進駐外，還有售賣異國美食的攤販，無論日本、中國、墨西哥、印度等料理都有，非常多元化。大部分人都端着鋁箔盒裝的小吃，坐在一旁或站着吃，吃完再繼續逛市集。建議空肚子來逛Sunday Up Market，才有機會多品嘗各國地道美食。

▲ Sunday Up Market 入口。

▲▶多個美食攤檔。

▲看師傅即場炮製美食。

▲出售自家品牌的攤檔。

INFO
- The Old Truman Brewery, 91 Brick Lane, London
- 由路面電車(London Overground)Shoreditch High Street站，步行約8分鐘
- 週六11:00~17:30，週日10:00~17:00
- 020 7770 6028
- www.sundayupmarket.co.uk

紅磚巷內☆人氣市集及特色店家☆

咖啡迷最愛 Nude Coffee Roasters 地圖P.130

▲店家。

這間不大起眼的咖啡店位於Sunday Up Market(P.133)附近，店內裝潢簡單舒適。所售的咖啡除了堅持使用最高品質的咖啡豆，更有自己的專業工作室烘焙和包裝咖啡豆，有興趣的話不妨買包咖啡豆回家再細味。

INFO
- 25 Hanbury Street, London
- 由路面電車(London Overground)Shoreditch High Street站，步行約6分鐘
- 08:30~17:00，週六及日10:00~17:00
- www.nudeespresso.com

年輕品牌聚集地 Backyard Market 地圖P.130 限週六、日

利用大型倉庫的空間，在週末化身成創意市集，每個攤檔都充分展現了倫敦的街頭文化，教人驚喜處處，每逛完一個攤檔總會期待下一個攤檔不一樣的創意商品。這個市集主要集中了年輕設計師的個人品牌及創意手工藝品。

▲ Backyard Market。

◀其中一個賣首飾的攤檔。

INFO
- The Old Truman Brewery, 146 Brick Lane, London
- 由路面電車(London Overground) Shoreditch High Street站，步行約9分鐘
- 週六11:00~18:00，週日10:00~17:00
- 020 7770 6028
- www.backyardmarket.co.uk

款式多多的古着店 ROKIT 地圖P.130

▲ ROKIT。

▲古着款式多。

古着漸漸變成一種潮流，如果想在倫敦買價錢合理的古着，可考慮到ROKIT發掘好貨。從鞋子、皮衣、針織、連身裙，所有復古款式一應俱全，是尋寶的好地方，只要精挑細選，不難找到便宜好貨。ROKIT有自己一套獨到的專業品味和入貨標準，因此店內的衣物能夠創造出許多混搭的可能性和樂趣，讓人穿出自己的獨特風格和個性！

Tips

古着＝二手？

英語中的vintage(古着)，跟二手物品(second hand)的意思不同，古着強調的是某個年代的產品，是一種回憶產物，有其收藏與歷史價值。

INFO
- 101 Brick Lane, London
- 由路面電車(London Overground) Shoreditch High Street站，步行約6分鐘
- 11:00~18:00
- 0207 375 3864
- www.rokit.co.uk

創意手工朱古力 Dark Sugars 地圖P.130

Dark Sugars店外常設有試吃，朱古力讓人一試難忘。各種形狀與口味的朱古力放滿店內的木器上，按重量收費，隨便逛逛也是視覺享受。店內有多款特別口味的朱古力，包括芒果、檸檬茶、氈酒(Gin)、辣椒口味等。除了朱古力，還可點一杯濃厚的熱朱古力，冬天喝一杯，立即全身暖和起來。

▶◀店內的朱古力種類繁多。

▲ Dark Sugars。

◀有些朱古力的形狀很有趣。

INFO
- 141 Brick Lane, London
- 10:00~22:00
- 乘路面電車(London Overground)到Shoreditch High Street站，步行約4分鐘
- 07429 472606
- www.darksugars.co.uk

無人不知的平價美食 Beigel Bake 地圖P.130

人氣

由猶太人開設的Beigel Bake，專門製作傳統猶太風格的貝果麵包(Beigel)。入口即化的鹹牛肉貝果(Salted Beef Beigel)最受歡迎，扎實的牛肉餡，加上芥末和酸黃瓜，平衡了牛肉的鹹，包裹在溫熱的貝果裏，讓人垂涎三尺。價格實惠親民，好吃又大份，於週末時總是大排長龍。

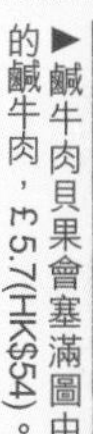

▶鹹牛肉貝果會塞滿圖中的鹹牛肉，£5.7(HK$54)。

▲ Beigel Bake人氣超旺！

INFO
- 159 Brick Lane, London
- 乘路面電車(London Overground)到Shoreditch High Street站，步行約5分鐘
- 24小時
- 020 7729 0616
- bricklanebeigel.co.uk/london/beigel-bake

Part 6.4

處處散發文藝氣息

南肯辛頓及騎士橋
South Kensington & Knightsbridge

位置地圖P.65

走在南肯辛頓及騎士橋一帶的大街上，空氣中彷彿瀰漫高尚優雅的氣氛。除了能夠在此找到全倫敦最大的皇家公園及肯辛頓宮外，著名的自然史、科學及維多利亞與阿爾伯特博物館、亞爾伯特演奏廳、皇室御用百貨公司哈洛德等都能在此找到。此外，倫敦最大型的古董市集波特貝羅市集亦是重點行程之一，好逛又好買！

前往交通

常用地下鐵站

路線	車站
Piccadilly線	Hyde Park Corner/Knightsbridge站
Central線	Marble Arch/Lancaster Gate站
Circle線、District線、Piccadilly線	South Kensington站
Circle線、District線	High Street Kensington站
Central線、Circle線、District線	Notting Hill Gate站

景點與景點之間的距離約在35分鐘路程內

倫敦最大型的古董市集 波特貝羅市集 地圖P.139

Portobello Road Market

波特貝羅市集以售賣古董小物、古着、復古商品為主，種類包羅萬有，包括家具、服飾、郵票、車票、錢幣、照片及相機等。每張郵票、照片都充滿了歲月痕跡，老東西的迷人之處就在於每個人挑選的、認為值得收藏的東西都不同。喜歡具歷史感的舊物愛好者全都聚集在這裏，專注地尋找心頭好。另外，市集設有熟食攤，逛得累了餓了可以隨便選一間填肚子，價錢經濟又美味，除了熟食攤還有Café。

▲漂亮的鏡子和錶。

▶街上盡是不同類型的古董和珠寶。

▶各式精美的銀器。

▲波特貝羅市集。

▲市集從早到晚都吸引了不少人到這裏尋寶。

INFO

- Portobello Road, London
- 乘地下鐵Central、Circle或District線到Notting Hill Gate站，出Portobello Road出口，沿Pembridge Road走，轉入Portobello Road，步行約12分鐘
- 週一至三09:00~18:00，週四09:00~13:00，週五及六09:00~19:00
- 休 週日　☎ 020 7361 3001
- www.portobelloroad.co.uk

Tips

市集的古董攤只在週六開放，週五或有部分古董攤營業。一般來說，週六最熱鬧，亦最多人，如果想避開人潮，建議11:30前前往市集。

波特貝羅市集☆精選店家☆

不可錯過的蘇格蘭羊毛製品 Highland Store 地圖P.139

蘇格蘭的傳統格紋永遠流行。難得來到英國，即使沒有時間去蘇格蘭，亦能於倫敦買到"Made in Scotland"的產品。在Highland Store，除了可找到如蘇格蘭裙的經典蘇格蘭服飾外，還有許多讓人愛不釋手的羊毛頸巾、手套、冷帽等優質保暖用品。羊毛頸巾的格子紋有很多花色可供選擇，而且質地柔軟輕盈，相當舒適，不管是當地人還是遠道而來的遊客，都會深深愛上蘇格蘭製的羊毛頸巾。

▶顏色較沉實的頸巾。

▶男女士的包包。

▶傳統的蘇格蘭格子花紋頸巾。

▲ Highland Store。

INFO

- 105 Portobello Road, London
- 乘地下鐵Central、Circle或District線到Notting Hill Gate站，出Portobello Road出口，沿Pembridge Road走，右轉入Portobello Road，步行約12分鐘
- 10:00~18:00　☎ 020 7229 2848
- www.highlandstore.com

南肯辛頓及騎士橋景點地圖（海德公園以南）

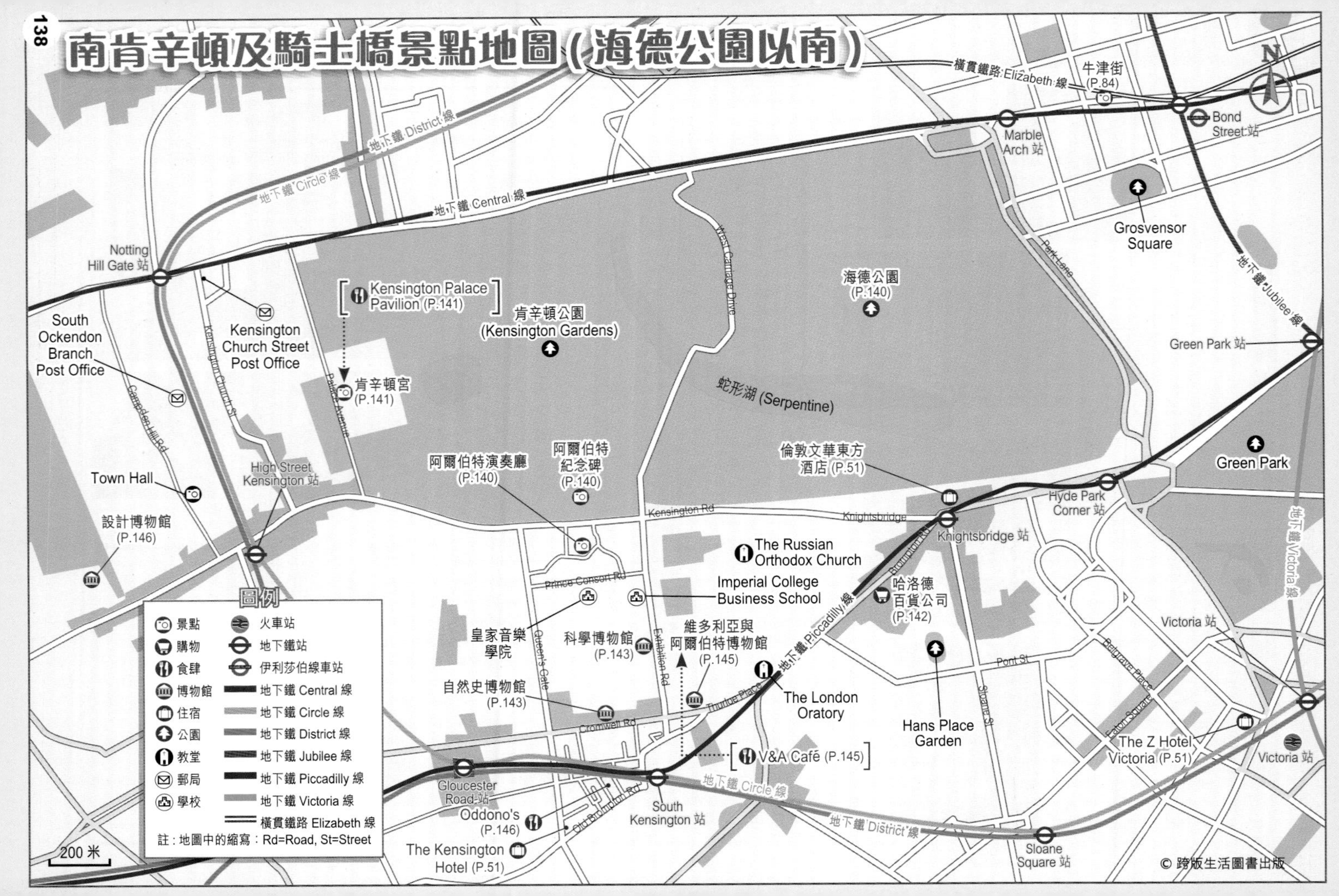

南肯辛頓及騎士橋景點地圖（海德公園以北）

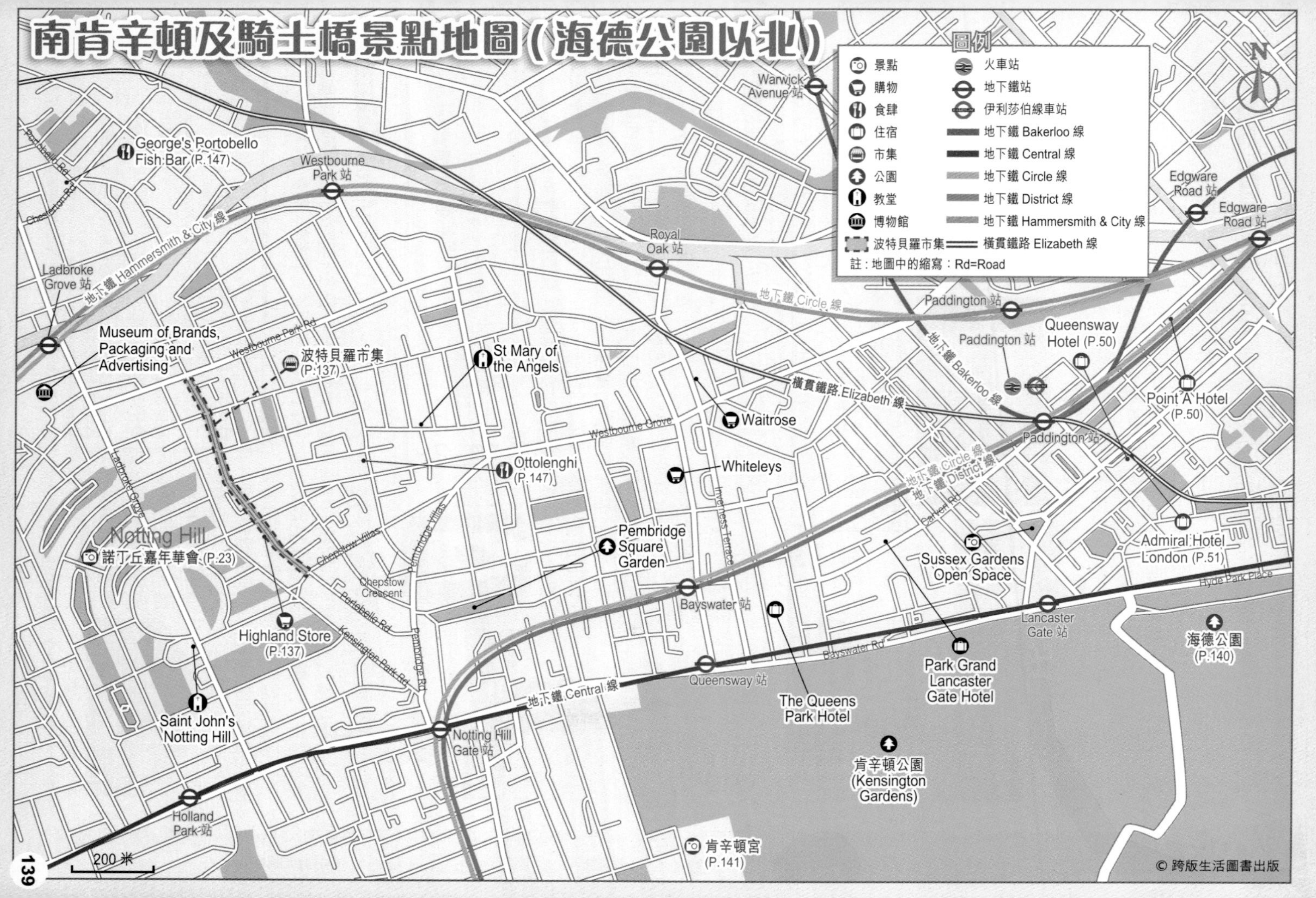

繁華都市中的休憩勝地 海德公園 *Hyde Park* 地圖P.80、138~139

海德公園是倫敦最大且最有名的皇家公園，佔地350畝，本來是皇室休閒娛樂和狩獵的地方，於1637年開放予大眾，現已成為當地人最愛的休憩場所。公園內，每個人都隨性地享受自己喜愛的活動：有人騎自行車、有人跑步，亦有人在椅子或草地上享受陽光。公園空間偌大，大家都有足夠的空間與大自然共處。公園內有一個蛇形湖(Serpentine)，對岸是肯辛頓花園，岸邊常聚集各種雀鳥。

▲海德公園一景。

◀在湖邊能找到不同種類的雀鳥，包括天鵝。

▶公園內的人都在享受大自然與陽光。

INFO

- Hyde Park, London
- 05:00~00:00
- 乘地下鐵Piccadilly線到Hyde Park Corner或Knightsbridge站，或Central線到Marble Arch或Lancaster Gate站，出站即達
- 0300 061 2000
- www.royalparks.org.uk/parks/hyde-park

悼念亡夫的紀念碑 阿爾伯特紀念碑 *The Albert Memorial* 地圖P.138

1861年，維多利亞女王為了紀念亡夫阿爾伯特親王，於肯辛頓公園的南部盡頭打造了一座紀念碑，前後合共花了10多年才完成。金光閃閃的紀念碑高約55米，中間是一尊金色的阿爾伯特親王雕像，設計精巧華麗。紀念碑外圍的四個角落，分別設有四組動物雕像，象徵四大洲：歐洲、亞洲、非洲及美洲，而內圈的四組雕像則代表農業、商業、工程及工業的成功。有興趣可參加導覽團近看這座宏偉的紀念碑。

▲阿爾伯特紀念碑。

▶阿爾伯特親王雕像。

INFO

- Kensington Gardens, London
- 乘地下鐵Circle、District或Piccadilly線到South Kensington站，出站後沿地下道指示，步行約10分鐘
- 肯辛頓公園開放時間：06:00開放，關門時間每星期不同
- www.royalparks.org.uk/parks/kensington-gardens

殿堂級表演場地 阿爾伯特演奏廳 *Royal Albert Hall* 地圖P.138

外觀仿羅馬圓形劇場的阿爾伯特演奏廳，於1871年由維多利亞女王主持開幕，獻給她的亡夫。演奏廳曾舉辦各類型音樂活動，從古典音樂到流行音樂、舞會派對都有。除了買票進場欣賞音樂廳的活動，遊客還可付費參加各種導賞團，參觀時間約1小時，包括參觀演奏廳中央的主廳、女王包廂、皇室休息室等，深入了解演奏廳的歷史與故事。

▲阿爾伯特演奏廳。

INFO

- Kensington Gore, London
- 乘地下鐵Circle、District或Piccadilly線到South Kensington站，出站後沿Exhibition Road走，左轉入Prince Consort Road，在皇家音樂學院(Royal College of Music)對面，步行約10分鐘
- 票務中心09:00~21:00
- 網上預約導賞團(Hall Tour)，成人£16.25(HK$154)，學生及長者£14.25(HK$135)，6~16歲小童£8.25(HK$78)
- 020 7589 8212、(查詢導賞團)020 7959 0558
- www.royalalberthall.com

威廉王子的居所 肯辛頓宮 Kensington Palace 地圖P.138~139

肯辛頓宮為皇家宮殿，曾有多位國王及皇室成員入住，而其中最為人熟悉的是戴安娜王妃，現為威廉王子的居所。肯辛頓宮內部分展廳開放給大眾參觀，裏面收藏了豐富的皇室服飾、珍貴的照片，讓人們對皇室成員的生活百態了解多些。此外，還有戴安娜王妃的時裝故事展。宮內設有環境優雅的咖啡廳，晴天時可以坐到戶外，一邊享用英式茶點，一邊欣賞肯辛頓公園(Kensington Gardens)的美景。

INFO

- Kensington Gardens, London
- 乘地下鐵Circle或District線到High Street Kensington站，出站後轉右沿Kensington High Street走，左轉入Palace Avenue，步行約8分鐘
- 11月至2月10:00~16:00，3至10月10:00~18:00，最後入場為休息前1小時
- 休 12月24~27日　☎ 020 3166 6199
- (4至10月)成人￡25.4(HK$241)，學生及長者￡20.3(HK$193)，5~15歲￡12.7(HK$120)；(11至3月)成人￡16(HK$152)，學生及長者￡12.8(HK$127)，5~15歲￡8(HK$76)
- www.hrp.org.uk/kensington-palace

▲肯辛頓宮。

肯辛頓宮內☆精選餐廳☆

在皇家宮殿享用英式下午茶 Kensington Palace Pavilion 地圖P.138

人氣

位於肯辛頓宮內的餐廳Kensington Palace Pavilion相當不錯，可以享用早餐、午餐或傳統的英式下午茶，置身於皇宮內，感覺份外優雅。下午茶的供應時間為12:00~16:00/18:00(視乎月份而定)，下午茶價錢約￡42(HK$400)起。

▲皇家宮殿內的 Kensington Palace Pavilion。

◀最經典的英式鬆餅。

▲咖啡廳設有戶外座位。

►附上士多啤梨果醬及凝脂奶油(Clotted Cream)的英式鬆餅。

INFO

- 肯辛頓宮內
- 10:00~18:00
- 020 3166 6114
- http://kensingtonpalacepavilion.co.uk

老牌皇家御用百貨 哈洛德百貨公司 Harrods 地圖P.138

▲ Harrods。

富麗堂皇的哈洛德百貨大概是全球觀光客最愛逛的購物點之一，它亦是英國皇室成員最愛的御用百貨。單是觀賞百貨裏的華麗裝潢和琳瑯滿目的商品已經讓人樂而忘返。作為世界頂級的百貨公司，哈洛德內部裝潢走奢華風，盡顯英倫貴氣。除了各種高檔名牌商品外，位於1樓的食品區更是吃貨天堂，各種食品擺放得井井有條，而豐富多樣的現烤麵包、批餅和甜點更是讓人垂涎三尺！除了售賣新鮮食品與熟食，還有茶葉、精品朱古力、餅乾禮盒等。

▶晚上的 Harrods 更顯得雍容華貴。

◀內有大量精美的食品禮盒。

▲▶食品區販售各種批餅及蛋糕。

Tips

最佳手信

大家可在百貨3樓的紀念品專區，購買Harrods自家品牌貨品，如Harrods熊、文具、手提袋、雨傘等。所有印上Harrods字樣的商品都非常受歡迎，而且價格合理，適合作為手信。

▲百貨內隨處可見的Harrods熊。

▲自家品牌的手提袋款式非常多。

▲熟食選擇也多。

▲茶葉販售區。

INFO

- 87~135 Brompton Road, Knightsbridge, London
- 乘地下鐵Piccadilly線到Knightsbridge站，出Brompton Road出口，沿Brompton Road步行約3分鐘
- 10:00~21:00，週日11:30~18:00
- 020 7730 1234
- www.harrods.com

親身體驗科學發展成果 科學博物館

地圖P.138 親子

Science Museum

博物館在1857年創館，主題圍繞科學、醫學、資訊與通訊技術及工程技術，呈現科學的發展成果。展品包括火箭、導彈、噴射機等，人們可近距離觀賞飛機和引擎。另外，於飛行實驗室更有模擬駕駛艙讓小朋友操作，一嘗當駕駛員的滋味。每月最後一個週三，館內會舉辦特別主題活動，以生動活潑的形式介紹各種領域的科學知識，例如數學、病毒等，活動時間為18:45~22:00，只限18歲以上人士進場(部分活動需收費)。

▶博物館內的打卡位。

▲科學博物館。

INFO

- Exhibition Road, South Kensington, London
- 乘地下鐵Circle、District或Piccadilly線到South Kensington站，出站後沿地下道指示步行約5分鐘
- 10:00~18:00(最後入場17:15)
- 休 12月24~26日
- 免費，某些展覽或活動需收費
- 020 7942 4000
- www.sciencemuseum.org.uk

▲館內餐廳的菜式意外地豐富好吃，圖為chermoula marinated roasted chicken leg ￡12.5 (HK$120)。

▲樓上航天展展示的機種和內部裝置十分多。

精彩的自然演化過程 自然史博物館

地圖P.138 推介

Natural History Museum

自然史博物館於1881年開放予大眾參觀，博物館本身已是一個藝術品，屬羅曼式建築，外觀雄偉、富麗堂皇。博物館本來是大英博物館其中一部分，但由於當時大英博物館蒐藏空間不足，便在1963年獨立出來，成為自然史博物館。館內以顏色區分了4大展區，分別為藍色、橙色、綠色、紅色，每區主題不同。

▲遊覽自然史博物館一點也不悶！

博物館各區簡介

藍色區 以恐龍、哺乳類、人類生物學等為主題，詳細地介紹動物的演進史，並展示各種模型和標本。

橙色區 這區是達爾文中心(Darwin Centre)，中心的橢圓形建築物Cocoon，設計概念與其名字「Cocoon」(繭)一樣，象徵生命的起源、蛻變和延續。裏面有值班的生物學家進行研究，參觀者能夠直接與生物學家互動，非常難得。

綠色區 展示了鳥類、海洋爬蟲類、礦物、人類等展品。

紅色區 主題為地球科學、火山學及地質學等，紅色扶手電梯的地心入口造型非常搶眼！

►地下鐵South Kensington站內的地下道，沿指示可到達博物館。

►綠色區。

▲紅色區的地心入口，外形相當特別。

◄橙色區達爾文中心。

►於紅色區有神戶大地震體驗，模擬當時神戶某間雜貨店的情景。

▲館內有很多創意商品。

INFO

自然史博物館
- Cromwell Road, London
- 乘地下鐵Circle、District或Piccadilly線到South Kensington站，出站後沿地下道指示步行約5分鐘
- 10:00~17:50(最後入場17:30)　休 12月24~26日
- 免費(特展需要收費)
- 020 7942 5000　www.nhm.ac.uk

西敏市　西堤區　東區　南肯辛頓　列治文　肯頓鎮　南岸　格林威治

豐富多樣的工藝設計品 維多利亞與阿爾伯特博物館
Victoria and Albert Museum (V&A) 地圖P.138

成立於1857年，博物館名字取自阿爾伯特親王(Albert, Prince Consort)與維多利亞女王(Queen Victoria)，這間博物館以展示藝術與設計等作品聞名。不論數量還是種類，工藝設計類的館藏都非常豐富和精細，讓人讚嘆不已。藏品種類包括紡織品、服飾、珠寶、家具、陶瓷、雕塑等。雖然歐洲的展品居多，但也有來自印度、中國、日本等亞洲國家的藏品。博物館內的商店也值得一逛，商品結合藝術和設計，品質非常高。

◀以展示藝術品及設計品為主的博物館。

▲博物館門外有倫敦的特色象徵：紅色電話亭。

▲入口處的水晶裝置藝術。

►充滿文藝氣息的中庭花園。

▲館內有大量珍貴的藏品。

INFO

- Cromwell Road, London
- 乘地下鐵Circle、District或Piccadilly線到South Kensington站，出站後沿地下道指示步行約5分鐘
- 10:00~17:45，週五10:00~22:00
- 12月24~26日
- 免費(特展需要收費)
- 020 7942 2000
- www.vam.ac.uk

博物館☆精選咖啡店☆

暗藏於博物館內的華麗Café V&A Café 地圖P.138

推介

美麗優雅的V&A Café是不可錯過的餐廳。Café提供三文治、飲品、蛋糕及少量熱食，價格平易近人，環境和氣氛相當優雅，適合找個下午在這兒慢慢享受充滿文藝氣息的小時光。

▲蘿蔔蛋糕 (Carrot Cake)，￡4.5(HK$45)。

►水果司康餅 (Fruit Scone)，￡4.15(HK$42)。

▲ V&A Café 的裝潢浪漫迷人。

INFO

- 維多利亞與阿爾伯特博物館內
- 10:00~17:00
- www.vam.ac.uk/info/va-cafe

獲獎無數的Gelato **Oddono's** 地圖P.138

Oddono's以"Life's too short to eat bad ice cream"為座右銘，堅持每天使用最頂級的原材料，以獨家食譜製造最新鮮的Gelato。Gelato用料毫不馬虎，如使用馬達加斯加的雲呢拿條、西西里島的開心果等。店鋪至今已研發超過130種口味的Gelato，包括肉桂、羅勒、朱古力白蘭地、辣椒味等，而最受歡迎的是榛子、開心果和朱古力味。喜歡水果味的話可以嘗試健康、零脂肪的雪葩。因應疫情後的改變，Oddono's各分店雖仍開放，但只提供自取或外賣，沒有堂食。

▶Oddono's門口有支很吸引的雪糕。

◀筆者點了一杯有兩種口味的Gelato，分別是士多啤梨雪葩(Strawberry Sorbet)和開心果味(Pistachio)，前者含清新醒神的果香，口感清爽，後者則較香濃綿密。每種口味(小)£3.3(HK$32)。

▶店內提供多款口味的Gelato，每種都用料十足。

INFO

- 14 Bute Street, London
- 乘地下鐵Circle、District或Piccadilly線到South Kensington站，步行約3分鐘
- 週一至四12:00~22:00，週五12:00~23:00，週六11:00~23:00，週日11:00~22:00
- 020 7052 0732　www.oddonos.com

把設計融入生活 **設計博物館** *Design Museum* 地圖P.138

館方提倡把藝術及設計融入生活，讓人感受到日常生活與設計的密切關係。大部分展品都是一些人們習以為常、容易被忽視的設計，透過設計背後的故事，給人意想不到的驚喜。即使不入場欣賞展覽，也可到館內商店逛逛，看看新奇有趣的設計小物，例如居家裝飾及書籍文具。

▶晚上的設計博物館。

▲博物館館內極具設計感。

INFO

- 224~238 Kensington High Street, London
- 乘地下鐵Circle或District線到High Street Kensington站，出站後沿Kensington High Street步行約8分鐘
- 週日至四10:00~18:00，週五六10:00~21:00
- 12月24~26日　免費(部分展覽需收費)
- 020 3862 5900　https://designmuseum.org

(攝影：Gareth Gardner)

藏身於巷弄間的迷人餐廳 Ottolenghi 地圖P.139

每個人經過Ottolenghi時，肯定會被櫥窗內滿滿的食物吸引而駐足。店家供應的食物豐富多樣化，包括各式主菜、沙律、甜品，其中七彩繽紛的甜點造型尤其可愛精緻。主菜方面，每天餐單內容都會有所更改，並隨季節而變動，給食客新鮮感。

▲各款主菜，有不少蔬菜。

▲ Ottolenghi。

Tips 店面不大，只有10個座位，以外賣為主。

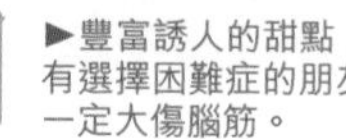

►豐富誘人的甜點，有選擇困難症的朋友一定大傷腦筋。

INFO
- 63 Ledbury Road, London
- 乘地下鐵Central、Circle或District線到Notting Hill Gate站，出Portobello Road出口，沿Pembridge Road接Pembridge Villas，左轉入Chepstow Crescent接Ledbury Road，步行約10分鐘
- 08:00~19:00，週日08:00~18:00
- 020 7727 1121
- www.ottolenghi.co.uk

Jamie Oliver大力推薦
George's Portobello Fish Bar 地圖P.139

人氣

餐廳一直用心製作炸魚薯條和其他美食。店內空間不大，只有Bar枱座位，價錢合理，食物選擇很多，不少當地人都喜歡在這裏買外賣。炸魚薯條的魚肉扎實、新鮮多汁，配上炸至金黃色的香酥外皮，讓人一試難忘，連Jamie Oliver也大力推薦！配菜方面，有豌豆泥、烤豆或沙律。食量小的人可以點一份小的炸魚薯條，除了炸魚薯條，還有漢堡和土耳其烤肉卷。

▲店家不大。

►牆上貼滿關於店家的介紹和報導。

▲店內環境像快餐店。

INFO
- 329 Portobello Road, London
- 乘地下鐵Circle或Hammersmith & City線到Ladbroke Grove站，出站後沿Ladbroke Grove走，右轉入Chesterton Road，再左轉入Portobello Road，步行約7分鐘
- 11:00~21:00　休 週日、週一
- 020 8969 7895
- www.facebook.com/georgesportobellofishbar

► 炸魚(小)，£5.5(HK$55)。(薯條是筆者採訪時店家送贈的)

Part 6.5

倫敦市的巨大市肺

列治文區 Richmond

位置地圖P.26、65

列治文區是倫敦西南方向的 Zone 4 地區，大約位於市中心和希斯路機場之間，屬於泰晤士河畔列治文倫敦自治市 (London Borough of Richmond upon Thames)。這裡環境優美，是傳統的高級住宅區，人口密度低，生活滿意度高，有廣闊的公園和美麗的建築物，大路上有各種商店和高級餐廳，遊客不妨來到感受一下富人區的生活和消遣活動。

（此部分圖文：蘇飛）

世上最大的溫室植物園 邱園

地圖P.65

Royal Botanic Gardens, Kew

邱園(英國皇家植物園)建於1759年，是世界文化遺產，培育了5萬多種植物物種。邱園內有多個溫室，其中溫帶植物溫室(Temperate House)曾是世上最大的植物溫室，外觀簡直可與皇宮相比。另有棕櫚溫室(Palm House)、高山植物溫室(Alpine House)和睡蓮溫室(Water Lily House)等，要一一細看至少需要兩三小時。

▲邱園環境優美、繁花滿地。

▶秋還有紅葉可供觀賞。

▲棕櫚溫室的上層步道不可錯過。

▲佔地極廣的溫帶植物溫室。

INFO

- 地址：(Kew Gardens Victoria Gate) 2 Lichfield Rd, Richmond
- 交通：乘地下鐵District線Kew Gardens station下車，步行5分鐘到Victoria Gate
- 時間：每天10:00-18:00，冬季會早至15:00關門
- 休息：12月24-25日
- 網址：kew.org
- 電話：020 8332 5655
- 費用：成人£20.5(HK$190)，4-15歲兒童£5(HK$47)

邱園☆購物☆

邱園商店 Kew Shop

邱園商店貨品又多又精美，還附有餐廳，逛園後一定要來這裡看看。邱園有多個入口，商店近Victoria Gate，裡面商品的多是邱園自家出品的，十分有特色。

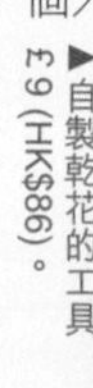

▶自製乾花的工具£9 (HK$86)。

▲邱園蜜蜂圖鑑杯(£12，HK$115)。

▶商店入口。

▶這些色彩繽紛的邱園特製糖果是小朋友的恩物。

▶罐裝茶葉每罐£10(HK$93)。

▶在商店外的露天座位享受輕食，十分寫意。

鬧市發現野鹿的蹤跡 列治文公園 Richmond Park

地圖P.65

列治文公園佔地極廣，達955公頃，大約是紐約中央公園的3倍，是對公眾開放的皇家園林和自然保護區，曾是皇室的狩獵場地。公園內有超過600隻野生赤鹿和黃鹿，運氣不差的話公園各處都可以找到野鹿的蹤跡，甚至可以近距離拍攝鹿群。公園有多個入口，自駕的話可前往東北部的Roehampton Gate、北部的Petersham Gate和南部的Kingston Gate，那裡都有免費停車場，並可直接驅車進入公園中心區域Pen Ponds附近，一覽這個「非洲草原」的風光。

▶公園東北角的風光。

▲鹿隻為數不少，也不怕人。

▲公園內可進行踏單車和騎馬等活動，詳見官網 Things-to-see-and-do 網頁。

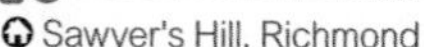
INFO

- Sawyer's Hill, Richmond
- (公園北門)乘火車或地下鐵District線Richmond Station下車，轉371或65巴士到Petersham Gate入園，或371巴士在 American University站下車由Richmond Gate進入
- (車輛)夏季07:00至日落及冬季07:30至日落；(行人) 24小時，11月和2月開放時間為 07:30-20:00
- 免費　030 0061 2200
- www.royalparks.org.uk/parks/richmond-park

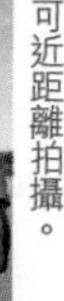
◀可近距離拍攝。

Part 6.6

感受另類街頭文化的市集區

肯頓鎮
Camden Town

位置地圖P.65

肯頓鎮前身是碼頭和倉庫，當時的建築被保留下來，搖身一變，成為集多元文化於一身的市集，是時尚潮人最喜愛聚集的地方。單是觀察街上的人的衣着便教人大開眼界，處處看到龐克搖滾的造型，或穿着前衛、打扮得稀奇古怪的年輕人以服飾展現個性。這裏亦是藝術家展示他們作品的好地方，一個又一個的市集遍佈肯頓鎮，每間店的商品都充滿創意和年輕活力。此區瀰漫着濃厚的地方特色，是感受倫敦另類街頭文化的好去處。

Tips

從地下鐵站出站後右轉，沿着Camden High Street走，街道兩旁商店林立，巨大立體的招牌相當搶眼，風格濃烈，是此區的一大特色。但要注意，此區比較混雜，逛街時要小心財物。

▲店家牆身滿佈巨大立體的裝飾，非常有趣。

Tips

適合前往的日子

大部分市集的攤檔在週日會全開，到時人頭湧湧，也可以選擇平日沒那麼多人前往，但部分攤檔會休息。

前往交通

常用地下鐵站

Northern線 → Camden Town站

幾個主要市集分散於Camden High Street上，由地下鐵前往約在5~8分鐘路程內，會先經過肯頓市集，然後看到像倉庫的建築後，便到達水門市集，繼續走會到達馬廄市集，可以找半天至一天時間逛這幾個市集。

肯頓鎮景點地圖

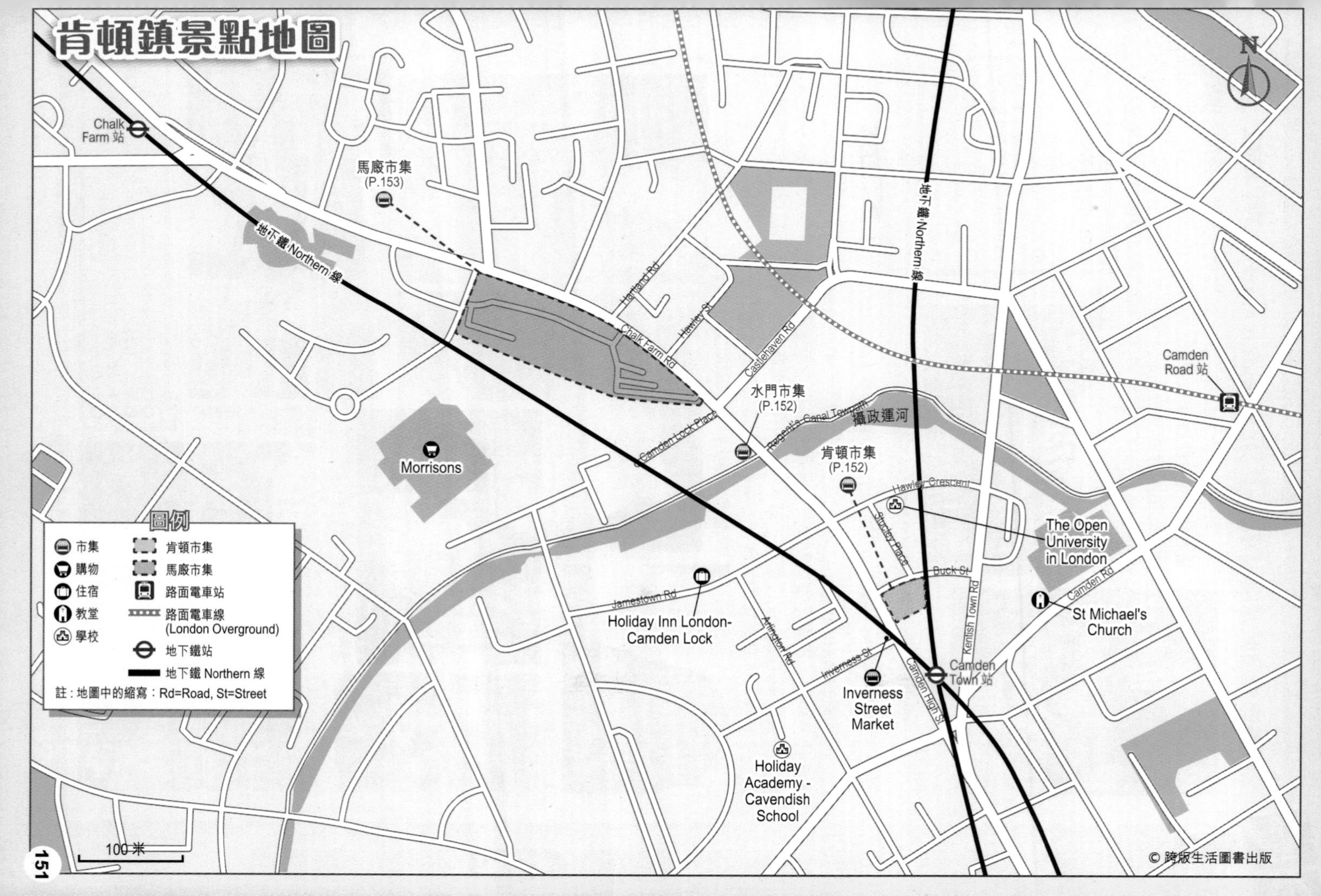

Chalk Farm 站
馬廄市集 (P.153)
地下鐵 Northern 線
Harmood Rd
Hawley St
Chalk Farm Rd
Castlehaven Rd
Camden Road 站
水門市集 (P.152)
Regent's Canal Towpath
攝政運河
Camden Lock Place
Morrisons
肯頓市集 (P.152)
Hawley Crescent
Stucley Place
Buck St
Kentish Town Rd
Camden Rd
The Open University in London
St Michael's Church
Jamestown Rd
Holiday Inn London-Camden Lock
Arlington Rd
Inverness St
Inverness Street Market
Camden High St
Camden Town 站
Holiday Academy - Cavendish School
圖例
市集
購物
住宿
教堂
學校
肯頓市集
馬廄市集
路面電車站
路面電車線 (London Overground)
地下鐵站
地下鐵 Northern 線
註：地圖中的縮寫：Rd=Road, St=Street
100米

感受龐克搖滾時尚風 肯頓市集 Camden Market

地圖P.151

▲有不少攤檔售賣便宜的紀念品。

肯頓市集人流絡繹不絕，遊客幾乎要摩肩接踵！市集主要販售T恤等便宜衣服，風格偏龐克(Punk)，也有不少與流行文化相關的當季新商品，價格平民化。各攤檔出售的貨色大同小異，分別不大，建議安排較多時間遊覽其他市集。

◀肯頓市集以平民衣服為主。

INFO
- (Camden Market Buck Street)192,198 Camden High St, London
- 乘地下鐵Northern線到Camden Town站，出站後轉右，沿Camden High Street步行約1分鐘
- 約10:00~19:00，各攤檔營業時間不一
- www.camdenmarket.com

豐富的街頭美食 水門市集 Camden Lock Market

地圖P.151

坐落攝政運河(Regent's Canal)旁的水門市集是肯頓鎮最早發展的一個市集，原本只是倉庫及碼頭。市集分室內和室外，兩層樓的室內市集內主要是具個人風格和特色的店鋪，售賣皮製用品、配件飾品、創意小物、民俗風商品等，價錢平民化，非常好逛。這裏既是尋寶，亦是覓食的好地方，中庭露天市集的路邊攤幾乎都是美食攤，異國美食種類繁多，包括中國、西班牙、墨西哥、印度等小吃。

▲水門市集。

◀充滿餡料的墨西哥卷餅(Tortilla)又香又好吃。它主要是將肉、生菜、番茄等食品和各種醬料放在餅皮上並捲起來。

◀▼美食選擇多。

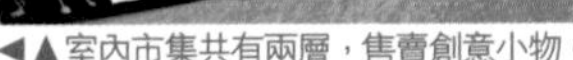
◀▲室內市集共有兩層，售賣創意小物。

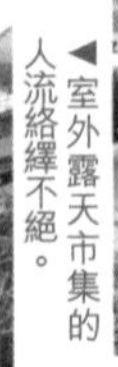

◀室外露天市集的人流絡繹不絕。

INFO
- Camden Lock Place, Chalk Farm Road, London
- 乘地下鐵Northern線到Camden Town站，出站後轉右，沿Camden High Street步行約5分鐘，過橋後轉左
- 約10:00~18:00，各店營業時間不一

古物愛好者的天堂 馬廄市集 Stables Market 地圖P.151

市集的規模和範圍很大，露天位置多數是小吃店和戶外座位，而店鋪主要聚集於蜿蜒的紅磚走廊內。這個市集的商品林林總總，包括皮具、歐洲復古家具、古董舊貨、手工藝品、唱片、二手古着等，情迷古物的朋友必定在此流連忘返。雖然商品的價錢不便宜，但有很多著名設計師在此擺攤，貨色較為罕有，適合多花時間在巷弄中挖寶。逛到餓的話，不妨到市集裏的美食攤吃點東西。小食攤的種類比較單調，但價錢比起水門市集(見左頁)則較便宜。

◀馬廄市集。

▲市集內大部分美食攤都提供試吃。

▲市集內有許多個性小店，如這間由英國製造的手工皮包 M&M Leather Workshop。

▲市集由馬廄改建而成，變成市集的最大特色。

▲二手古着店十分多，讓人目不暇給。

▶甚有人氣的 Cereal Killer Cafe 在這裏亦有分店。

▲即使在冬天，西方人也喜歡在室外用餐，享受午後和煦的陽光。

INFO

- Chalk Farm Road, Camden Town, London
- 乘地下鐵Northern線到Camden Town站，出站後轉右，沿Camden High Street走，過橋繼續走見左邊，步行約8分鐘
- 約10:00~18:00，各店營業時間不一

Tips

馬與馬廄市集

馬廄市集建於1854年，前身是一個馬廄和馬匹醫院，因此在市集內能找到許多跟馬有關的雕塑或銅像，是這裏最大特色。

南岸景點地圖

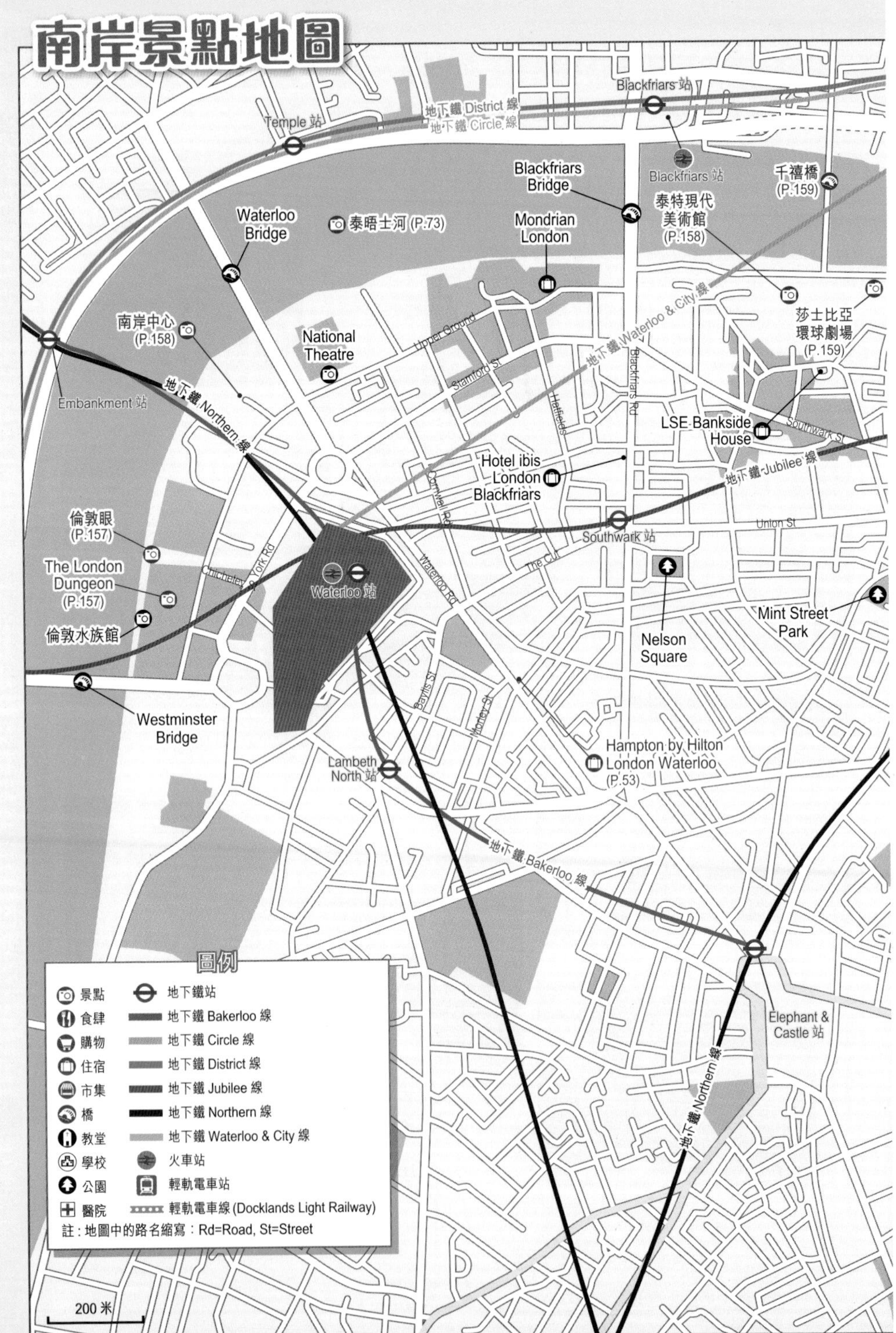

Blackfriars 站
地下鐵 District 線
地下鐵 Circle 線
Temple 站
Blackfriars 站
千禧橋
(P.159)
Blackfriars
Bridge
泰特現代
美術館
(P.158)
Waterloo
Bridge
泰晤士河 (P.73)
Mondrian
London
莎士比亞
環球劇場
(P.159)
南岸中心
(P.158)
National
Theatre
地下鐵 Waterloo & City 線
Upper Ground
Stamford St
Hatfields
Blackfriars Rd
Embankment 站
地下鐵 Northern 線
LSE Bankside
House
Southwark St
Hotel ibis
London
Blackfriars
地下鐵 Jubilee 線
Cornwall Rd
倫敦眼
(P.157)
Southwark 站
Union St
The Cut
The London
Dungeon
(P.157)
Chicheley St
York Rd
Waterloo 站
Waterloo Rd
倫敦水族館
Mint Street
Park
Nelson
Square
Baylis St
Westminster
Bridge
Hooper St
Hampton by Hilton
London Waterloo
(P.53)
Lambeth
North 站
地下鐵 Bakerloo 線
Elephant &
Castle 站
地下鐵 Northern 線
圖例
景點
食肆
購物
住宿
市集
橋
教堂
學校
公園
醫院
地下鐵站
地下鐵 Bakerloo 線
地下鐵 Circle 線
地下鐵 District 線
地下鐵 Jubilee 線
地下鐵 Northern 線
地下鐵 Waterloo & City 線
火車站
輕軌電車站
輕軌電車線 (Docklands Light Railway)
註：地圖中的路名縮寫：Rd=Road, St=Street
200 米

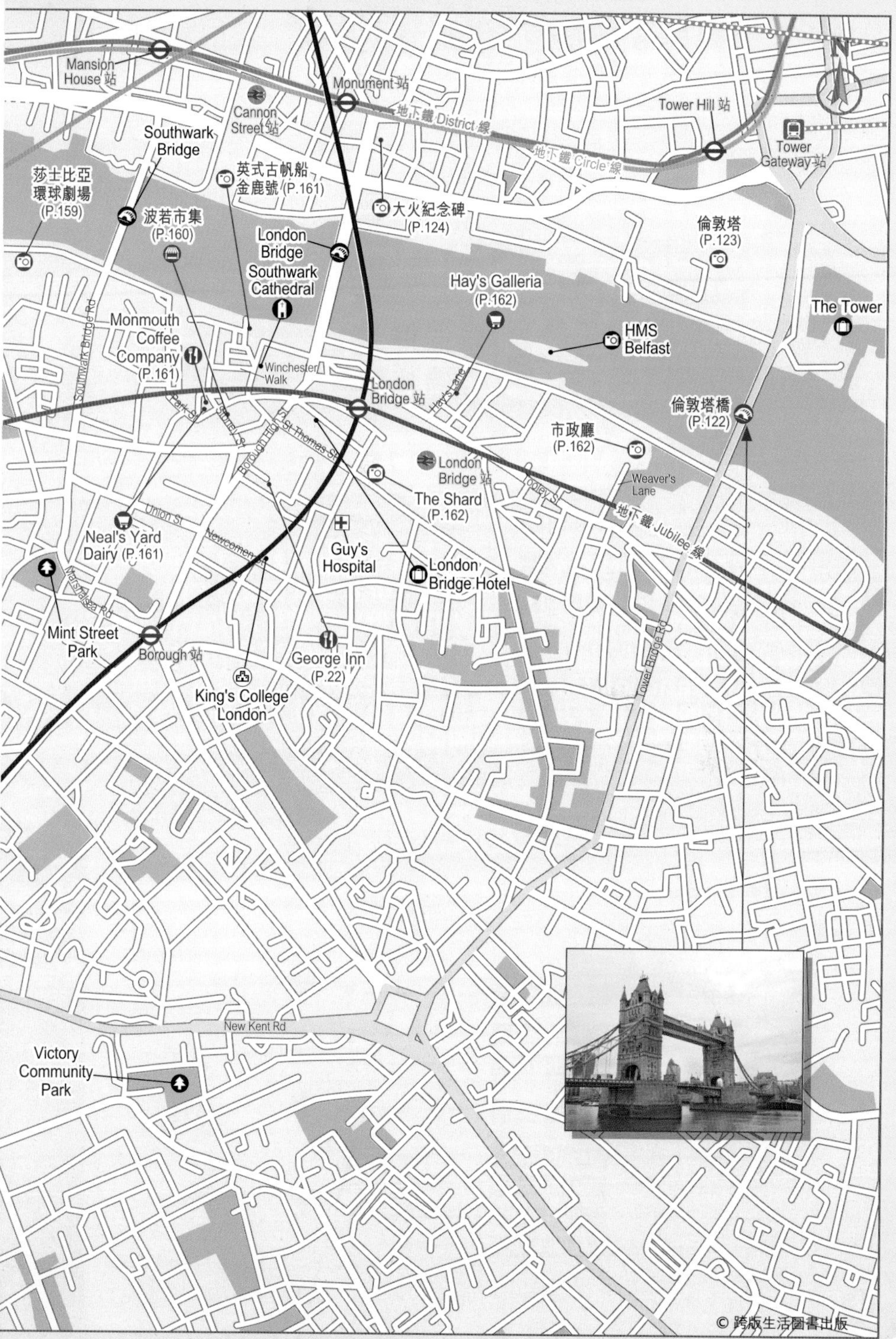
Mansion House 站
Monument 站
Cannon Street 站
地下鐵 District 線
Tower Hill 站
Tower Gateway 站
地下鐵 Circle 線
Southwark Bridge
莎士比亞環球劇場 (P.159)
英式古帆船金鹿號 (P.161)
波若市集 (P.160)
大火紀念碑 (P.124)
London Bridge
Southwark Cathedral
倫敦塔 (P.123)
Hay's Galleria (P.162)
The Tower
HMS Belfast
Monmouth Coffee Company (P.161)
Southwark Bridge Rd
Winchester Walk
London Bridge 站
Hay's Lane
倫敦塔橋 (P.122)
Park St
Stoney St
Borough High St
St Thomas St
市政廳 (P.162)
London Bridge 站
Tooley St
Weaver's Lane
The Shard (P.162)
地下鐵 Jubilee 線
Union St
Newcomen St
Neal's Yard Dairy (P.161)
Guy's Hospital
London Bridge Hotel
Marshalsea Rd
Mint Street Park
Borough 站
George Inn (P.22)
Tower Bridge Rd
King's College London
New Kent Rd
Victory Community Park

Part 6.1

從工業區演變成藝術區

南岸

South Bank

位置地圖P.65

南岸指泰晤士河的南岸一帶，這一帶一直以來都是工業區及碼頭，都市開發和發展比北岸慢。但於 1960 年代開始，南岸被重新定位為藝術和娛樂區，許多藝術中心例如伊利沙白女王音樂廳 (Queen Elizabeth Hall)、黑瓦德畫廊 (Hayward Gallery)、國家大劇院 (National Theatre) 均在這區落成，讓南岸正式成為藝術和文化的聚集地。現在南岸已經成為倫敦主要的觀光區之一，最著名的地標當然是聞名遐邇的倫敦眼。

前往交通

常用地下鐵站

南岸很長，可在以下幾個地下鐵站下車漫遊南岸：

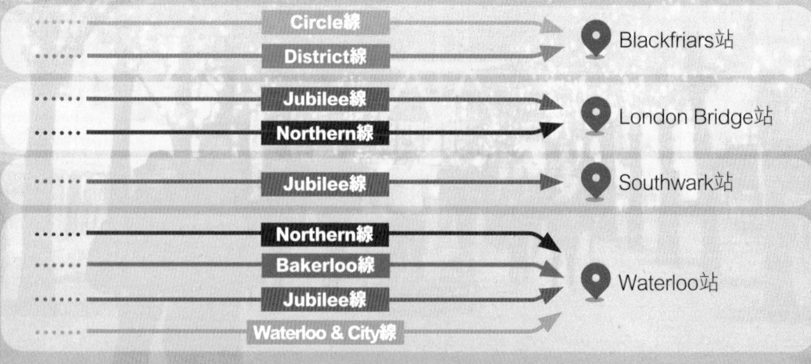

景點與景點之間的距離約在35分鐘路程內

重要的摩天輪地標 倫敦眼 London Eye

地圖P.67、154 必到

倫敦眼是為了慶祝千禧年來臨而興建的，它曾是世上最大的觀景摩天輪，擁有32個吊艙，象徵大倫敦的32個自治市，別具意義。摩天輪除了外觀漂亮，坐在吊艙內攀升至135米的最高點，更可以俯瞰倫敦的兩岸風光。運轉一圈需時20~30分鐘，建議於日落時或入黑後才乘坐，景色更醉人。

▲入夜後乘倫敦眼能飽覽倫敦的繁華夜景。

►每次可以容納 180 人的透明吊艙。

▲►日與夜的倫敦眼。

INFO

- Riverside Building, County Hall, Westminster Bridge Road, London
- 乘地下鐵Bakerloo、Jubilee、Northern或Waterloo & City線到Waterloo站，出6號出口，轉左沿York Road步行約4分鐘，右轉入Chicheley Street走至泰晤士河河邊
- 約10:00~18:00/20:30，每月開放時間不同，建議出發前到官網確認
- 12月25日，或因維修而暫停開放
- 基本門票(Standard Tickets)成人￡32.5(HK$304)，3~15歲￡29.5(HK$243)，3歲以下免費；網上購票享9折優惠
- 0870 990 8883　www.londoneye.com

令人膽顫心驚的有趣體驗 The London Dungeon

地圖P.67、154

雖然是倫敦中比較偏門的景點，但絕對是誠意之作！認真的演員、道具、服飾和逼真的佈景，讓參加者瞬間從現代回到過去，彷彿置身於古代英國的監獄裏，以親歷其境的方法認識倫敦歷史，相當過癮！全程大約110分鐘。

INFO

- The Queen's Walk, London
- 乘地下鐵Bakerloo、Jubilee、Northern或Waterloo & City線到Waterloo站，出6號出口，轉左沿York Road走，右轉入Chicheley Street，步行約9分鐘
- 10:00/11:00~16:00/17:00
- 成人￡32(HK$302)，5~15歲￡26(HK$242)；網上購票享9折並可保證入場
- 03333 212001　www.thedungeons.com

▲ The London Dungeon 入口處就在倫敦眼旁邊 (圖中箭咀所指位置)。

世界級的藝術中心 南岸中心 Southbank Centre 地圖P.154

位於倫敦泰晤士河南岸的南岸中心，堪稱英國最大的藝術中心，內有Royal Festival Hall、Hayward Gallery，每年舉辦多場表演，亦有不少活動和節目，包括舞台劇、舞蹈表演、文學發表等。在南岸中心，世界級的頂尖藝術家聚首一堂，難怪每年吸引約600多萬人參與中心的藝術活動。

▲南岸中心夜景。

▲近攝南岸中心。

INFO
- Belvedere Road, London
- 乘地下鐵Northern、Bakerloo、Jubilee或Waterloo & City線到Waterloo站，出站後向泰晤士河方向步行約6分鐘
- 各館開放時間不一，Royal Festival Hall 週一至二10:00~18:00，週三至日10:00~23:00
- 不定期休息，建議至官網查看
- 020 3879 9555
- www.southbankcentre.co.uk

(攝影：Morley von Sternberg, Southbank Centre)

創意無限的現代藝術殿堂 泰特現代美術館 Tate Modern 地圖P.154

▲如果由對岸過來，過了千禧橋便見美術館，長長的煙囪相當搶眼。

美術館前身是荒廢了的火力發電廠，重建後仍保留歷史原貌，建築物的重工業風與前衛的現代藝術品形成強烈而有趣的對比，而大煙囪成為該館的獨特標記。沿着下坡路前往入口，映入眼簾的是擺放常設大型藝術品的大廳(Turbine Hall)，藝術家可在這巨大的空間中盡情發揮及自由創作，展品會定期更換。館內經典的必看品為畢卡索的《哭泣的女人》(The Weeping Woman)、達利的《變形的水仙》(Metamorphosis of Narcissus)等。

◀▲雖然入場人數絡繹不絕，但館內仍空間十足，確保每名入場人士都有足夠的空間去欣賞藝術品。

Tips

除了參觀館內的現代藝術作品外，還可以到館內的咖啡廳或餐廳，由露台和窗戶能更清楚觀賞到泰晤士河(P.73)、千禧橋(右頁)及聖保羅大教堂(P.126)。

INFO
- Tate Modern, Bankside, London
- 乘地下鐵Jubilee線到Southwark站，沿Blackfriars Road往泰晤士河方向走，到達河邊時轉右，步行約8分鐘；或乘地下鐵Central線至St. Paul's站，由聖保羅大教堂向前走，經過千禧橋可見美術館，步行約17分鐘
- 10:00~18:00
- 12月24~26日
- 常設展免費，特別展需要另外付費
- 020 7887 8888
- www.tate.org.uk/visit/tate-modern

倫敦第一座行人專用橋 千禧橋 Millennium Bridge 地圖P.154

千禧橋是為了迎接公元2000年而建造的，具跨世紀的歷史意義。橋身全長約325米，是倫敦第一座行人專用橋，行人可以在橋上悠閒地散步，沿途欣賞泰晤士河兩岸的風景。千禧橋橫跨泰晤士河(P.73)，連接着聖保羅大教堂(P.126)與泰特現代美術館(左頁)，彷彿把「歷史、宗教」與「現代藝術」緊緊地連繫在一起。銀色圓弧流線形的設計極具現代感，線條簡約又不失美感。

▲千禧橋。

▲橫跨泰晤士河。

▲下方以Y字形的支架支撐。

INFO
- Thames Embankment, London
- 乘地下鐵Jubilee線到Southwark站，出站後沿Blackfriars Road往河的方向走，到達泰晤士河河邊時轉右，於泰特現代美術館外，步行約12分鐘；或由地下鐵Jubilee或Northern線到London Bridge站，步行約12分鐘；或乘地下鐵Central線至St. Paul's站，步行約9分鐘

觀賞經典戲劇 莎士比亞環球劇場 地圖P.154~155

Shakespeare's Globe

環球劇場提供了一個絕佳的場地，把莎士比亞多部經典作品搬到劇場上演。戲院分為下層座位區(Lower Gallery)、中層座位區(Middle Gallery)及上層座位區(Upper Gallery)。劇院採露天屋頂，觀眾除了可近距離觀賞演員的精湛表演，演員更會與觀眾互動，表演生動有趣，營造一流的現場氣氛。除了表演劇場，還提供導覽團及固定展覽，並有專人介紹劇場的歷史和建築。

▲莎士比亞環球劇場內。

◀劇場的中央舞台。

INFO
- 21 New Globe Walk, Bankside, London
- 乘地下鐵Circle或District線到Blackfriars站，出Blackfriars Bridge出口過橋走至對岸，轉左沿河邊走，步行約12分鐘；或由地下鐵Jubilee或Northern線到London Bridge站，步行約10分鐘
- (售票處)11:00~18:00，週六10:00~18:00，週日10:00~17:00
- 休 展覽及導賞團12月24~25日
- **劇場**：根據不同劇目，票價有所不同，約為£10~62(HK$101~624)；**展覽與環球劇場導覽團(Exhibition & Globe Theatre Tour)**：成人£18.7(HK$178)，16歲以下£16(HK$152)
- 020 7401 9919
- www.shakespearesglobe.com

(攝影：Catherine Cheung)

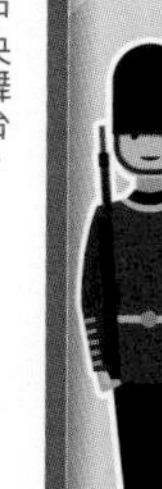

最時髦的美食市集 波若市集 Borough Market 地圖P.155

▲波若市集。
(攝影：Janice Kwong)

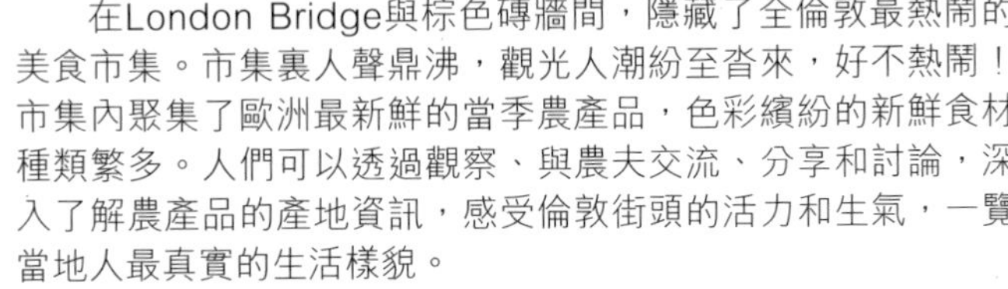

在London Bridge與棕色磚牆間，隱藏了全倫敦最熱鬧的美食市集。市集裏人聲鼎沸，觀光人潮紛至沓來，好不熱鬧！市集內聚集了歐洲最新鮮的當季農產品，色彩繽紛的新鮮食材種類繁多。人們可以透過觀察、與農夫交流、分享和討論，深入了解農產品的產地資訊，感受倫敦街頭的活力和生氣，一覽當地人最真實的生活樣貌。

除了蔬果類，市集內還有自家出品的麵包、餡餅、曲奇、芝士、橄欖油、咖啡、現榨蔬果汁等。不論是傳統的英國料理，還是嶄新的創意美食通通都能在這裏嘗得到，一旁的熟食攤位提供各式美食，例如：炸魚薯條、香腸、東南亞美食、燒烤、咖喱等，一次過品嘗各國滋味！

▲豐富的蔬果及農產品。

▲海鮮市場。

▲新鮮的手工麵包。

◀芝士專賣店。

◀燒溶的 Raclette 芝士鋪滿薯仔上，￡5(HK$50)。

▲▶各種蛋糕及曲奇。

▶各式熟食攤檔。

INFO
- 8 Southwark Street, London
- 乘地下鐵Jubilee或Northern線到London Bridge站，出Borough High Street出口，步行約3分鐘
- 10:00~17:00，週日10:00~16:00，週六08:00~17:00；週一及二僅部分攤檔營業
- 020 7407 1002
- boroughmarket.org.uk

大受好評的咖啡店 Monmouth Coffee Company

地圖P.155

咖啡店Monmouth於倫敦有數間分店，而這間位於波若市集(左頁)外面的分店規模最大。店內設有手沖咖啡台，可現場欣賞咖啡師沖調咖啡。最適合逛完波若市集後，到Monmouth悠閒地喝杯咖啡，享受午後的美好時光，覺得好喝，還可以買店家的咖啡豆。

INFO

- 2 Park Street, The Borough, London
- 乘地下鐵Jubilee或Northern線到London Bridge站，出Borough High Street出口，步行約3分鐘，店鋪位於波若市集外
- 07:30~18:00　休 週日
- 020 7232 3010
- www.monmouthcoffee.co.uk

▲ Monmouth。

◄咖啡師在手沖咖啡台沖調咖啡。

芝士迷的天堂 Neal's Yard Dairy

地圖P.155

Neal's Yard Dairy是芝士專賣店，與40多間芝士製造商和農場合作，販賣的芝士種類非常多，例如車打芝士、羊奶芝士、具英國地道風味的康沃爾芝士、卡爾菲利芝士等，全部產自英國和愛爾蘭。他們會先派專人買芝士，然後把芝士存放到位於倫敦的倉庫。他們對倉庫的溫度和濕度控制有極為嚴格的要求，務求提供最佳品質的芝士。店內提供試吃，而店員會按客人的預算及口味推薦合適的芝士，務求令客人買到喜歡的芝士。

INFO

- 8 Park Street, London
- 乘地下鐵Jubilee或Northern線到London Bridge站，出Borough High Street出口，步行約3分鐘，店鋪位於波若市集外
- 09:00~17:00，週六08:00~17:00，週日10:00~17:00
- 020 7500 7520
- www.nealsyarddairy.co.uk

▲ Neal's Yard Dairy。

◄店內有大量芝士，目不暇給。

紀念完成環球航行 英式古帆船金鹿號 The Golden Hinde

地圖P.155

金鹿號與Francis Drake離不開關係。Francis Drake是英國著名的探險家及海盜，他是繼麥哲倫之後第二位完成環球航海壯舉的人，更在對英國與西班牙的海上戰役中起了重要作用，對英國人而言可說是英雄。1578年他通過了危險的麥哲倫海峽，為了紀念那次航海剩下來的最後一艘船(即鵜鶘號，Pelican)，便把它改名為金鹿號。當年的金鹿號已被毀，現時泊在船塢裏的這艘船是經過翻新和重建的複製品。遊客可與金鹿號合照留念，但若想參觀內部便要參加導賞團。

INFO

- St Mary Overie Dock, Cathedral Street, London
- 乘地下鐵Jubilee或Northern線到London Bridge站，出站後步行約4分鐘
- 11月至3月10:00~17:00，4月至10月10:00~18:00
- 導賞團(必須參加導賞團才可參觀船內部)成人及小童£6(HK$58)，3歲以下免費
- 020 7403 0123　http://goldenhinde.co.uk

►金鹿號。

歐盟最高的建築 The Shard 地圖P.155

高聳入雲的地標The Shard於2013年落成，是倫敦近年最大規模的工程之一，亦是倫敦建築史上的一大突破。大廈由意大利的名建築師Renzo Piano設計，高310米、共72層，呈金字塔錐狀，外牆由11,000塊玻璃拼貼而成，設計靈活地利用了光線和透明感，因此也被稱為「碎片大廈」。

▲ The Shard 呈金字塔形。

◀登上碎片塔可俯視倫敦橋。(攝影：Gigi)

大廈內有餐廳、酒店、住宅、辦公室，而在68、69和72樓還有觀景台。天氣好時，站在觀景台能360度清楚俯瞰倫敦的全景，大大小小的景點盡收眼底，非常震撼。

INFO
- 32 London Bridge Street, London
- 乘地下鐵Jubilee或Northern線到London Bridge站，出St Thomas Street出口即達
- 觀景台：一般£28(HK$253)；網上購買享折扣；官方不時提供優惠，出發前可瀏覽官網
- 084 4499 7111
- www.the-shard.com

由船塢改建成的購物街 Hay's Galleria 地圖P.155

緊靠泰晤士河南岸的Hay's Galleria，昔日是一座船塢，今時今日已改建成一條小型購物街。除了保存建築的歷史痕跡外，亦給予老船塢新生命。隨着咖啡廳和餐廳進駐，這裏漸漸變成上班族吃飯喝酒的好去處。另外，Hay's Galleria鄰近不少熱門景點，遊客都喜歡來這兒吃輕食或小喝一杯。

►購物街內。

▲圓拱形的便是 Hay's Galleria。

INFO
- Tooley Street, Southwark, London
- 乘地下鐵Jubilee或Northern線到London Bridge站，出站後沿Tooley Street，左轉入Hay's Lane，步行約2分鐘
- 020 7403 3583

泰晤士河畔的摩登建築 市政廳 City Hall 地圖P.155

位於泰晤士河畔，樓高10層的市政廳是大倫敦政府(Great London Authority)的總部，負責倫敦32個自治市的規劃與管理，亦是倫敦市長辦公室的所在地，市政廳無論在社會或政治層面上都擔當重要角色。建築師以環保的概念精心打造這座外形獨特的玻璃帷幕大樓，傾斜球體的螺旋狀設計，減少日光的直射面積，降低能源的使用，提升能源效率。新穎的建築設計走後現代風格，讓人留下深刻印象。

◀外形獨特的City Hall。

INFO
- City Hall, The Queen's Walk, London
- 乘地下鐵Jubilee或Northern線到London Bridge站，出站後沿Tooley Street走，左轉入Weaver's Lane，步行約10分鐘
- 020 7983 4100
- www.london.gov.uk

Part 6.8

標準時間的重要起源地

格林威治

Royal Borough of Greenwich

位置地圖P.65

位於倫敦市中心以東近郊的格林威治，是第四個獲得英國女王加冕、擁有皇家地位的行政區。大家耳熟能詳的格林威治標準時間 (Greenwich Mean Time) 就是起源於此。這區見證了英國強大的航海歷史，並記載了古今的海事發展，而舊皇家海軍學院、國家海事博物館及帆船卡提沙克號都能在這裏找到。

前往交通

Jubilee線(地下鐵) → North Greenwich站

Tower Pier(倫敦塔外)
Westminster Pier(地下鐵Westminster站附近)
London Eye Pier(倫敦眼附近)
→ 乘觀光船(Sightseeing Cruises) → Greenwich Pier

格林威治景點地圖

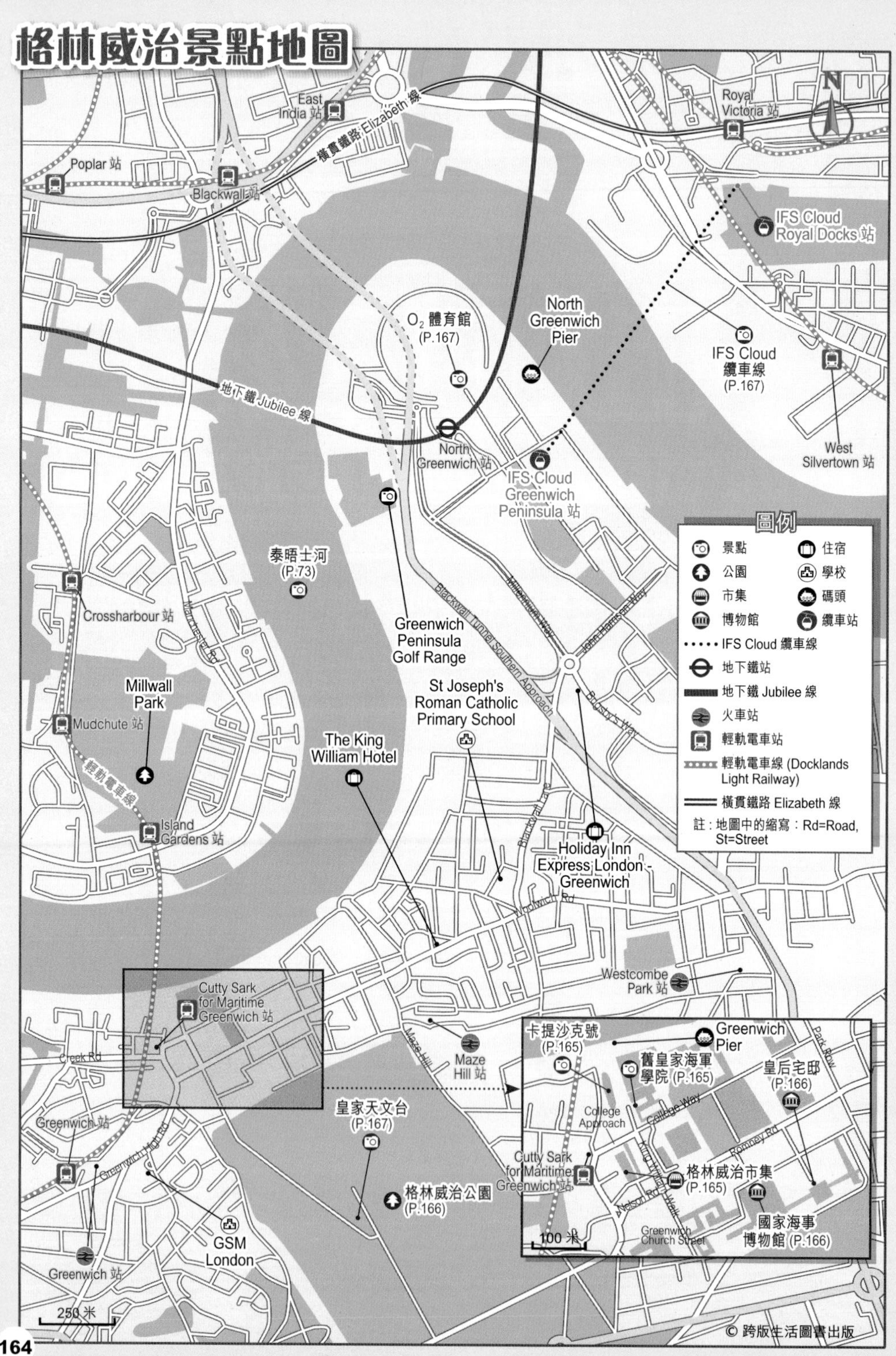
East India 站
橫貫鐵路 Elizabeth 線
Royal Victoria 站
Poplar 站
Blackwall 站
IFS Cloud Royal Docks 站
O2 體育館 (P.167)
North Greenwich Pier
IFS Cloud 纜車線 (P.167)
地下鐵 Jubilee 線
North Greenwich 站
IFS Cloud Greenwich Peninsula 站
West Silvertown 站
泰晤士河 (P.73)
Crossharbour 站
Greenwich Peninsula Golf Range
Millennium Way
John Harrison Way
Blackwall Tunnel Southern Approach
Bugsby's Way
Millwall Park
St Joseph's Roman Catholic Primary School
Mudchute 站
輕軌電車線
The King William Hotel
Island Gardens 站
Blackwall Lane
Holiday Inn Express London - Greenwich
Woolwich Rd
Westcombe Park 站
Cutty Sark for Maritime Greenwich 站
Creek Rd
Maze Hill
Maze Hill 站
Park Row
Greenwich 站
Greenwich High Rd
皇家天文台 (P.167)
格林威治公園 (P.166)
GSM London
Greenwich 站
250 米
卡提沙克號 (P.165)
Greenwich Pier
舊皇家海軍學院 (P.165)
皇后宅邸 (P.166)
College Approach
College Way
King William Walk
Romney Rd
Cutty Sark for Maritime Greenwich 站
格林威治市集 (P.165)
Nelson Rd
國家海事博物館 (P.166)
Greenwich Church Street
100 米
圖例
景點
住宿
公園
學校
市集
碼頭
博物館
纜車站
IFS Cloud 纜車線
地下鐵站
地下鐵 Jubilee 線
火車站
輕軌電車站
輕軌電車線 (Docklands Light Railway)
橫貫鐵路 Elizabeth 線
註：地圖中的縮寫：Rd=Road, St=Street
© 跨版生活圖書出版

現存最古老的帆船 卡提沙克號 Cutty Sark

地圖P.164

卡提沙克號位於泰晤士河旁，是現存最古老的一艘帆船，外型巨大，非常壯觀。當年海上商人帶着中國茶葉，乘船到不同地方進行貿易，而卡提沙克號是當中著名的運送茶葉的帆船，曾穿梭英國、中國和澳洲等地。2007年帆船上發生了一場大火，導致船隻嚴重損壞。經過接近5年時間的修復，終於在2012年重新對公眾開放。底層是博物館，詳細介紹這艘船以及海上貿易的歷史。

INFO
- Cutty Sark, King William Walk, Greenwich, London
- 乘輕軌電車(DLR)到Cutty Sark for Maritime Greenwich站，出站後轉左走，再左轉入Greenwich Church Street，步行約3分鐘
- 10:00~17:00　休 12月24~26日
- 成人￡16(HK$152)，小童￡8(HK$77)，4歲以下免費，網上購票有折扣
- 020 8312 6608　www.rmg.co.uk/cutty-sark

▲卡提沙克號。

欣賞華麗室內壁畫 舊皇家海軍學院 Old Royal Naval College

地圖P.164

位於泰晤士河旁的舊皇家海軍學院，前身為都鐸王朝的宮殿以及皇家海軍醫院。宏偉的建築屬古典華麗的巴洛克風格，搶眼的外型引人注目。目前對外開放的景點有彩繪畫廳(Painted Hall)和聖彼得與聖保羅教堂禮拜堂(The Chapel of St. Peter and St. Paul)，華麗細緻的室內壁畫盡顯莊嚴，值得用心觀賞。

▲遊客中心正門。

◄遊客中心內售賣有關格林威治的商品。

►聖彼得與聖保羅教堂禮拜堂。(攝影：Old Royal Naval College)

INFO
- Old Royal Naval College, Greenwich, London
- 乘輕軌電車(DLR)到Cutty Sark for Maritime Greenwich站，出站後轉左走，過馬路沿College Way走，左轉入King William Walk，步行約2分鐘
- 10:00~17:00，草坪範圍08:00~23:00
- 成人￡12.5(HK$121)，小童免費，網上購票便宜￡1(HK$10)
- 020 8269 4799　www.ornc.org

品嘗各國美食 格林威治市集 Greenwich Market

地圖P.164

格林威治市集是倫敦近郊最熱鬧的一個市集，市集內有手工製品、藝術品等攤檔，每檔都充滿獨立小店的特色和個性。市集最吸引人的地方，在於有售賣各國美食的熟食攤，例如瑞士芝士三文治、烤牛肉、土耳其烤肉等，還有地中海菜、日本菜，連非洲菜也有供應。

INFO
- Greenwich Market, London
- 乘輕軌電車(DLR)到Cutty Sark for Maritime Greenwich站，出站後轉右走，沿Greenwich Church Street走，左轉入Durnford Street，步行約1分鐘
- 10:00~17:30　020 8269 5096
- www.greenwichmarketlondon.com

▲格林威治市集。(攝影：ritali)

蒐集各種航海文物珍品 國家海事博物館 National Maritime Museum

地圖P.164

▲國家海事博物館。

▲館內展出的模型船。

這是英國最大的海事博物館，旨在提倡與海事相關的教育、記錄英國的航海史以及保存航海文化。博物館展出與航海有關的展品，包括各種模型船、畫作、航海儀器和航海文物等。

▲博物館上方有一個橫放的玻璃瓶，瓶內有隻造工精細的模型船。

INFO
- Romney Road, Greenwich, London
- 乘輕軌電車(DLR)到Cutty Sark for Maritime Greenwich站，出站後過馬路沿College Approach走，右轉入King William Walk走，轉左沿Romney Road走，步行約6分鐘
- 10:00~17:00　休 12月24~26日　免費，特別展另外收費
- 020 8312 6565　www.rmg.co.uk/national-maritime-

經典的白色方形博物館 皇后宅邸 Queen's House

地圖P.164

位於國家海事博物館旁的白色方形建築，工整的外觀以及對稱的比例使人留下深刻的印象。皇后宅邸原為17世紀時詹姆士一世給皇后建造，可是於完工前皇后不幸過世，其後成為安莉葉特瑪麗亞皇后(Henrietta Maria of France)的居所。這座宅邸是英國第一個都鐸風格的古典建築，跟當時只使用紅磚的建築相比可謂大相逕庭。現在皇后宅邸主要作為收藏畫像和其他藝術品的博物館。

▲皇后宅邸。

◀遠觀皇后宅邸及國家海事博物館。

Tips
都鐸(Tudor)風格流行於中世紀晚期，建築大多高而窄，以木作為主要架構，配白牆，屋頂尖而斜，煙囪頂端多有裝飾，極具特色。

INFO
- Queen's House, Romney Road, Greenwich, London
- 參考國家海事博物館的交通(見上)，就在旁邊
- 10:00~17:00　休 12月24~26日　免費
- 020 8312 6565　www.rmg.co.uk/queens-house

綠意盎然 格林威治公園 Greenwich Park

地圖P.164

格林威治公園綠草如茵、風景優美，加上午後的和煦陽光，讓人心曠神怡，是適合都市人忙裏偷閒、放空的好地方。走在綠油油的公園裏，沿途都是一家大小在悠閒地野餐、遛狗或散步，大家都在放鬆身心，享受大自然。

▶在格林威治公園散步，能夠讓人暫時逃離繁忙的大都市。

▶不少人在遛狗。

INFO
- Greenwich Park, Greenwich, London
- 乘輕軌電車(DLR)到Cutty Sark for Maritime Greenwich站，出站後過馬路沿College Approach走，右轉入King William Walk直走，步行約8分鐘
- 約06:00~18:00，每月關門時間略有不同，出發前宜先瀏覽官網
- 免費　0300 061 2380
- www.royalparks.org.uk/parks/greenwich-park

站在本初子午線上 皇家天文台 Royal Observatory 地圖P.164

皇家天文台位於格林威治公園的山丘上，站在外圍能夠飽覽格林威治公園和遠眺倫敦市。皇家天文台於1676年設立，目的是改善從海上測量經度的準確性。天文台運作至1940年，現在以博物館形式對外開放，展品包括古老的計時儀器及天文儀器等。進入天文台，會發現有不少參觀者在排隊與地上的金屬線合照，原來這條線就是代表着分隔地球東、西半球的本初子午線(Prime Meridian)，難怪大家都想跟它合照留念。

▲皇家天文台。

►天文台的時鐘是24點刻度的時鐘，顯示的就是格林威治標準時間。

▲建築頂部有個紅球(Time Ball)，於12:55開始向下落，到了13:00便會落到底。這個時鐘是給在泰晤士河開船的船家校準時間時使用的。

◄參觀者都搶着跟地上的本初子午線合照。

INFO
- Royal Observatory, Blackheath Avenue, Greenwich, London
- 乘輕軌電車(DLR)到Cutty Sark for Maritime Greenwich站，出站後過馬路沿College Approach走，右轉入King William Walk直走，來到公園沿山坡一直走，步行約14分鐘
- 10:00~17:00(最後入場16:30)
- 休 12月24~26日
- 成人£16(HK$162)，小童£8(HK$81)
- 020 8312 6608
- www.rmg.co.uk/royal-observatory

Tips

格林威治標準時間

為人熟知的格林威治標準時間(Greenwich Mean Time/GMT)，由位於格林威治的皇家天文台制定，曾為全球計算時間標準，其他國家時區均根據此標準而訂立。到了現在，雖然GMT仍然常用，但已經正式被世界協調時間(Coordinated Universal Time/UTC)所取代。

大型複合式建築 O_2體育館 The O_2 地圖P.164

原名為千禧巨蛋(Millennium Dome)，後來交給電信公司O_2經營，改名為The O_2。外型像馬戲團帳棚，頂篷高52米，直徑365米。這裏曾經是2012年倫敦奧運的比賽場地，最多可同時容納20,000名觀眾，陳奕迅及張惠妹亦曾於這個體育館舉辦個唱。館內還有其他設施，包括電影院、展覽空間、餐廳、購物中心等，而屋頂上有一條天空步道(Up at The O_2)，人們可沿着步道爬上屋頂欣賞倫敦近郊城市的美景。

▲ O_2體育館。

INFO
- Peninsula Square, London
- 乘地下鐵Jubilee線到North Greenwich站，出站後步行約1分鐘
- 10:00~22:00 休 12月24~26日
- 天空步道：週一至五£35(HK$332)，週六及日£40(HK$395)
- 020 8463 2000
- www.theo2.co.uk

Tips

O_2附近纜車 地圖P.164

O_2附近有空中纜車(IFS Cloud Cable Car)，橫跨泰晤士河，連接南北兩岸。乘纜車時能在高空中以最好的角度觀賞沿岸景色。單程成人£5(HK$48)，5~15歲£2.5(HK$23)，網上購票可享85折。(網址：tfl.gov.uk/modes/london-cable-car/)

Part 1

倫敦周邊

如果想深入探索英國，建議花幾天到訪倫敦周邊城市。基本上從倫敦搭火車前往，1~2 個小時即可到達。喜歡歷史，可以到訪巨石陣、溫莎城堡；想享受陽光與海灘，可以到布萊頓；想逛街購物，可以到 Bicester Village 血拼。周邊城市各有各精彩，可花 1~3 天暢遊。

倫敦周邊城市位置地圖

Part 7.1

哈利波特迷必到

赫特福德郡 Hertfordshire

位置地圖P.169

本章會介紹位於倫敦西北的赫特福德郡的哈利波特片場。前往片場交通詳見 P.171。

哈利波特片場位置地圖

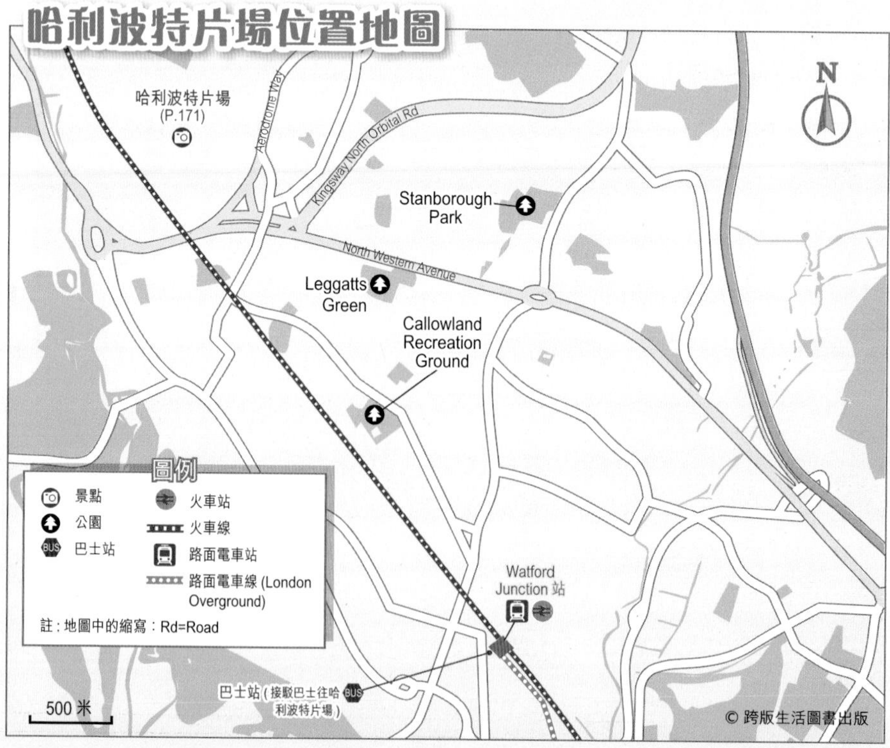

探索魔法世界 哈利波特片場 地圖P.170

親子

The Making of Harry Potter

《哈利波特》風靡全球多年，掀起一股又一股的魔幻狂潮。位於赫特福德郡的哈利波特片場，就是電影《哈利波特》的拍攝場地，想知道《哈利波特》是如何拍攝，一定要來這兒！片場內全是熟悉的場景與街道，把書中的魔法世界重現於現實生活，細膩地描繪出電影中的重要情節，讓人盡情體驗奇妙的魔法世界。

片場內分為多個場區，參觀者首先會被安排在一個房間內觀看一段影片，然後進入電影中最重要的場景：霍格華茲的大廳，電影中多個重要儀式都在這裏舉行。離開大廳會到達其他場景，包括鄧不利多校長的辦公室、男生宿舍，讓人有機會近距離欣賞所有細節。每項道具與場景的製作都一絲不苟，極具真實感。室外場景還有巨型巫師棋、騎士公車、連接霍格華茲學院的木橋等，哈迷一定不能錯過！

INFO

- Warner Bros. Studio Tour London, Studio Tour Drive, Leavesden, Hertfordshire
- 由倫敦乘路面電車(London Overground)或火車，前往Watford Junction站，約20~27分鐘，再乘接駁巴士前往片場，車程約15分鐘(接駁巴士09:20開始運行，部分日子08:15發車，每20分鐘一班，來回車費£3，HK$25)；另外，還可以由倫敦市中心乘巴士直達片場(詳見官網"Getting Here"→"Bus Transfers")
- 每天開放時間不一
- 成人£51.5(HK$476)起，5~15歲£40(HK$385)起，4歲或以下免費
- 0345 084 0900
- www.wbstudiotour.co.uk
- 必須網上預先購票

片場開放時間

Tips

參觀片場注意事項

1. 片場不設即場售票，必須事前於網絡購票。預約成功後需要列印確認信，作乘搭接駁巴士及入場之用。
2. 開場前20分鐘需要抵達片場，建議提早45分鐘到達Watford Junction站。
3. 每個場次有人數限制，熱門日期如暑假旺季和週末時段需要提前購票。

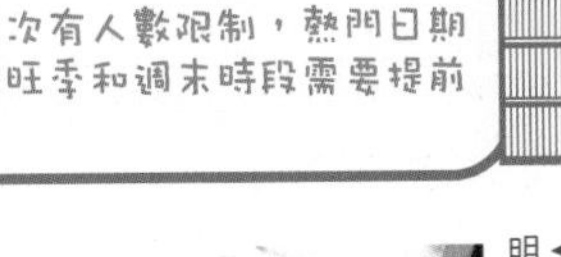

乘接駁巴士前往片場

進入片場

▲抵達片場！

▲十分搶眼的接駁巴士，巴士上印有片場的標誌和圖片。

▲Watford Junction站的屏幕上會清楚列明前往片場接駁巴士的到達和出發時間。

▲第2集電影中載着榮恩和哈利飛往霍格華茲的藍色福特魔法車。

▲入口處掛有多張劇照，讓人瞬間回憶起電影中一幕幕的畫面。

赫特福德郡
肯特伯里
布萊頓
溫莎、伊頓
沙里斯貝利
巴斯

霍格華茲大廳

▲長長的餐桌上放滿了佳餚美饌。

▲排隊等候進入大廳。

▲壯觀的霍格華茲大廳。

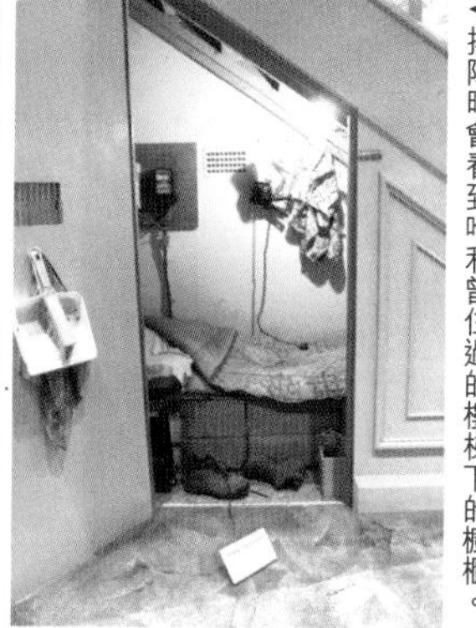
◀排隊時會看到哈利曾住過的樓梯下的櫥櫃。

◀大廳展示了4間院校的校服。

◀學院盃的計分器。

◀前方展示了鄧不利多教授及其他教職員的服裝。

聖誕舞會服裝

◀第4集《火盃的考驗》中聖誕舞會上眾人的服裝。

電影中的魔杖

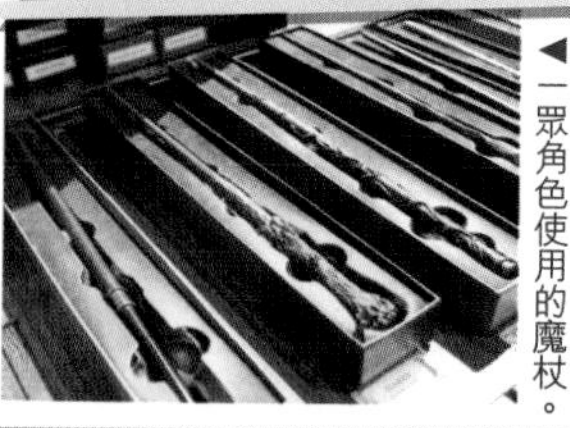
◀一眾角色使用的魔杖。

9¾月台及列車

▲ 9¾月台。

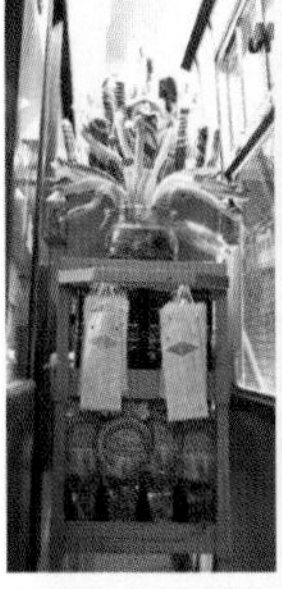
▲列車上售賣糖果的手推車。

▲前往學校的列車，可上去參觀。

宿舍及海格住所

▲葛萊分多交誼廳。

▲葛來分多的男生宿舍。

►海格的住所。

斜角巷

►另一個室內展室：斜角巷。

▲整面牆放滿內有魔杖的盒子，讓你任意挑選。一支約￡29(HK$292) 起。

▲長袍專賣店。

學校模型

►巨型壯觀的霍格華茲城堡模型，製作非常精細。在電影中出現過的學校場景，均以此拍攝，讓人嘆為觀止。

(哈利波特片場攝影：Janice Kwong)

Part 1.2

羅馬遺跡城及基督教聖地

肯特伯里

Canterbury

位置地圖P.169

肯特伯里屬於英格蘭的肯特郡 (Kent)，位於倫敦的東南方，是英國最靠近歐洲大陸的地方。這個市鎮的起源可追溯到羅馬統治時期，當時羅馬人為了抵禦外敵入侵，便在四周建設城牆，城牆圍繞的地方便是古城區，至今在肯特伯里仍隨處可見城牆。此外，這裏亦是英國基督教的聖城，不少人為了到肯特伯里大教堂朝聖而到訪這個充滿中世紀氛圍的文化古城。建議花一天時間，慢慢遊歷和感受小城恬靜的人文風光。

△從高處俯瞰肯特伯里。

△小城充滿中世紀氣氛。

◀隨處可見的城牆。

前往交通

常用火車站

倫敦St Pancras International站 …… 車程約1小時30分鐘以上 …… Canterbury East站

倫敦St Pancras International站 …… 車程約1小時15分鐘以上 …… Canterbury West站

肯特伯里景點地圖

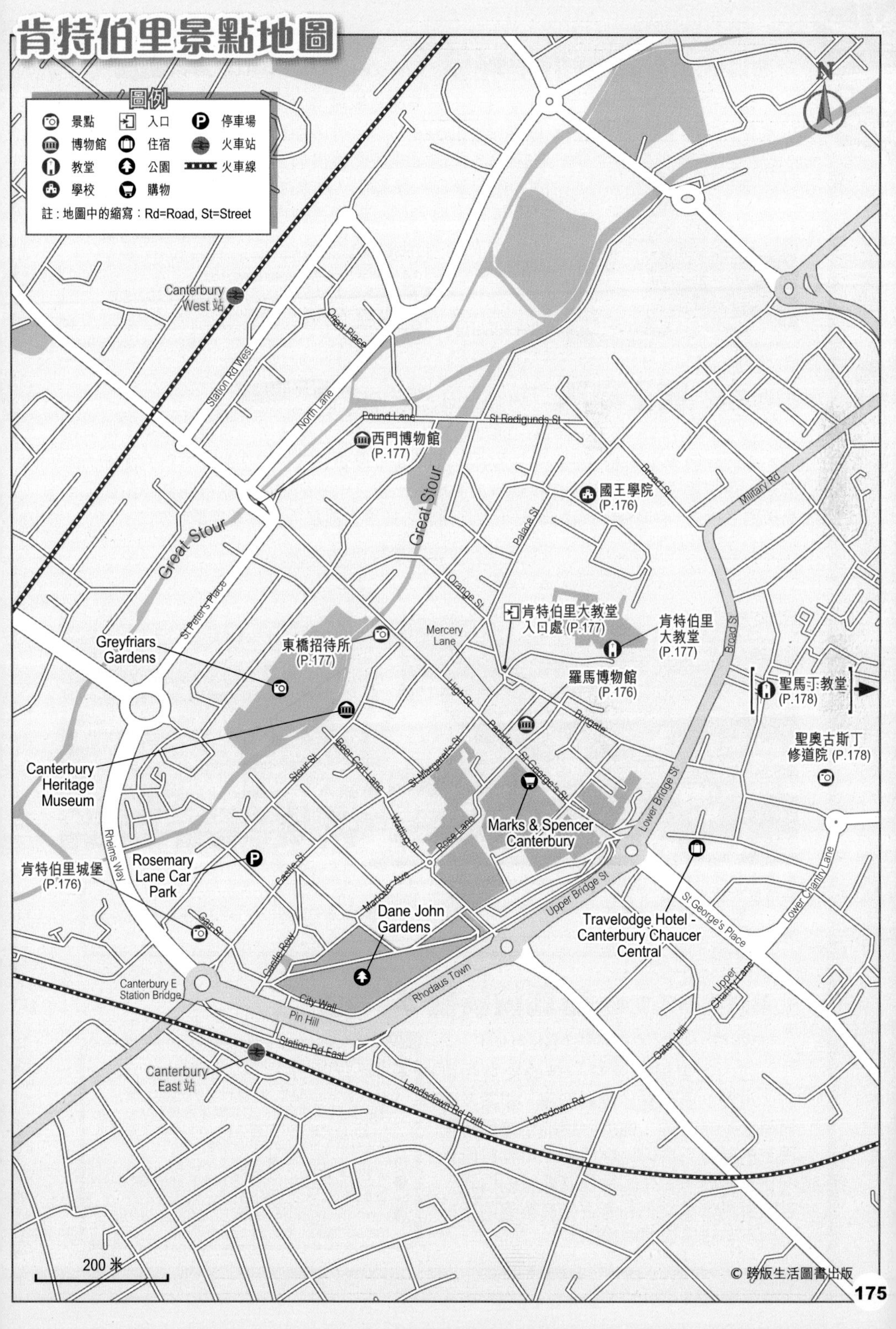

圖例
景點
入口
停車場
博物館
住宿
火車站
教堂
公園
火車線
學校
購物
註：地圖中的縮寫：Rd=Road, St=Street
Canterbury West 站
Station Rd West
Orient Place
North Lane
Pound Lane
St Radigunds St
西門博物館 (P.177)
Great Stour
Broad St
Military Rd
國王學院 (P.176)
Palace St
Great Stour
Orange St
St Peter's Place
肯特伯里大教堂入口處 (P.177)
肯特伯里大教堂 (P.177)
Greyfriars Gardens
東橋招待所 (P.177)
Mercery Lane
High St
羅馬博物館 (P.176)
聖馬丁教堂 (P.178)
Burgate
Parade
聖奧古斯丁修道院 (P.178)
Canterbury Heritage Museum
Stour St
Beer Cart Lane
St Margaret's St
St George's St
Lower Bridge St
Watling St
Rose Lane
Marks & Spencer Canterbury
Rheims Way
Rosemary Lane Car Park
肯特伯里城堡 (P.176)
Castle St
Marlowe Ave
Dane John Gardens
Upper Bridge St
Lower Chantry Lane
Gas St
Castle Row
Travelodge Hotel - Canterbury Chaucer Central
St George's Place
Rhodaus Town
Canterbury E Station Bridge
City Wall
Pin Hill
Upper Chantry Lane
Station Rd East
Oaten Hill
Canterbury East 站
Lansdown Rd Path
Lansdown Rd
200 米

荒廢城堡遺蹟 肯特伯里城堡 Canterbury Castle 地圖P.175

肯特伯里城堡，亦稱為「諾曼城堡」，原是皇家城堡之一，但隨着1170年亨利二世選擇以多佛城堡(Dover Castle)作為皇家城堡後，肯特伯里城堡便慢慢失去地位，更曾淪為一所監獄。雖然城堡早已荒廢，但人們可以從遺蹟中窺探戰爭留下來的痕跡。

◀城堡現只剩下牆身和大致的輪廓。

◀肯特伯里城堡。

INFO
- Castle Street, Canterbury, Kent
- 出Canterbury East火車站，轉左直走至迴旋處，右轉沿Castle Street走，入口在Gas Street，步行約3分鐘

(攝影：Visit Canterbury)

古老名校 國王學院 The King's School 地圖P.175

創立於597年，國王學院是一間英國私立寄宿學校，保留了許多英國古老的教育傳統。原本只收男生，20世紀後才收女生。雖然學校歷史悠久，但在教學方針方面卻力求創新，重視學習的質量，以保持競爭力，培育出優良水平的學生。學校整體評價極高，是英國名校之一。不過，這所學院不對外開放，遊客只能在外面欣賞外觀。

▲國王學院就在肯特伯里大教堂的旁邊，即圖中箭頭所指的位置。

INFO
- 25 The Precincts, Canterbury, Kent
- 由Canterbury West火車站步行約10分鐘，或由Canterbury East火車站步行約14分鐘
- 01227 595501
- www.kings-school.co.uk

大量羅馬時代文物 羅馬博物館 地圖P.175

Canterbury Roman Museum

館內主要展出羅馬時代的文物和遺跡，重要的展品有珍貴的玻璃、銀器及石器時代的頭盔等。值得一提的是羅馬時期民宅的馬賽克拼磚地板遺跡，博物館所見的正是當時考古學家發現該遺跡的位置。若對羅馬帝國文化和考古學有興趣的話，絕對不容錯過這間博物館。

INFO
- Butchery Lane, Canterbury, Kent
- 出Canterbury East火車站，沿Canterbury East Station Bridge走，左轉入City Wall，右轉沿公園近民居的道路走，出公園後右轉入Marlowe Avenue一直走，左轉入Parade，最後右轉入Butchery Lane，步行約9分鐘
- 10:00~17:00　01227 785575
- 成人£7.4(HK$91)，長者及學生£9.6(HK$71)，小童免費
- canterburymuseums.co.uk/canterbury-roman-museum

基督精神象徵 肯特伯里大教堂 Canterbury Cathedral

地圖P.175

初建於598年，意大利傳教士奧古斯丁受羅馬教皇委派，前往英國傳教，在此建成教堂，成為第一任大主教。教堂是英國最古老的基督教建築之一，也是英國聖公會首席主教肯特伯里大主教的主教座堂。教堂屬於世界遺產，是英國基督教信仰的搖籃。1170年發生大主教謀殺事件，激起世人同情，引來更多人朝聖。大教堂混合羅馬和哥德式建築，中塔樓高達78米，曾經歷火災和數次重建，直到1626年建成現在的模樣。

世界遺產

►肯特伯里大教堂。(攝影：Janice Kwong)

►充滿哥德式色彩的彩繪玻璃。(攝影：Janice Kwong)

◄傳教士雕像栩栩如生。

▲週末有時會有管弦樂團練習。

◄教堂入口處。(攝影：Janice Kwong)

INFO

- Cathedral House, 11 The Precincts, Canterbury, Kent
- 01227 762862
- 出Canterbury East火車站，步行約15分鐘
- www.canterbury-cathedral.org
- 夏季週一至六11:30~17:00，週日09:00~16:30；冬季週一至六09:00~17:00，週日11:30~17:00，最後入場時間為關門前30分鐘
- 成人£15.5(HK$148)，17歲以下免費但需由成人陪同參觀

(圖文： Gigi)

充滿中世紀風情的塔樓 西門博物館 Westgate Towers

地圖P.175

西門是全英國現存最大的中世紀塔樓，亦是肯特伯里其中一個重要的歷史地標。塔樓高約18米，於頂點處可將肯特伯里全城盡收眼底。這座塔樓原本是監獄，現改建成為博物館，主要展示與古代監獄有關的展品，如盔甲、手銬及絞刑架等。

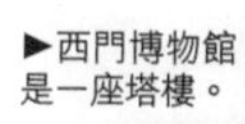

►西門博物館是一座塔樓。

INFO

- 1 Pound Lane, Canterbury, Kent
- 01227 458629
- 出Canterbury West火車站，出站後轉右沿Station Road West，左轉入St. Dunstans Street，步行約6分鐘
- 12:00~15:45
- 休 12月24~26日及12月31日~1月1日
- 成人£4(HK$40)，學生及長者£3(HK$30)，5~17歲£2(HK$20)，4歲或以下免費
- www.onepoundlane.co.uk/westgate-towers

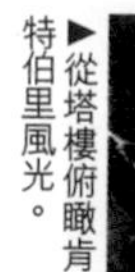

►從塔樓俯瞰肯特伯里風光。

(攝影：Westgate Towers Museum & Viewpoint, Canterbury)

12世紀濟貧院 東橋招待所 Eastbridge Hospital

地圖P.175

雖然東橋招待所的英文名稱中，有Hospital(醫院)一字，但其實是款待或招待的意思。古時候這是為從遠處而來的朝聖者、士兵、長者、學生等提供庇護和救助的地方，為社會服務長達800多年。現時仍保留了濟貧院的功能，為長者提供住所。招待所大部分建築，包括裏頭的兩間教堂都開放予大眾參觀。

INFO

- 25 High Street, Canterbury, Kent
- 出Canterbury East火車站，沿Canterbury East Station Bridge走，左轉入City Wall，右轉入Castle Row一直走，再右轉入Stour Street直走至底左轉入High Street，步行約11分鐘
- 約10:30~17:00，每年都有所不同，建議出發前先瀏覽官網
- 休 週日、耶穌受難日及冬季(12月至3月尾)
- 成人£3(HK$30)，學生£2(HK$20)， 12歲以下免費
- 01227 47 1688
- www.eastbridgehospital.org.uk

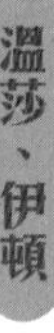

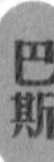

英國最古老修道院遺跡 聖奧古斯丁修道院 地圖P.175 世界遺產

St Augustine's Abbey

598年，當時的肯特君主艾塞爾伯特國王，受到信奉基督教的妻子貝莎影響，允許意大利傳教士奧古斯丁在肯特伯里建造修道院。修道院的圖書館曾收藏超過2,000卷書籍，是當時藏書量最多的圖書館，有不少是修道院內的修士撰寫。可惜於1538年，亨利八世下令關閉修道院，建築物被拆除，各種石材偷運至他處，修道院變成廢墟。現時大門改建成小型博物館，陳列廢墟出土文物、修道院的建築殘骸等，1988年被列為世界遺產。

◄諾曼修道院地穴。

►遺跡聖潘克拉斯教堂，曾佔修道院三分之一的面積，現在只剩下頹垣和荒地。

◄上圖建築物為亨利八世建造的宮殿。

(圖文：Gigi)

INFO

- Longport, Canterbury, Kent
- 出Canterbury East火車站，步行約20分鐘　01227 767345
- 9月10:00~18:00，10月10:00~17:00，11月至3月只開放週六及日10:00~16:00；非每天開放，建議出發前上官網確認
- 成人£8.1(HK$78)，長者及學生£7.3(HK$70)，5~17歲£4.8(HK$46)
- www.english-heritage.org.uk/visit/places/st-augustines-abbey

英語圈內最古老教堂 聖馬丁教堂 地圖P.175 世界遺產

St Martin's Church

建於羅馬佔領英國時期，曾經是肯特皇后貝莎的私人禮拜堂。歷史有記載以來至現在1,400年多，當地基督徒仍一直使用聖馬丁教堂，是英語圈內仍在使用中的最古老教堂，歷史比肯特伯里大教堂(P.177)更古老，同屬於世界遺產。教堂內仍保留羅馬帝國時代的瓷磚和磚塊，估計最古老的有公元4世紀，非常珍貴。開放時間很短暫，只有4小時，需把握時間。

▲教堂門口。

◄教堂後方的庭院為墓地，有900座墳墓，其中有著名藝術家 Sidney Cooper 的墓地。

▲教堂內部，設計樸實。

INFO

- 1 North Holmes Road, Canterbury, Kent
- 出Canterbury East站，步行約20分鐘
- 週三至日11:00~15:00
- 免費　01227 768072　martinpaul.org

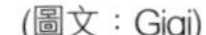

(圖文：Gigi)

Part 7.3

迷人的海港小鎮

布萊頓
Brighton

位置地圖P.169

布萊頓屬於英格蘭東薩塞克斯郡(East Sussex，或簡稱E Sussex)的海邊市鎮，是英國著名的旅遊城市。由於地理位置靠海，加上英國大多數的海灘都是沙灘，而布萊頓的海灘則由石頭堆成，十分特別，每年夏天吸引大批遊客前來享受陽光與海灘，是當地人的度假勝地。布萊頓是休閒和放鬆心情的好去處，除了可以享受壯麗的海景，更可以到海灘旁的遊樂園玩各種遊樂設施，感受這個城市的歡樂氣氛，讓所有疲累一掃而空！

前往交通

常用火車站

St Pancras International站 …… 車程約1小時22分鐘以上 …… Brighton站

倫敦Victoria站 …… 車程約52分鐘 …… Brighton站

常用巴士站

倫敦Victoria Coach站 …… National Express巴士 車程約2小時30分鐘 (建議預先在網絡訂票) …… Brighton站

布萊頓景點地圖

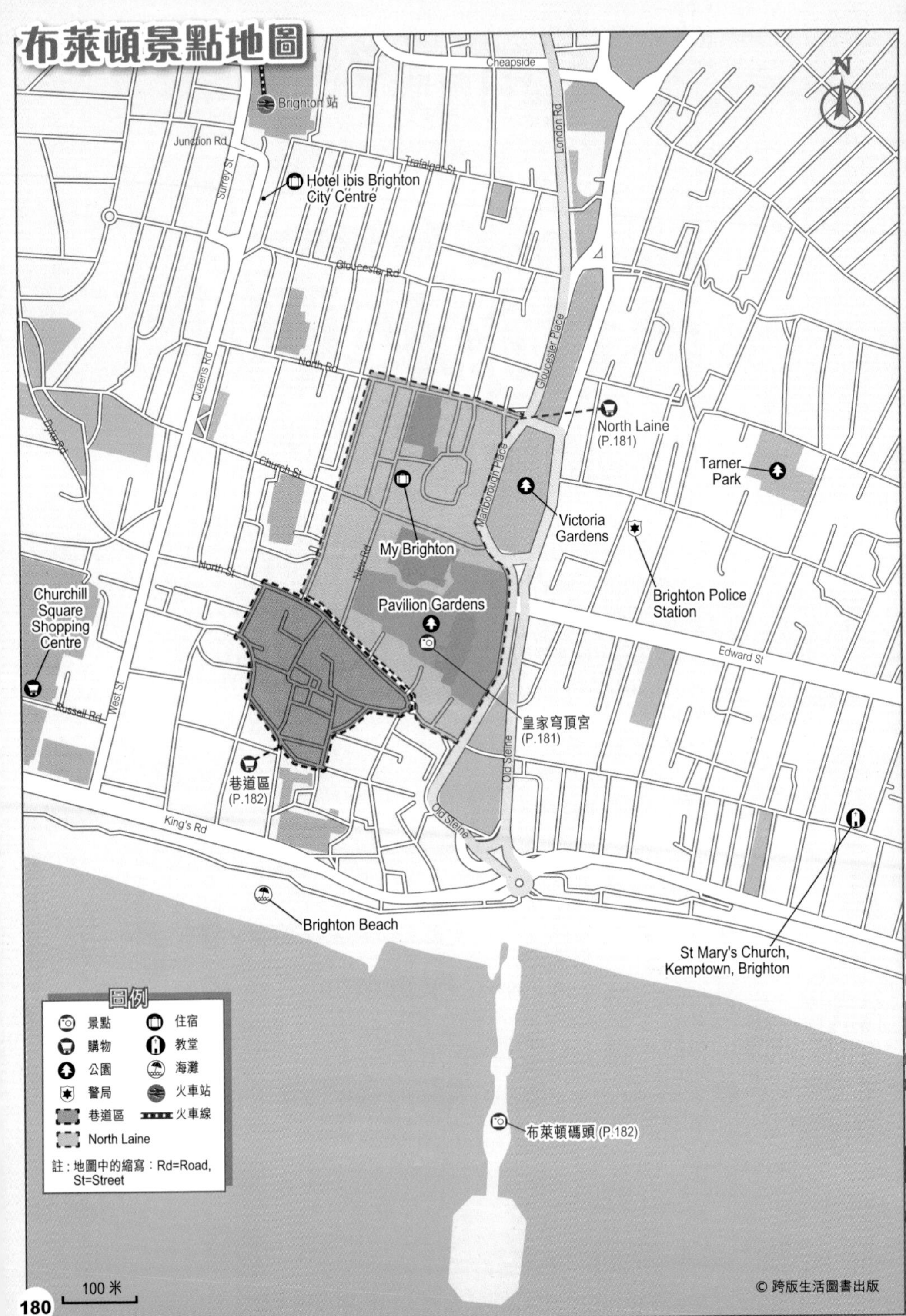

Cheapside
Brighton 站
Junction Rd
Trafalgar St
London Rd
Surrey St
Hotel ibis Brighton City Centre
Gloucester Rd
Gloucester Place
North Rd
Queens Rd
Dyke Rd
Church St
North Laine
(P.181)
Tarner Park
Marlborough Place
Victoria Gardens
My Brighton
New Rd
North St
Brighton Police Station
Churchill Square Shopping Centre
Pavilion Gardens
Edward St
West St
Russell Rd
皇家穹頂宮
(P.181)
Old Steine
巷道區
(P.182)
King's Rd
Old Steine
Brighton Beach
St Mary's Church, Kemptown, Brighton
圖例
景點
住宿
購物
教堂
公園
海灘
警局
火車站
巷道區
火車線
North Laine
註：地圖中的縮寫：Rd=Road, St=Street
布萊頓碼頭 (P.182)
100 米

特色購物街 North Laine 地圖P.180

布萊頓是藝術家、設計師和創意人士的集中地，因此這裏的街頭文化亦離不開藝術。只要在North Laine走走，便能感受到那種藝術氛圍。North Laine不是指某一條街道，而是城內一個大範圍，這裏之前曾是農地，現今變成人來人往的熱鬧區域，有多達400間獨立小店、古董店、二手衣物店等。店內售賣的都是一般商店找不到的商品，充滿個性，較有特色，打造出獨特的街頭文化。

▲ North Laine。(攝影：ritali)

INFO
- Brighton, E Sussex
- 出Brighton火車站，沿Queens Road走，左轉入North Road，步行約7分鐘

結合印度與中國色彩 皇家穹頂宮 Royal Pavilion 地圖P.180

皇家穹頂宮(英皇閣)原為19世紀的國王喬治四世，在擔任攝政王時居住的豪華宮殿。後來維多利亞女王把穹頂宮賣給了市政府，從此對外開放。建築的最大特色是外觀和內部結合了不同風格，充滿了東方神秘色彩。典型的洋葱形圓頂呈現印度風格，內部的裝飾卻結合了中國文化的元素，例如蓮花造型的燈飾、中國古董擺設等，處處充滿驚喜，吸引不少國外觀光客慕名而來。

▶皇家穹頂宮。(攝影：Tszling)

INFO
- 4/5 Pavilion Buildings, Brighton, E Sussex
- 休 12月25~26日
- 出Brighton火車站，沿Queens Road走，左轉入Church Street，轉右沿New Road走，再左轉入公園Pavilion Gardens，可見穹頂宮，步行約16分鐘
- 10月至3月10:00~17:15(最後入場16:30)，4月至9月09:30~17:45(最後入場17:00)；留意12月24日提早休息
- 成人£17(HK$163)，兒童5~18歲£10.5(HK$101)，1成人帶2兒童£27.5(HK$264)
- 0300 029 0900
- brightonmuseums.org.uk/visit/royal-pavilion-garden

縱橫交錯的迷人巷弄 巷道區 The Lanes 地圖P.180

▶巷道區。(攝影：Winnie Wongyl)

巷道區是布萊頓其中一個主要的購物區，於神秘狹窄的紅磚小巷子裏，處處可見古董店、珠寶店及畫廊等。在巷道區可找到多間由當地設計師開設的自家品牌店，最新的潮流都匯集在這條街道上！除了購物，這裏還有很多餐廳、酒吧和咖啡廳，氣氛非常熱鬧。

INFO

- North Street, Brighton, E Sussex
- 出Brighton火車站，沿Queens Road走，左轉入North Street，步行約12分鐘

充滿娛樂性的碼頭 布萊頓碼頭 地圖P.180 推介 親子

Brighton Palace Pier

原名為皇宮碼頭(Palace Pier)的布萊頓碼頭，是一個由沙灘往海中央延伸的木造碼頭。這個碼頭毫不簡單，集美食及娛樂於一身！碼頭前半部分主要為賣小食和紀念品的商店，而後半部分為建於海平面上的大型遊樂園。遊樂園內有過山車、旋轉木馬、賽車場等設施，大人和小孩都玩得不亦樂乎，到處洋溢歡樂的氣氛，是布萊頓最熱鬧好玩的地方！

▶碼頭門口。

▲遊樂園的摩天輪。

▲布萊頓碼頭。

INFO

- Madeira Drive, Brighton, E Sussex
- 出Brighton火車站，往海邊方向步行約17分鐘
- 約11:00~18:00，各遊樂設施營業時間不同
- 休 12月25日
- 除可單獨付費玩各個遊戲，也可買任玩一天券，網上購票可享優惠：成人￡30(HK$288)，1.2米以下小童全年￡15.5(HK$149)起
- 01273 609 361
- brightonpier.co.uk

(攝影：Tszling)

Part 7.4

充滿皇室足跡的小鎮

溫莎，伊頓 Windsor，Eton

位置地圖P.169

溫莎及伊頓位於英格蘭的伯克郡(Berkshire)，在倫敦的西邊。

溫莎靠近希斯路機場，從倫敦出發車程約 40 分鐘，適合安排一日或半日遊。小鎮的氣氛貴氣優雅，並因溫莎城堡而聞名全世界，到處都是皇室足跡。

與溫莎隔了一條泰晤士河的伊頓，由溫莎步行約 30 分鐘便可抵達。伊頓也是個充滿皇室風情的地方，著名的伊頓公學是貴族學校，秉持精英教育模式，英國眾多皇室成員及名人都曾在此就讀。

▲溫莎街景。(攝影：Janice Kwong)

前往交通

常用火車站

倫敦Waterloo站 ……… 車程約57分鐘 ……… Windsor & Eton Riverside站

倫敦Paddington站 ……… Slough站 ……… Windsor & Eton Central站

車程約29~50分鐘

常用巴士站

倫敦Victoria Coach站 ……… Slough站 ……… Windsor站

(停一會兒才出發，不用轉車)

Green Line 702號巴士 車程約1小時30分鐘

702 號巴士路線及班次網站：reading-buses.co.uk/greenline

溫莎、伊頓景點地圖

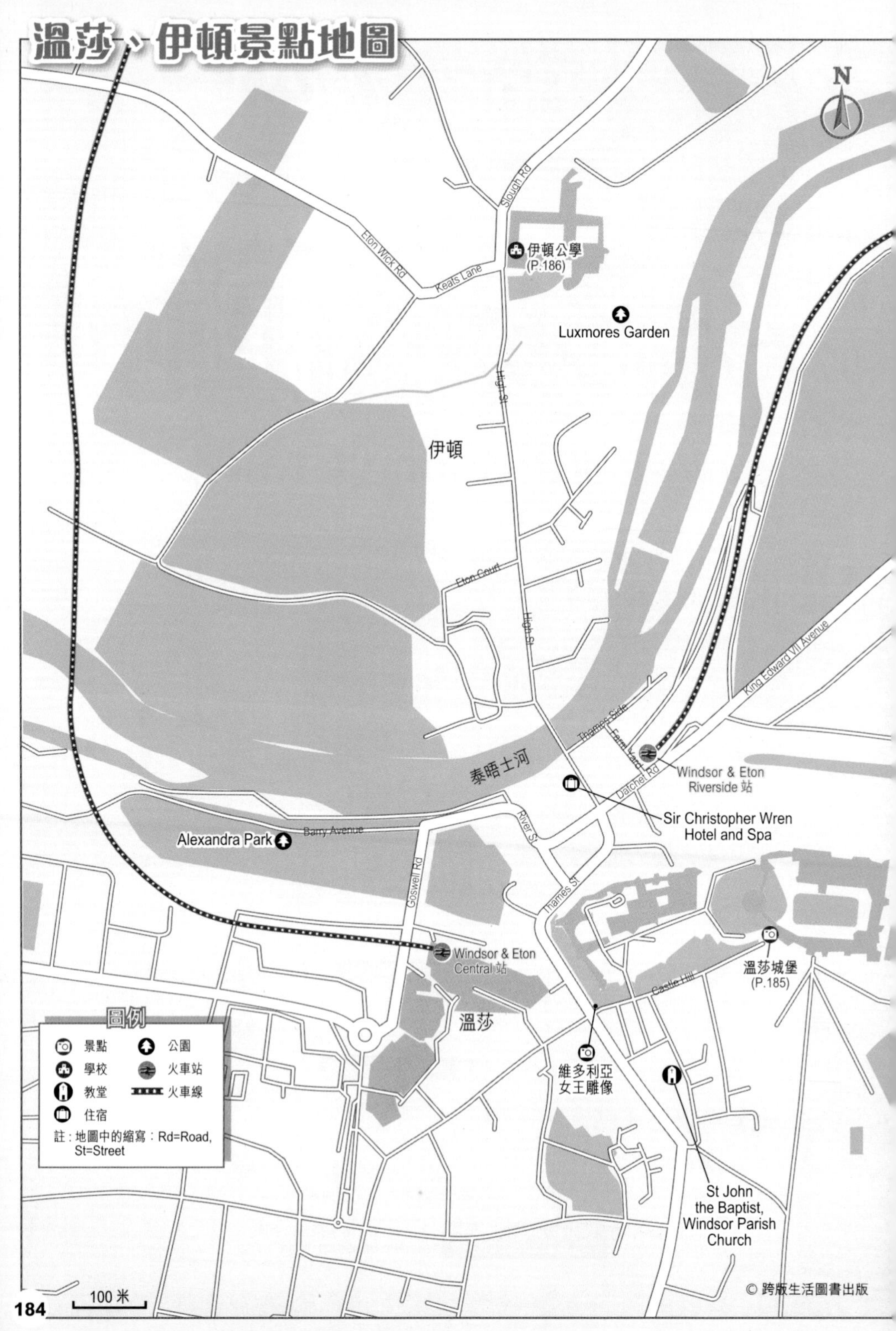
N
Slough Rd
Eton Wick Rd
Keats Lane
伊頓公學
(P.186)
Luxmores Garden
High St
伊頓
Eton Court
King Edward VII Avenue
Thames Side
Farm Yard
Datchet Rd
Windsor & Eton
Riverside 站
泰晤士河
River St
Sir Christopher Wren
Hotel and Spa
Alexandra Park
Barry Avenue
Goswell Rd
Thames St
Windsor & Eton
Central 站
溫莎城堡
(P.185)
Castle Hill
溫莎
維多利亞
女王雕像
St John
the Baptist,
Windsor Parish
Church
圖例
景點
公園
學校
火車站
教堂
火車線
住宿
註：地圖中的縮寫：Rd=Road,
St=Street
100 米
© 跨版生活圖書出版

英女王週末度假城堡 溫莎城堡 Windsor Castle

地圖P.184

溫莎城堡與白金漢宮(P.69)、愛丁堡的荷里路德宮(P.252)都是英國君王主要的行政官邸，溫莎城堡更是皇家行宮，同時是全世界最大、最古老、仍然有人居住的城堡。由威廉一世於1070年起開始建造，曾經用作軍事要塞及監獄。現時為女王伊利沙白二世的住所，安檢非常嚴謹。女王常於週末或假期時來到城堡度假，想知道她是否在城堡裏面，與白金漢宮一樣，看看圓塔(Round Tower)上的旗子便知(皇室旗幟即女王在宮中；英國國旗即女王外出)。

▲見到維多利亞女王雕像再步行約 2 分鐘就可抵達。

城堡分為上區(Upper Ward)、中區(Middle Ward)及下區(Lower Ward)。除了必看的圓塔，城堡內還有瑪麗皇后的玩偶屋(Queen Mary's Dolls' House)，裏面每件藏品都是極之珍貴的藝術品，由設計師、藝術家、工匠合力打造，展示了當時細膩非凡的工藝技術。其他景點還包括舉辦過多次皇室婚禮的聖喬治禮拜堂(St George's Chapel)、聖喬治大廳(St George's Hall)、滑鐵盧大廳(Waterloo Chamber)等。

Tips

衛兵交接儀式(Changing the Guard)

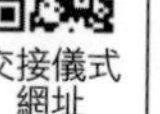

城堡的衛兵交接儀式是必看項目之一，於聖喬治禮拜堂與出口之間的空地舉行。規模雖然比白金漢宮小，但圍觀的人一樣多，儀式約45分鐘。

時間：一般週二、四及六天氣情況許可下11:00開始，週日除外。由於儀式時間常有變動，出發前宜先瀏覽官網。

交接儀式網址

交接儀式每月舉行日

圓塔

▼城堡的圓塔為經典地標，建於人造山丘上。

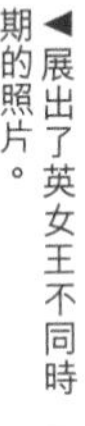

◀展出了英女王不同時期的照片。

玩偶屋

▶瑪麗皇后的玩偶屋的展品。（攝影：蘇飛）

◀城堡充滿了歷史的厚重感，建築細節值得細味。

▶從 North Terrace 望下去的景觀。

INFO

溫莎城堡

Windsor Castle, Windsor, Berkshire

出Windsor & Eton Riverside站，沿Datchet Road走，轉左沿Thames Street走，直至看到維多利亞女王的雕像轉入去，步行約8分鐘；或出Windsor & Eton Central火車站，步行約5分鐘

3月至10月10:00~17:15(最後入場16:00)，11月至2月10:00~16:15(最後入場15:00)

12月25~26日，其他休息詳見官網

成人£30(HK$288)，18~24歲£19.5(HK$186)，17歲以下£16.5(HK$158)，預先購票有優惠

020 7766 7304

www.rct.uk/visit/windsor-castle

(溫莎城堡攝影：Janice Kwong)

尊貴非凡的貴族學校 伊頓公學 Eton College

地圖P.184

▲伊頓公學。(攝影：AmandaLewis)

由溫莎城堡步行約30分鐘便可來到對岸的伊頓。伊頓最著名的就是英國名校、人才輩出的伊頓公學。伊頓公學由亨利六世於1440年創立，是英國數一數二的頂尖名校。許多英國皇室貴族、政界、經濟界精英和歷史名人都曾在此就讀，威廉與哈利王子亦是該校校友。這座古老的學府只收男生，校服是優雅的燕尾服，不論是這裏的學生還是校園環境，都散發貴族氣息。

Tips

參觀校園

校內的博物館、藝廊和歷史建築物可免費參觀，開放時間為週日14:30~17:00，詳見collections.etoncollege.com/visit-us。若要參加入學導覽團可聯絡：

INFO

Admissions Office

01753 370 611

admissions@etoncollege.org.uk

INFO

Eton College, Windsor, Berkshire

出Windsor & Eton Riverside火車站，出站後轉右沿Farm Yard走，到達河邊轉左沿Thames Side走，過橋到對岸，沿High Street走，步行約17分鐘；或出Windsor & Eton Central火車站，步行約21分鐘

01753 370 100

www.etoncollege.com

Part 7.5

中世紀風情

沙里斯貝利 Salisbury

位置地圖P.169

沙里斯貝利是威爾特郡 (Wiltshire) 唯一一個城市，此地充滿中世紀風情，至今仍然保留中古世紀的建築。極具特色的尖塔教堂是沙里斯貝利的象徵性建築，並可爬上尖塔俯瞰整個城市的美景。一般建議安排一日遊，參觀沙里斯貝利大教堂後，乘車到離教堂約 20 分鐘車程的巨石陣，參觀英國最著名、且絕不可錯過的世界文化遺產。

前往交通

常用火車站

倫敦Waterloo站 ······ 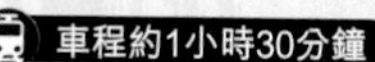

······ Salisbury站

巴士

市內大部分巴士(包括The Stonehenge Tour巴士)都可以前往Salisbury New Canal Stand U站，參觀大教堂及附近景點。若想前往巨石陣及古市鎮，也可利用The Stonehenge Tour巴士，收費分含景點門票(見下面Tips Box)及不含門票的。Tour巴士可於網上預約，不含門票：成人￡17(HK$162)，5~15歲￡11.5(HK$110)。

The Stonehenge Tour 巴士班次

市內巴士

Tips

沙里斯貝利旅遊套票

The Stonehenge Bus除了設有普通巴士團外，還有以下含門票的(建議透過網絡預先購票)：1.「市內巴士票+古市鎮+史前巨石陣」套票(The Stonehenge Tour - Bus, Old Sarum & Stonehenge)，成人￡34(HK$319)，5~15歲￡22.5(HK$213)；2.「市內巴士票+古市鎮+史前巨石陣+沙里斯貝利大教堂」套票(The Stonehenge Tour - Bus, Old Sarum, Stonehenge & Cathedral)，成人￡40.5(HK$385)，5~15歲￡27.5(HK$253)。

INFO
gosouthcoast.digitickets.co.uk/tickets

沙里斯貝利景點地圖

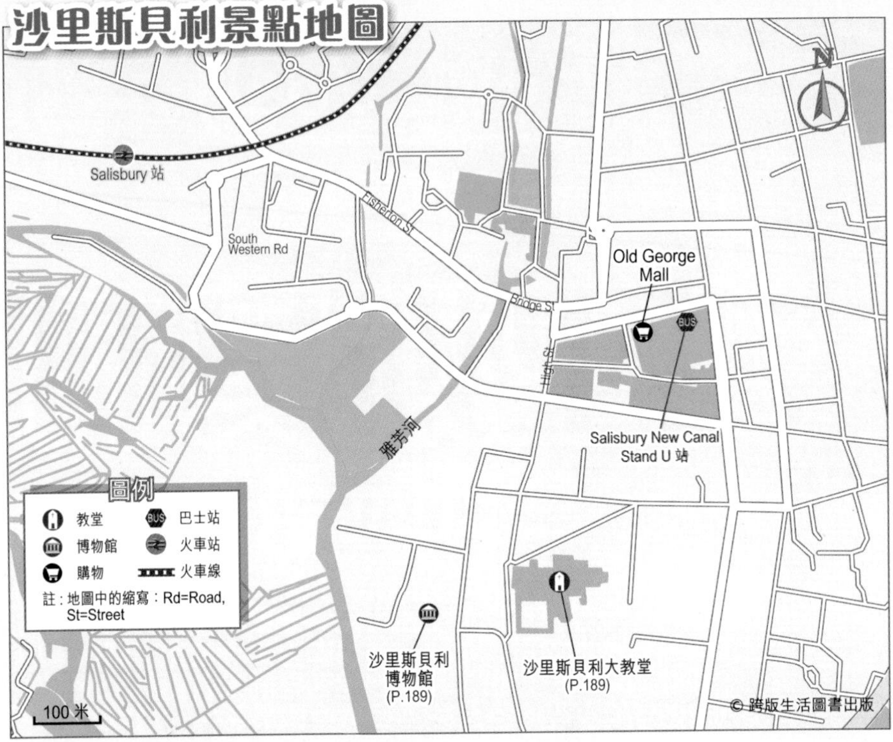

Salisbury 站
South Western Rd
Fisherton St
Bridge St
High St
Old George Mall
Salisbury New Canal Stand U 站
雅芳河
沙里斯貝利博物館 (P.189)
沙里斯貝利大教堂 (P.189)

圖例
教堂　巴士站
博物館　火車站
購物　火車線
註：地圖中的縮寫：Rd=Road, St=Street

100 米

沙里斯貝利周邊景點地圖

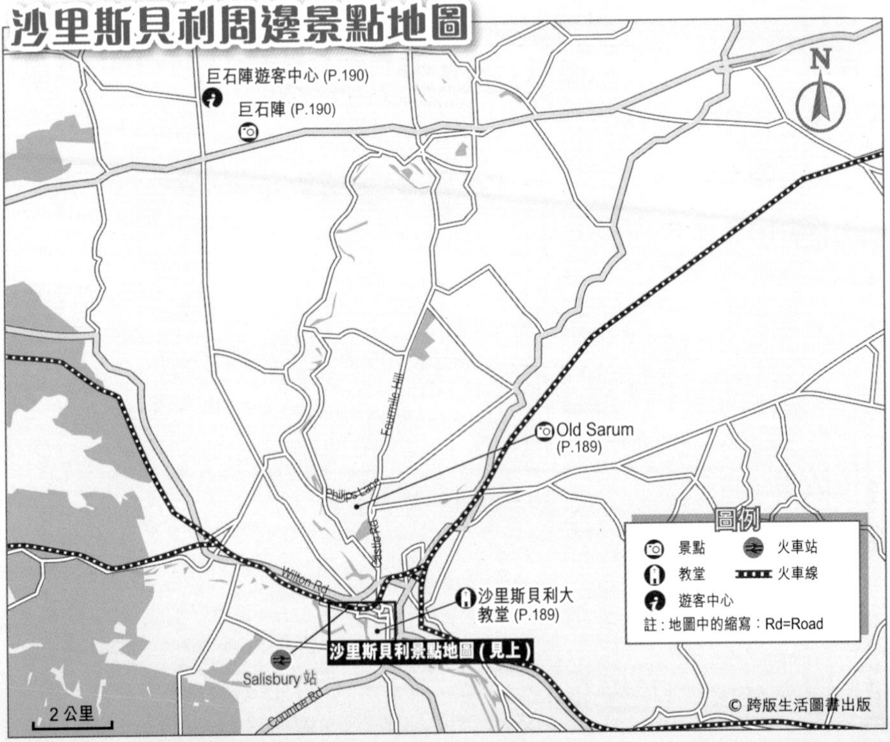

巨石陣遊客中心 (P.190)
巨石陣 (P.190)
Fourmile Hill
Old Sarum (P.189)
Philips Lane
Castle Rd
Wilton Rd
沙里斯貝利大教堂 (P.189)
沙里斯貝利景點地圖 (見上)
Salisbury 站
Coombe Rd

圖例
景點　火車站
教堂　火車線
遊客中心
註：地圖中的縮寫：Rd=Road

2 公里

最高的尖塔教堂 沙里斯貝利大教堂 Salisbury Cathedral 地圖P.188

巍然屹立的沙里斯貝利大教堂以工整宏偉的外觀聞名，是早期哥德式建築的重要代表。最大特色是它高達123米的尖塔，使整座教堂有向上騰昇的感覺，蘊含接近上帝的宗教涵義。爬上332級樓梯來到尖塔後，可俯瞰整個城市的迷人景色。教堂的設計精緻優雅，呈現對稱美，「最美麗的中世紀教堂」之名絕對當之無愧！教堂內保存了英國國王約翰在1215年簽署的大憲章原稿，是4份大憲章中保存得最完整的一份，有重要的歷史價值。

▲大憲章原稿。

▲沙里斯貝利大教堂。

INFO

- 6 The Close, Salisbury, Wiltshire　☎ 01722 555120
- 出Salisbury火車站，轉左沿South Western Road走，接Fisherton Street走，過河繼續走，右轉入High Street，步行約15分鐘；或於Salisbury火車站轉乘巴士或The Stonehenge Tour巴士到Salisbury New Canal Stand U站(班次見P.187)，下車後沿New Canal走，左轉入High Street，步行約8分鐘
- 10:00~16:30，週日12:30~16:00；商店09:30~17:30，餐廳09:30~17:00
- 休 12月25日　www.salisburycathedral.org.uk
- $ 成人£10(HK$96)，學生£7(HK$67)，13~17歲£6(HK$58)，13~17歲以下免費，預先上網購票便宜£1

(攝影：Ash Mills)

▲教堂內莊嚴華麗。

揭開沙里斯貝利 沙里斯貝利博物館 The Salisbury Museum 地圖P.188(上)

鄰近大教堂的沙里斯貝利博物館位於皇宮(The King's House)內，樓高3層，是一級歷史建築。館內收藏了許多關於沙里斯貝利與周邊地區的歷史文物，包括巨石陣的文物、著名古墓「阿姆斯伯利 • 阿徹」的文物等，十分珍貴。

INFO

- The King's House, 65 The Close, Salisbury, Wiltshire
- 參考「沙里斯貝利大教堂」(見上)
- 週一至六10:00~17:00，4月至10月週日12:00~17:00(每年週日開放日子會變更)
- 休 12月25~26日及元旦，Café逢週日休息
- $ 成人£9(HK$75)，小童£4.5(HK$36)，5歲以下免費
- ☎ 01722 332151　www.salisburymuseum.org.uk

▲沙里斯貝利博物館。(攝影：Ash Mills)

曾經繁華一時的古鎮 Old Sarum 地圖P.188(下)

這裏是沙里斯貝利的舊市鎮，離市區約2英里。舊市鎮充滿了歷史痕跡，見證和記載着當地近5,000年的歷史。處於山丘的古堡建於鐵器時代，曾經風光一時，但現在已變成一片廢墟，散發滄桑感，氣氛與新市鎮截然不同。

INFO

- Castle Road, Salisbury, Wiltshire
- 出Salisbury火車站，乘The Stonehenge Tour巴士前往巨石陣遊客中心(車程約20分鐘)，回程時巴士會途經Old Sarum(沒時間的話建議巴士經過時在車上拍照看看便可)
- 約10:00~16:00(按季節調整)
- 休 12月24~25日　☎ 01722 335398
- $ 成人£6.6(HK$63)，長者及學生£5.9(HK$56)，5~17歲小童£4(HK$38)
- www.english-heritage.org.uk/visit/places/old-sarum

▲ Old Sarum。
(攝影：www.visitwiltshire.co.uk)

史前建築遺跡 巨石陣 Stonehenge 地圖P.188(下)

巨石陣是世界知名的史前建築遺跡，由環狀排列的石頭組成直徑約30米的圓形，最大的巨石約有45噸重。據説這幾十塊巨石已經於這片廣闊的土地上矗立了數千年，並於1986年被列入世界文化遺產。有關巨石陣建造起因和背景，至今仍是個不解之謎，從古到今一直流傳許多關於巨石陣的傳説，例如認為巨石群是為了祭祀或觀測天體之用，但真相已無從稽考。除了巨石陣，這裏的另一個迷人之處就是周遭的田野風光，青翠的大草原一望無際，讓人看了心曠神怡。

▲從稍遠位置拍攝巨石陣，並把天際也攝入鏡頭，畫面美得讓人瞬間忘卻煩惱和憂慮。

▲巨石陣時代的居民茅屋。

▲前往巨石陣需由巨石陣遊客中心乘免費接駁車。

◀草地上有不少可愛的綿羊。(攝影：蘇飛)

INFO

- Near Amesbury, Wiltshire
- 出Salisbury火車站，乘The Stonehenge Tour巴士前往巨石陣遊客中心(車程約20分鐘)，抵達遊客中心後轉乘園區內接駁車(每10分鐘一班)，或步行約30分鐘前往巨石陣
- 09:30~17:00，12月26日及1月1日時間略有不同，最後入場為休息前2小時；不同月份開放時間略有變更
- 休 12月24~25日　☎ 037 0333 1181
- $ 成人£20(HK$194)，長者及學生£18(HK$175)，小童£12(HK$117)
- english-heritage.org.uk/visit/places/stonehenge

(攝影：Janice Kwong)

巨石陣遊客中心☆食買推介☆ 地圖P.188(下)

巨石陣遠離市區，遊客中心是唯一的補給處。中心內有手信店和餐廳，手信店售賣的紀念品很有特色，不難找到心頭好。遊客中心的餐廳雖然菜式選擇不多，價格也不算便宜，但多是遊客值得一試的地道食物，有一定水準。

▲番茄紅扁豆湯附送麵包十分豐盛，足夠吃到半飽。

◀巨石陣形狀牛奶朱古力，£5(HK$50)。

►地道食物英式「大餃子」(Pasty Steak)，內餡味道很好。

▲有趣的趴地綿羊 Cushion，抱着很舒服，£12(HK$121)。

(圖文：蘇飛)

Part 7.6

古羅馬時代的古樸小鎮

巴斯

Bath

位置地圖P.169

巴斯位於英格蘭西南部、屬於薩默塞特郡 (Somerset)，是一個源自羅馬時代的古樸城市，獲得了聯合國教科文組織評定為世界文化遺產之一。古色古香的建築依山而建，由雅芳河貫穿市區，博物館、咖啡廳、小店隨處可見，市內處處是濃郁的歷史和文化氣息，讓人深深愛上這座充滿獨特古典氣息的城市。巴斯的經典景點有羅馬浴場及巴斯修道院，其他景點還包括最古老的建築莎莉露之屋、典雅的普特尼橋、造型獨特的皇家新月樓等。

前往交通

常用火車站

倫敦Paddington站 …… 車程約1小時30分鐘~2小時 …… Bath Spa站

常用巴士站

倫敦Victoria Coach站 …… National Express巴士 車程約2小時55分鐘~3小時 …… Bath站

Tips

巴斯導覽團 免費

遊走巴斯可參加由當地義工提供的免費導覽團。每逢週日至五10:30及14:00(5月至8月逢週二及週四會額外增加18:00的時段)，和週六10:30，於羅馬浴場(p.193)前集合，導覽團約2小時。不需要事先預約。

INFO
www.bathguides.org.uk

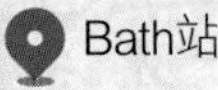

巴斯景點地圖

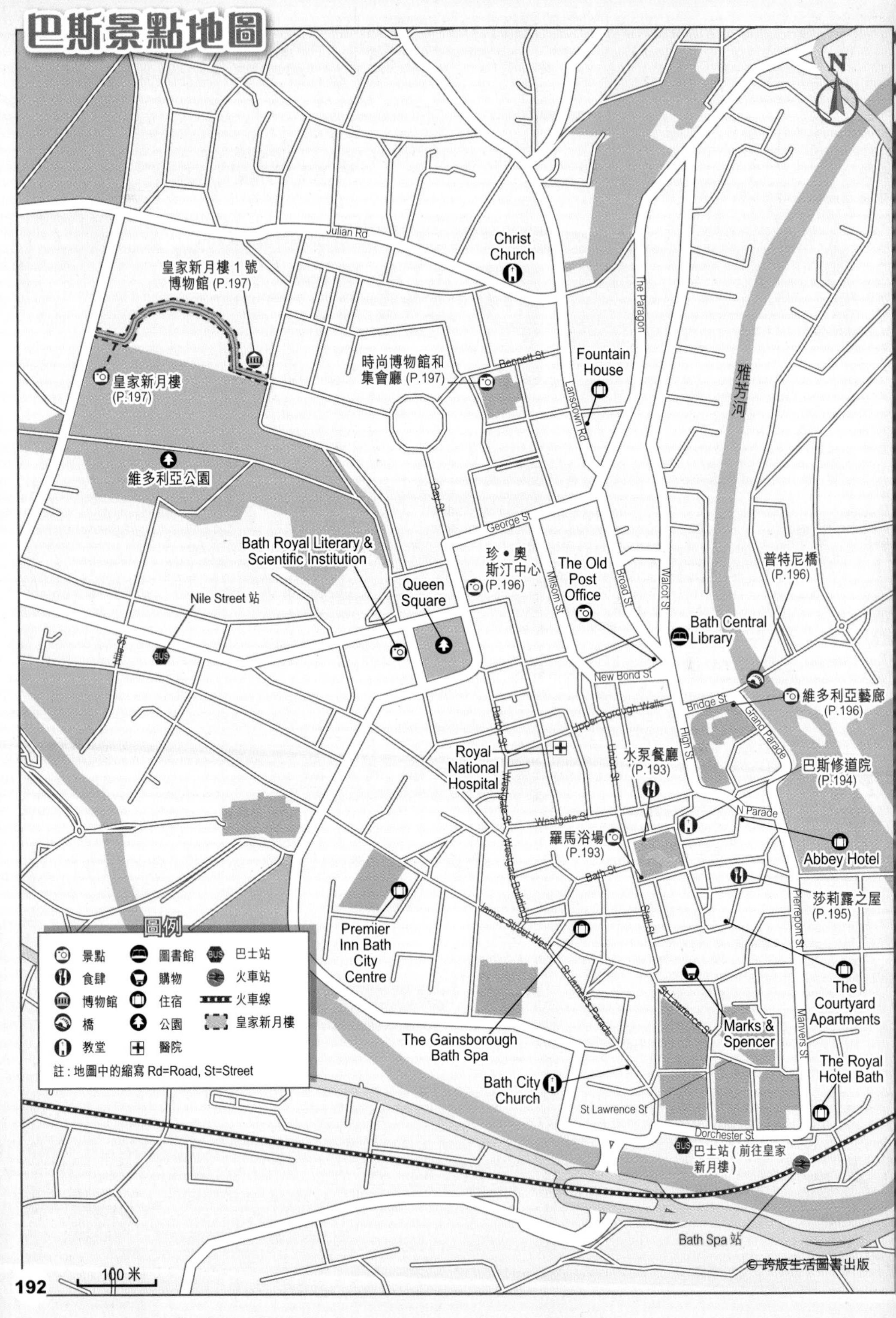

N
Julian Rd
Christ Church
皇家新月樓 1 號博物館 (P.197)
皇家新月樓 (P.197)
時尚博物館和集會廳 (P.197)
Bennett St
Fountain House
Lansdown Rd
The Paragon
雅芳河
維多利亞公園
Gay St
George St
Bath Royal Literary & Scientific Institution
珍・奧斯汀中心 (P.196)
The Old Post Office
Milsom St
Broad St
Walcot St
普特尼橋 (P.196)
Queen Square
Nile Street 站
Bath Central Library
New Bond St
Bridge St
維多利亞藝廊 (P.196)
Grand Parade
Upper Borough Walls
High St
Royal National Hospital
Barton St
Union St
水泵餐廳 (P.193)
巴斯修道院 (P.194)
N Parade
Westgate St
羅馬浴場 (P.193)
Abbey Hotel
Westgate Buildings
Bath St
Stall St
莎莉露之屋 (P.195)
Pierrepont St
James Street West
Premier Inn Bath City Centre
St James's Parade
St Lawrence St
The Courtyard Apartments
Marks & Spencer
Manvers St
The Gainsborough Bath Spa
The Royal Hotel Bath
Bath City Church
St Lawrence St
Dorchester St
巴士站 (前往皇家新月樓)
Bath Spa 站
圖例
景點
圖書館
巴士站
食肆
購物
火車站
博物館
住宿
火車線
橋
公園
皇家新月樓
教堂
醫院
註 : 地圖中的縮寫 Rd=Road, St=Street
100 米
© 跨版生活圖書出版

古羅馬帝國的溫泉聖地 羅馬浴場，水泵餐廳

地圖P.192

Roman Baths & Pump Room Restaurant

進入羅馬浴場後，最吸引人目光的是大浴池的綠色溫泉水。水質本來不是綠色的，但由於水中含有浮游藻類，加上太陽照射的關係，水便呈現綠色。另外，由於溫泉水從地底引進，因此水溫能夠維持在46℃。想了解更多關於浴場的歷史，可以到浴場的室內博物館，細看各種模型和文物，深入了解當時羅馬人如何建造浴場和把溫泉水運送到浴池。如果想一嘗溫泉水的味道或者用餐，可以到博物館內的水泵餐廳享用午餐或下午茶。

►羅馬浴場入口。

◄ 從 2 樓俯瞰羅馬浴場。有沒有留意到？浴場是露天的。

▼羅馬浴場。

▲浴場 2 樓四周有許多雕像。

►室內一個冷水池，裏頭閃閃發光，是因為底部堆滿了硬幣。

▲博物館內展示了許多關於浴場的文物。

INFO

- Roman Baths, Abbey Church Yard, Bath
- 出Bath Spa火車站，轉左沿Dorchester Street走，右轉入St Lawrence Street走，轉右沿Stall Street走，步行約5分鐘
- 約09:00~18:00(1月至2月及11月至12月10:00開門，6月中至8月延長至22:00)
- 休 12月25~26日
- 夏天成人£26(HK$250)，學生及長者£25(HK$240)，6~18歲£18.5(HK$178)，週末加£2(HK$19)；冬天成人£18(HK$173)，學生及長者£17(HK$163)，6~18歲£10.5(HK$101)，週末加£2.5(HK$24)，入場費每月不同
- 01225 477785　www.romanbaths.co.uk

(攝影：Janice Kwong)

Tips

巴斯的浴場

巴斯的語源來自浴池的英文Bath，相傳古時一位患上痲瘋病的國王因發現巴斯的天然溫泉有治療功效而將巴斯興建為溫泉城鎮。當年羅馬人入侵英國，在巴斯興建浴場，浴場不僅是人們沐浴和泡湯的地方，更是當時重要的社交及休閒場所，至今則變成了熱門的旅遊景點。

莊嚴神聖的標誌性建築 巴斯修道院 Bath Abbey 地圖P.192

巴斯修道院建於7世紀，外觀壯觀宏偉，是英格蘭最古老、最大的垂直哥德式建築。教堂內的扇形拱頂為哥德式建築的典型元素，外牆上的雕刻是《聖經》故事中的「雅各爬天梯」。教堂內有56扇彩繪玻璃窗，代表耶穌的56個事蹟。當陽光從外透進來時，色彩更鮮艷明亮，讓人漸漸被莊嚴神聖的氣氛感染，變得寧靜肅穆。現時修道院主要用作舉行宗教儀式或講座。另外，教堂前方的庭院是街頭藝人的熱門聚集地，常吸引民眾駐足欣賞。

▲華麗的天花板。

▲晚上的巴斯修道院。

▲巴斯修道院。

◀七彩繽紛的彩繪玻璃窗。

▶莊嚴神聖的氣氛。

Tips

導賞團(Tower Tours)

如果你有足夠體力的話，可參加導賞團，爬過212級樓梯，登上高塔眺望巴斯城。導賞團時間約10:00~16:00，各月份不同，約45~60分鐘，每隔一小時提供導覽，週六每隔半小時提供導覽。成人£10(HK$96)，5~15歲£5(HK$46)。

INFO

休 週日、耶穌受難日、12月25~26日、元旦
www.bathabbey.org/towertours

INFO

Bath Abbey, Bath
出Bath Spa火車站，轉左沿Dorchester Street走，右轉入St Lawrence Street走，轉右沿Stall Street走，經過羅馬浴場留意右邊，步行約10分鐘
週一至五10:00~17:30，週六10:00~17:00，週日13:15~14:30、16:30~18:15；最後入場為關門前15分鐘
不設門票，但可自願性捐贈
01225 422462
www.bathabbey.org

(攝影：Janice Kwong)

美味圓麵包 莎莉露之屋 Sally Lunn's 地圖P.192 必吃

一嘗這家店的圓麵包(Bun)及英式紅茶彷彿變成潮流，不妨前來喝一個英式下午茶。鬆軟的圓麵包可以塗抹新鮮的草莓果醬和滑而不膩的鮮奶油，或放上幾片火腿、煙肉或雞肉等，成為三文治，無論甜吃或鹹吃都相宜。麵包烤得香酥，配上一壺英式紅茶就是最佳的下午茶搭配。

▲Sally Lunn Blend Tea，£3.9(HK$37)。

▶從裝潢和用餐環境都能夠感受到歷史的痕跡。

▲莎莉露之屋。

▲鹹牛肉配圓麵包，£10.6(HK$102)。

▲蘋果蛋糕 (Traditional Somerset Apple Cake)，£5.3(HK$51)。

▶燻三文魚法國批 (Smoked Salmon Pâté)，£6.48(HK$65)。

◀地下室的博物館展示了莎莉露當時製作圓麵包的場景。

INFO

- Sally Lunn's House, 4 North Parade Passage, Bath
- 出Bath Spa火車站，沿Manvers Street走，轉左沿North Parade走，在Abbey Hotel附近，步行約9分鐘
- 10:00~21:00；晚上燭光晚餐時段：週一至六17:00~21:00，週日17:00~21:00
- 01225 461 634　www.sallylunns.co.uk

(攝影：Janice Kwong)

Tips

Sally Lunn's的名稱來自於店主的名字莎莉露(Sally Lunn)。店主於1680年與家人從法國逃難到英國的巴斯，然後租借了當時羅馬人遺留下來的破舊廚房，開始烘烤法國人熟悉的圓麵包和調製英式紅茶及咖啡。

藝術品收藏地 **維多利亞藝廊** *Victoria Art Gallery* 地圖P.192

維多利亞藝廊規模不大，主要分為兩層，下層為特別展，每隔一段時間便會更換展覽內容；上層是固定的常設展，展出了2,000多位藝術家的作品。其他珍貴的藏品包括波西米亞玻璃杯及英國瓷器等。

▲藝廊入口。

INFO
- Bridge Street, Bath
- 出Bath Spa火車站，沿Manvers Street步行約10分鐘
- 10:30~17:00(最後入場16:30)
- 休 週一，12月25~26日及1月1日
- 上層常設展覽免費；大型的不定期展覽成人£7(HK$67)，長者及學生£6.5(HK$62)，6~18歲£2.5(HK$24)
- 01225 477233　www.victoriagal.org.uk

橫跨雅芳河的三孔橋 **普特尼橋** *Pulteney Bridge* 地圖P.192

普特尼橋連接了巴斯的古城與新城。除了外型典雅，普特尼橋於設計上亦非常有特色：橋上兩旁開設了商店，走在橋上彷彿走在一般街道上。在歐洲，能夠找到這類古代橋樑並不多，普特尼橋就是其中之一。橋四周環境優美，兩岸風光秀麗，讓人一邊漫步一邊感受到巴斯獨特的古典氣息。

◀普特尼橋。(攝影：Lamszeyin)

INFO
- Grand Parade, Bath
- 出Bath Spa火車站，沿Manvers Street及Grand Parade走，步行約8分鐘

英國文學作家的生活軌跡 **珍‧奧斯汀中心** 地圖P.192
Jane Austen Centre

以《傲慢與偏見》(Pride and Prejudice)、《理性與情感》(Sense and Sensibility)及《愛瑪》(Emma)等作品聞名的19世紀英國文學女作家珍‧奧斯汀，曾住在巴斯，與巴斯結下緣分。在這個中心可以透過服裝及手稿等去了解珍‧奧斯汀的一生，以及深入感受那個時代巴斯的歷史與文化。

▲珍 ‧ 奧斯汀中心。

▲懷舊服裝。

▶中心內的紀念品店出售多樣與珍‧奧斯汀相關的商品。

INFO
- 40 Gay Street, Bath
- 出Bath Spa火車站，轉左沿Dorchester Street走，右轉入St James's Parade走，轉右沿Westgate Buildings、Westgate Street、Barton Street及Gay Street走，步行約11分鐘
- 11月至3月10:00~16:30，週六10:00~17:30，4月至10月09:45~17:30，7月至8月暑假期間09:30~18:00，最後入場為休息前1小時
- 休 12月25~26日及1月1日
- 成人£13.25(HK$127)，長者£12(HK$115)，學生£11(HK$106)，6~16歲兒童£6.5(HK$62)
- 01225 443000　www.janeausten.co.uk

(攝影：The Jane Austen Centre)

感受時裝潮流 時尚博物館和集會廳 地圖P.192

Fashion Museum & Assembly Rooms

集設計師、作家及學者於一身的Doris Langley Moore，於1963年開設了The Museum of Costume，然後在2007年改名為Fashion Museum。**博物館**內展出了許多珍貴的私人珍藏，包括從16世紀到現在的服裝，讓參觀者看到幾百年來英國人穿衣習慣與潮流的改變，亦有解釋時裝與社會的密切關係。館內更提供古時的服飾讓參觀者試穿及拍照，非常有趣。而**集會廳**是古時候重要的上流社會社交場所，是舉辦舞會、打牌、喝茶、聊八卦的場所。**時尚博物館現時歇業，待搬遷至市中心the Old Post Office(地圖P.192)那邊，重開時間待定。**

◀時尚博物館和集會廳。

▲ 30 年代典雅的高跟鞋。

►不同年代英國的喱士裙。

INFO

- Bennett Street, Bath
- 出Bath Spa火車站，轉左沿Dorchester Street走，右轉入St Lawrence Street，轉右沿Stall Street直走至底，右轉入George Street，再轉右沿Bartlett Street走，左轉入Bennett Street，步行約20分鐘
- 01225 47 7789
- www.fashionmuseum.co.uk

(攝影：Fashion Museum Bath)

18世紀壯觀華麗的建築 皇家新月樓 地圖P.192

Royal Crescent

皇家新月樓是一條由30幢房屋連結而成、呈現半月弧形的道路。前方是綠意盎然的維多利亞公園，遠觀時更顯得壯觀。房屋建於18世紀，是英國最大的喬治時期建築群之一，現時仍然保持原貌，別具歷史意義。現時大部分建築為私人擁有財產，只有1號是博物館，展示喬治王朝時期的家具及文物，而15及16號是具有水療設施的高級酒店。

▲由一排房屋組成，呈現半月形。(攝影：TonyBaggett)

◀皇家新月樓。(攝影：Lamszeyin)

INFO

皇家新月樓1號博物館

- No. 1 Royal Crescent, Bath
- 出Bath Spa火車站，轉左沿Dorchester Street走，右轉入Westgate Buildings，左轉Wood Street，步行約20分鐘
- 10:00~17:30，最後入場16:30
- 成人£13(HK$125)，學生及長者£11.5(HK$110)，5~15歲£6.5(HK$62)，5歲以下免費
- 01225 428126
- http://no1royalcrescent.org.uk

Part 8

史特拉福
劍橋、牛津、

劍橋和牛津都是英格蘭著名城市，不少人都會選擇抽一天時間漫遊其中一個城市，感受當地的文學氣息。史特拉福則是莎士比亞的故鄉，同樣是充滿文化氣息的城市。

劍橋、牛津、史特拉福位置地圖

劍橋景點地圖

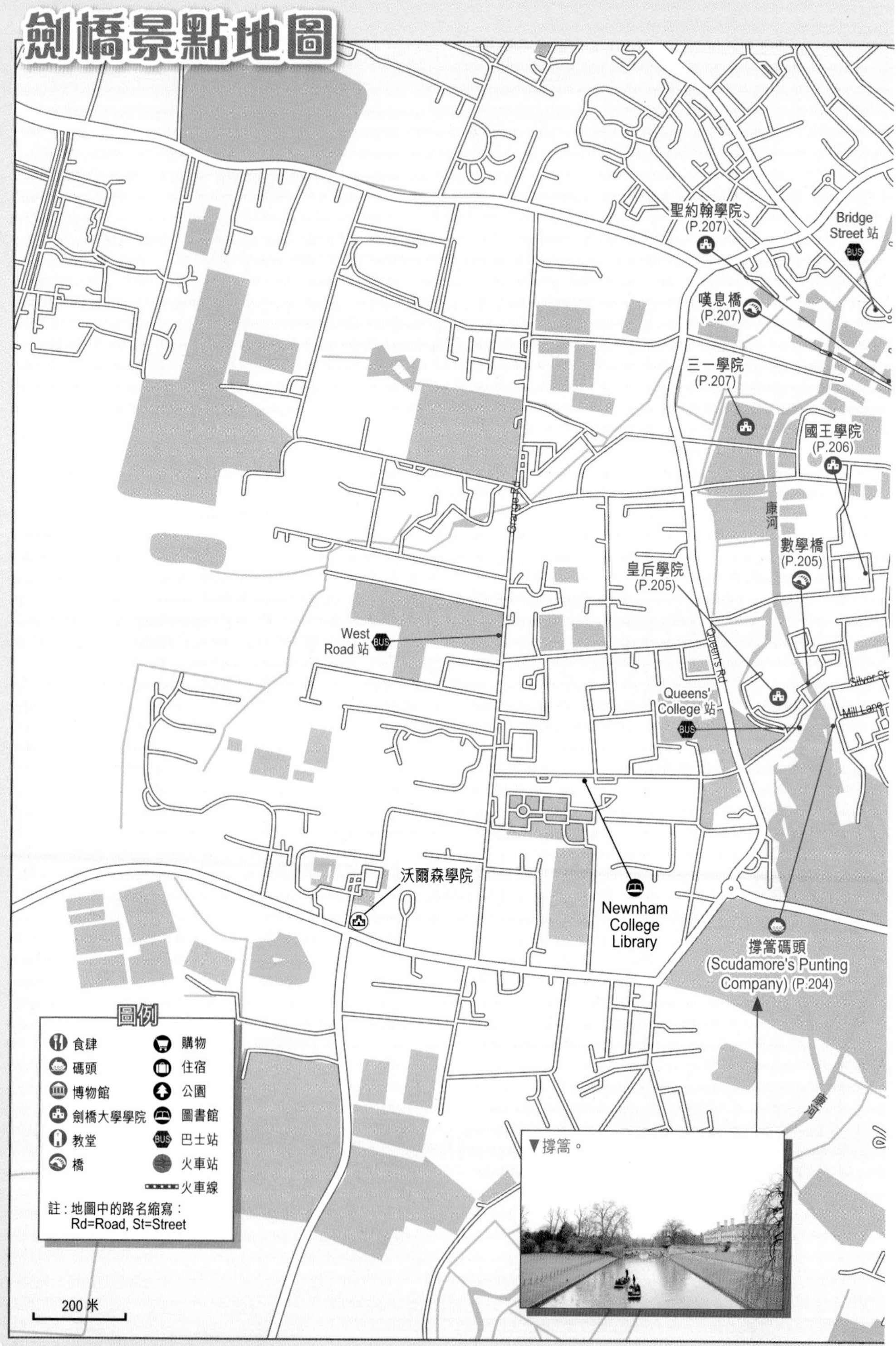

聖約翰學院
(P.207)
Bridge Street 站
嘆息橋
(P.207)
三一學院
(P.207)
國王學院
(P.206)
康河
數學橋
(P.205)
皇后學院
(P.205)
Queen's Rd
West Road 站
Queens' College 站
Silver St
Mill Lane
沃爾森學院
Newnham College Library
撐篙碼頭
(Scudamore's Punting Company) (P.204)
圖例
食肆
購物
碼頭
住宿
博物館
公園
劍橋大學學院
圖書館
教堂
巴士站
橋
火車站
火車線
註：地圖中的路名縮寫：
Rd=Road, St=Street
200 米

▼撐篙。

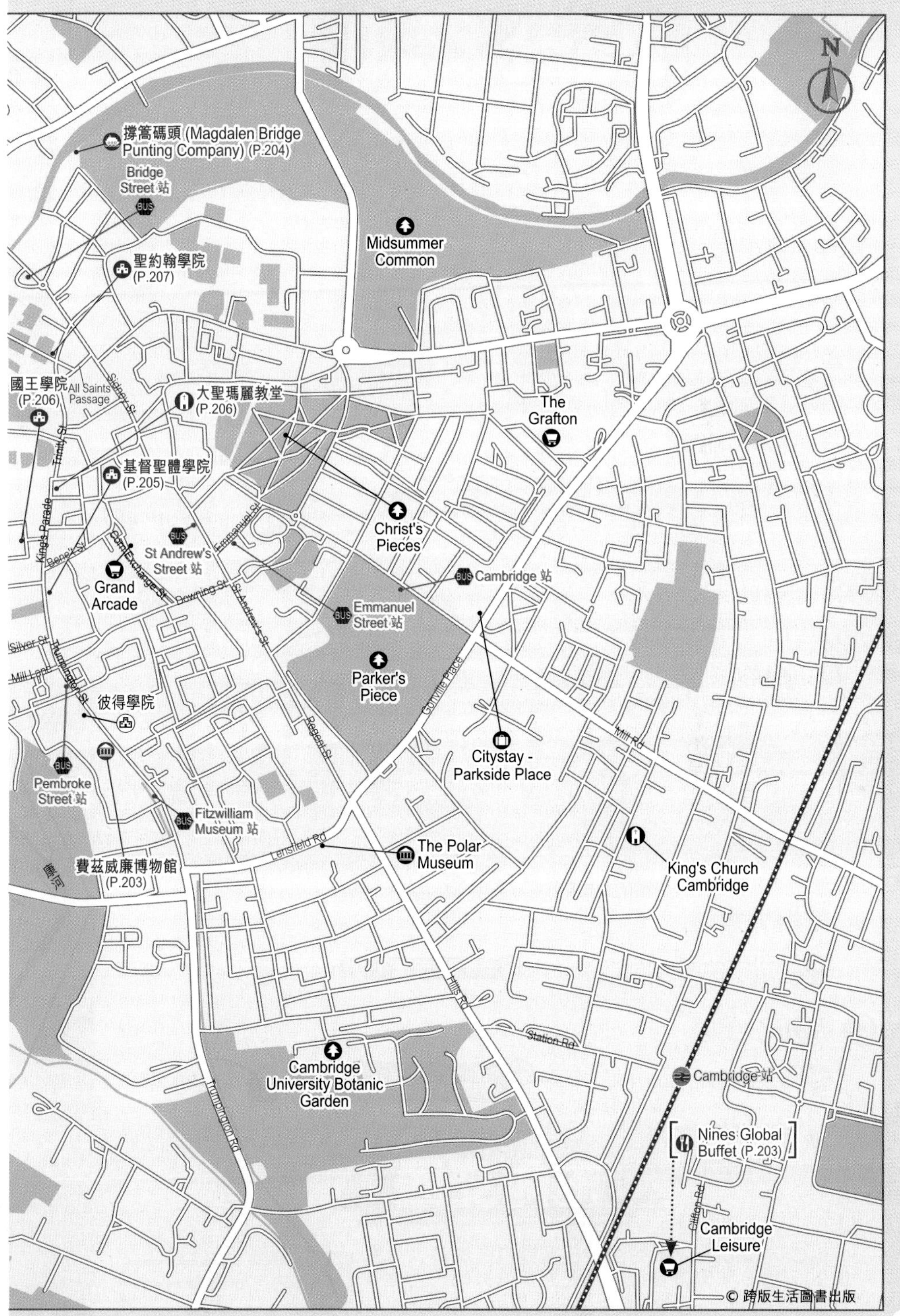
N
撐篙碼頭 (Magdalen Bridge Punting Company) (P.204)
Bridge Street 站
聖約翰學院 (P.207)
Midsummer Common
國王學院 (P.206)
All Saints Passage
Sidney St
大聖瑪麗教堂 (P.206)
The Grafton
Trinity St
基督聖體學院 (P.205)
King's Parade
Christ's Pieces
Emmanuel St
Bene't St
St Andrew's Street 站
Corn Exchange St
Grand Arcade
Downing St
Cambridge 站
St Andrew's St
Emmanuel Street 站
Silver St
Mill Lane
Trumpington St
Parker's Piece
Gonville Place
彼得學院
Regent St
Mill Rd
Citystay - Parkside Place
Pembroke Street 站
Fitzwilliam Museum 站
Lensfield Rd
The Polar Museum
King's Church Cambridge
費茲威廉博物館 (P.203)
康河
Hills Rd
Station Rd
Cambridge University Botanic Garden
Trumpington Rd
Cambridge 站
Nines Global Buffet (P.203)
Clifton Rd
Cambridge Leisure

Part 8.1

感受學術之城的魅力

劍橋 Cambridge

位置地圖P.199

劍橋屬於英格蘭的劍橋郡 (Cambridgeshire)，讀過徐志摩《再別康橋》的話，一定對劍橋不會感到陌生。劍橋最著名的就是劍橋大學，它是英國著名的高等學府，亦是全世界最頂尖的大學之一，孕育出多名舉世知名的學者、藝術家、政治家等，例如牛頓及達爾文。

這個優雅古典的大學城成立於 1209 年，至今已有 800 多年歷史，由 30 多個學院組成，包括聖約翰學院、國王學院、皇后學院等，各學校散落在劍橋不同角落，學院內部差別不太大。如果只有一天時間參觀，建議挑選 2~4 個名聲較響亮的學院參觀，細心欣賞。另外，除了走在城鎮上感受古色古香的歷史氣氛外，乘坐平底舟欣賞康河的沿岸校園風光，亦別有一番詩情畫意。

前往交通

常用火車站

倫敦Liverpool Street/London King's Cross站 …… 車程約50分鐘~1小時 …… Cambridge站

常用巴士站

倫敦Victoria Coach站 …… 

…… Cambridge站

市內交通

由Cambridge火車站步行往劍橋市區的各大景點約需30分鐘，如懶得步行，可在火車站外的巴士站乘車前往不同景點，本章景點已提供相關巴士路線。

INFO

劍橋巴士：thebusway.info

從藝術品認識歷史 費茲威廉博物館 Fitzwilliam Museum

地圖P.201

博物館建於1816年，收藏了豐富、價值高的歷史典藏，包括畫作、雕塑及手稿等。博物館不僅保留了歷史和傳承文化，所有收藏品都經過細心挑選，全是具有美感和罕見的藝術品。館內會定期舉辦藝術展，讓熱愛藝術的人互相交流，提升大眾對文化藝術的興趣。

▲費茲威廉博物館。

▲館內有 Café 和紀念品店。

▲館內的藏畫十分豐富。

▲博物館富麗堂皇。

INFO

- Trumpington Street, Cambridge
- 出Cambridge火車站，沿Station Road走，右轉入Hills Road，左轉入Lensfield Road，再右轉入Trumpington Street，步行約21分鐘；或由火車站附近的8號巴士站搭乘U線巴士，在Fitzwilliam Museum站下車(週日停駛)
- 週二至六10:00~17:00，週日及公眾假期12:00~17:00
- 休 週一、耶穌受難日、12月24~26日及12月31日~1月1日
- 免費
- 01223 332900　www.fitzmuseum.cam.ac.uk

(攝影：The Fitzwilliam Museum, University of Cambridge 2017)

甜品超多的自助餐 Nines Global Buffet

地圖P.201

這家自助餐廳位於Cambridge Leisure商場內，主打多國菜式，除了西餐，還有意大利、印度、中菜及日本菜等，價錢合理。最特別的是餐廳內有迴轉壽司台，廚師把做好的壽司放在迴轉台上讓客人自取，但壽司的味道和款式則一般，反而是甜品選擇非常多。推介這裏的約克布丁，鬆脆可口，吃起來有點像油炸鬼(油條)，配合特製的肉汁和火腿很好吃，即使飽了還想再吃！

▲餐廳位於 Cambridge Leisure 內。

推介
◀推介這裏的約克布丁。

▶甜品選擇很多！

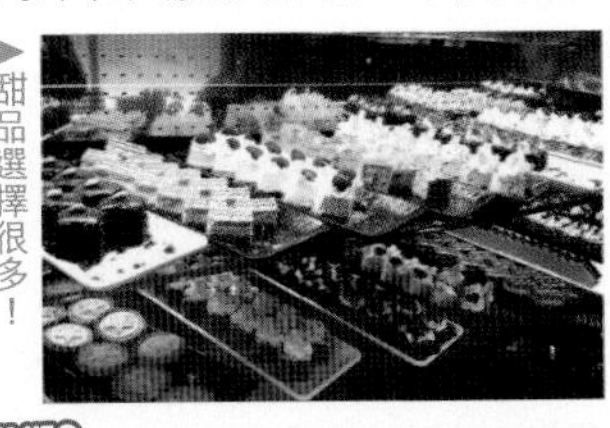

◀約克布丁的傳統吃法是配上肉汁和火腿。

INFO

- 1F, Cinema Level, Clifton Way, Cambridge
- 出Cambridge火車站步行約10分鐘
- 12:00~15:00、17:00~22:00，週六12:00~15:30、16:30~22:30、週日及假期12:00~15:30、16:30~21:30
- **午餐**：週一至五成人£12.99(HK$125)，小童£8.99(HK$86)，週六、日及假期成人£14.99(HK$144)，小童£9.99(HK$96)；**晚餐**：週一至四成人£21.99(HK$211)，小童£12.99(HK$125)，週五、六及假期成人£22.99/23.99(HK$221/230)，小童£13.99/14.99(HK$134/144)；小童指140cm以下
- 01223 244277　www.ninesrestaurant.co.uk

(圖文：蘇飛)

飽覽康河沿岸校園風光 撐篙 Punting

撐篙碼頭P.200~201

必到

著名詩人徐志摩在劍橋寫下名作《再別康橋》：「輕輕的我走了，正如我輕輕的來」，想親身感受詩人那種情懷，便要乘坐平底舟(Punt)，沿着康河往下游泛舟。早於1720年，撐篙已是熱門休閒活動，至今仍然是旅客遊劍橋必做的重點活動。康河的兩頭各有一個登船碼頭，遊客可以在此乘坐有專人撐船的平底舟，船夫主要是劍橋的學生，他們會沿途介紹一旁的歷史建築和劍橋的歷史，途中會經過多條古典拱橋，全程約45~60分鐘。

▲乘平底舟遊康河。(攝影：Janice Kwong)

◀康河、撐篙的人、拱橋以及校園，形成了劍橋獨有的風景。

▲登船碼頭。(攝影：Janice Kwong)

▲刻於石碑上的《再別康橋》詩句。

Tips

劍橋主要有數間公司提供撐篙團，包括Cambridge Punting Company，提供最傳統和基本的撐篙導覽，每隻平底舟可載12人。Scudamore's Punting Company提供更多不同類型的導覽團。另外還有Rutherford's Punting。

INFO

- Granta Place Mill Lane, Cambridge
- 前往Scudamore's碼頭：參考「費茲威廉博物館」(P.203)的步行交通方法，最後左轉入Mill Lane，步行約24分鐘；或由火車站附近的8號巴士站乘U線巴士，在Pembroke Street站下車(週日停駛)
- Scudamore's：09:00~(冬)15:00/(夏)19:30(或黃昏，營運時間視乎天氣情況)
- Scudamore's：成人(兩人)£60(HK$576)起，家庭(兩人)£54(HK$518)起
- Scudamore's：01223 359750
- www.visitcambridge.org/place-categories/punting/

由數學橋連接起來的古老學院 皇后學院 地圖P.200

Queens' College

皇后學院由兩位皇后創建和重建，因此皇后學院的英文名稱為Queens'，而非Queen's。學院中有不少值得參觀的特色建築，例如在七彩繽紛的舊大廳(Old Hall)裏，可以看到餐廳復修後的原貌，四處都是花花草草的裝飾。皇后學院橫跨康河而立，於兩岸都有建築，而連接着兩岸校區的是著名的數學橋(Mathematical Bridge)。

▲皇后學院。

數學橋

▲由數學橋連接兩岸學園。

舊大廳

INFO

- Queens' College, Cambridge
- 參考「費茲威廉博物館」(P.203)的步行方法，最後左轉入Silver Street，步行約29分鐘；或由火車站附近的8號巴士站搭乘U線巴士，在Queens' College站下車(週日停駛)
- 約10:00~16:30
- 休 4月中~6月中、7月學校舉行活動期間以及12月25~26日
- 成人£55(HK$48)，12歲以下免費
- 01223 791500
- www.queens.cam.ac.uk

(攝影：Janice Kwong)

▲校園古色古香。

由劍橋市民創立 基督聖體學院 *Corpus Christi College* 地圖P.201

基督聖體學院是劍橋大學眾多學院中規模第二小的學院，同時是劍橋大學第六間學院。它的特別之處在於它是唯一一個由劍橋市民創立的學院。古舊斑駁的舊庭院、新庭院、靜謐莊嚴的禮拜堂、設計特別的聖體鐘，都是觀光的必去處。

►基督聖體學院。(攝影：Visit England)

INFO

- Trumpington Street, Cambridge
- 出Cambridge火車站，沿Station Road走，右轉入Hills Road，左轉入Lensfield Road，再右轉入Trumpington Street，步行約25分鐘；或由火車站附近的8號巴士站乘U線巴士，在Pembroke Street站下車(週日停駛)，步行約2分鐘
- 免費
- 01223 338000
- www.corpus.cam.ac.uk

氣勢恢宏的禮拜堂 國王學院 King's College 地圖P.200~201

▲國王學院。

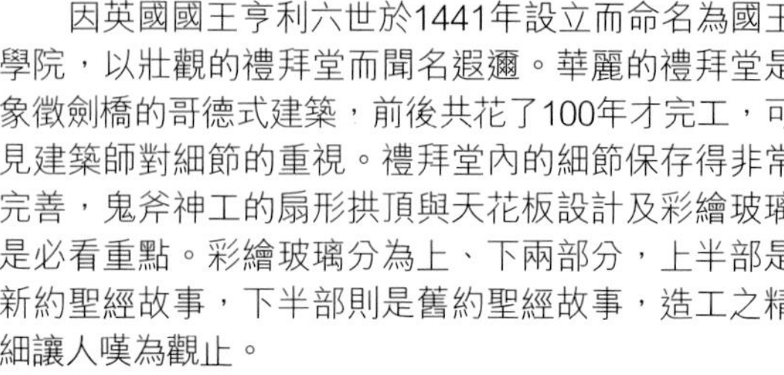

因英國國王亨利六世於1441年設立而命名為國王學院，以壯觀的禮拜堂而聞名遐邇。華麗的禮拜堂是象徵劍橋的哥德式建築，前後共花了100年才完工，可見建築師對細節的重視。禮拜堂內的細節保存得非常完善，鬼斧神工的扇形拱頂與天花板設計及彩繪玻璃是必看重點。彩繪玻璃分為上、下兩部分，上半部是新約聖經故事，下半部則是舊約聖經故事，造工之精細讓人嘆為觀止。

►莊嚴的禮拜堂。

▲彩繪玻璃以聖經故事為主。

▲禮拜堂後方的廣大中庭與翠綠草坪。

◄充滿哥德式建築特色的扇形拱頂及兩尊手持喇叭的天使。

Tips

國王學院的唱詩班

國王學院的唱詩班(Choir)特別有名，恰巧碰上有唱詩班的話，可以免費進去欣賞。

INFO
- www.kings.cam.ac.uk/events/chapel-services.html

INFO
- King's Parade, Cambridge
- 出Cambridge火車站，沿Station Road走，右轉入Hills Road，左轉入Lensfield Road，再右轉入Trumpington Street，直走接King's Parade，步行約26分鐘；或由火車站附近的8號巴士站乘U線巴士，在Pembroke Street站下車(週日停駛)，步行約3分鐘
- 參觀教堂：學校開放期間09:30~15:45
- 成人£11(HK$106)，小童及學生£8.5(HK$82)
- 01223 331100　www.kings.cam.ac.uk

俯瞰劍橋美景 大聖瑪麗教堂 Great St Mary's Church 地圖P.201

教堂位於國王學院(見上)斜對面，擁有接近800年歷史，於18世紀以前是劍橋大學授予畢業生學位的地方。教堂免費開放，但如果想登上鐘塔頂欣賞迷人的城市美景的話，需要另外付費。登上123級階梯後，可一覽劍橋遼闊的景觀。

▲大聖瑪麗教堂。

INFO
- Great St Mary's, The University Church, Senate House Hill, Cambridge
- 出Cambridge火車站，沿Station Road走，右轉入Hills Road，左轉入Sidney Road，再左轉入Market Street，直走接King's Parade，步行約26分鐘；或由火車站附近的8號巴士站乘U線巴士，在Pembroke Street站下車(週日停駛)，步行約7分鐘
- 10:00~16:00(冬季)/17:30(夏季)，週日12:00~16:00/17:30，最後入場為休息前30分鐘
- 登塔頂成人£6(HK$57)，16歲以下£4(HK$38)
- 01223 747273　greatstmarys.org

劍橋大學最大的學院 三一學院 *Trinity College*

地圖P.200

三一學院為劍橋大學規模最大以及最有名的學院，由亨利八世於1546年成立。雖然開放給公眾參觀的地方不多，但廣闊的中庭以及為紀念牛頓而移植過來的蘋果樹吸引了無數遊客前來參觀。三一學院培養出很多傑出的校友，包括了20位以上諾貝爾獎得主、英國首相、皇室貴族等，在氣派十足的三一禮拜堂內，可看到不少著名傑出校友的雕像、畫像和名錄。

▲三一學院。

INFO
- Trinity College, Cambridge
- 出Cambridge火車站，步行約30分鐘；或由火車站附近的8號巴士站乘U線巴士，在Pembroke Street站下車(週日停駛)，步行約8分鐘
- 劍河旁的後花園(The Backs)草地9:00~17:30，其他地方不開放給公眾
- 免費　01223 338 400
- www.trin.cam.ac.uk

優美雅致的庭院 聖約翰學院，嘆息橋 *St John's College、Bridge of Sighs*

地圖P.200~201

聖約翰學院是僅次於國王學院(左頁)的劍橋大學第二大學院。學院於1511年建立，至今已有接近500多年歷史。學院擁有多座美麗的都鐸式庭院，在庭院漫步能感受到濃厚的歷史人文及大自然氣息。另外，橫跨康河兩岸，連結新校舍與舊校舍的嘆息橋亦是觀光重點之一。

►聖約翰學院。

▲ 1831 年建成，擁有哥德建築特色的新校舍。

INFO
- St John's College, Cambridge
- 出Cambridge火車站，沿Station Road走，右轉入Hills Road，接St Andrew's Street、Sidney Street，左轉入All Saints Passage，出了小巷右轉見學院，步行約36分鐘；或由火車站附近的8號巴士站乘U線巴士至Playing Field站(週日停駛)，步行約10分鐘
- 3月至10月10:00~16:00，其他月份10:00~15:30
- 5月中~6月初不開放給團體參觀，6月中不對外開放，12月25日~1月初
- 成人£11(HK$101)，長者、學生及12~16歲£6(HK$58)，12歲以下免費
- 01223 338600
- www.joh.cam.ac.uk

►氣質典雅的舊校舍擁有獨特的紅磚外牆。

▲嘆息橋橫跨兩岸的新舊校舍。

Part 8.2

莘莘學子嚮往的頂尖學府

牛津

Oxford

位置地圖P.199

牛津位於英格蘭的牛津郡 (Oxfordshire)，是英國著名的古老大學城，至今已有 800 多年，歷史悠久。牛津大學由 30 多所學院組成，這些學院及大學其他設施不是設於大學內某個範圍，而是散落在牛津各個角落，每間學院都有自己的建築、設施、傳統及文化，當中以基督教會學院為最大的學院。牛津大學內培育出無數頂尖的傑出人才，包括多位英國政治名人及領袖，影響力無遠弗屆。在古老的大學城漫步，感受牛津大學城的寧靜與純樸。

本章除了介紹牛津外，還會介紹同樣位於牛津郡內的購物天堂 Bicester Village 及世界遺產布倫海姆宮。

前往交通

常用火車站

倫敦Paddington/Marylebone站 ······ 車程約58分鐘~1小時50分鐘 ······ Oxford站

常用巴士站

倫敦Victoria Coach站 ······ National Express巴士/Megabus巴士 車程約1小時16分鐘~2小時 ······ Oxford站

牛津景點地圖

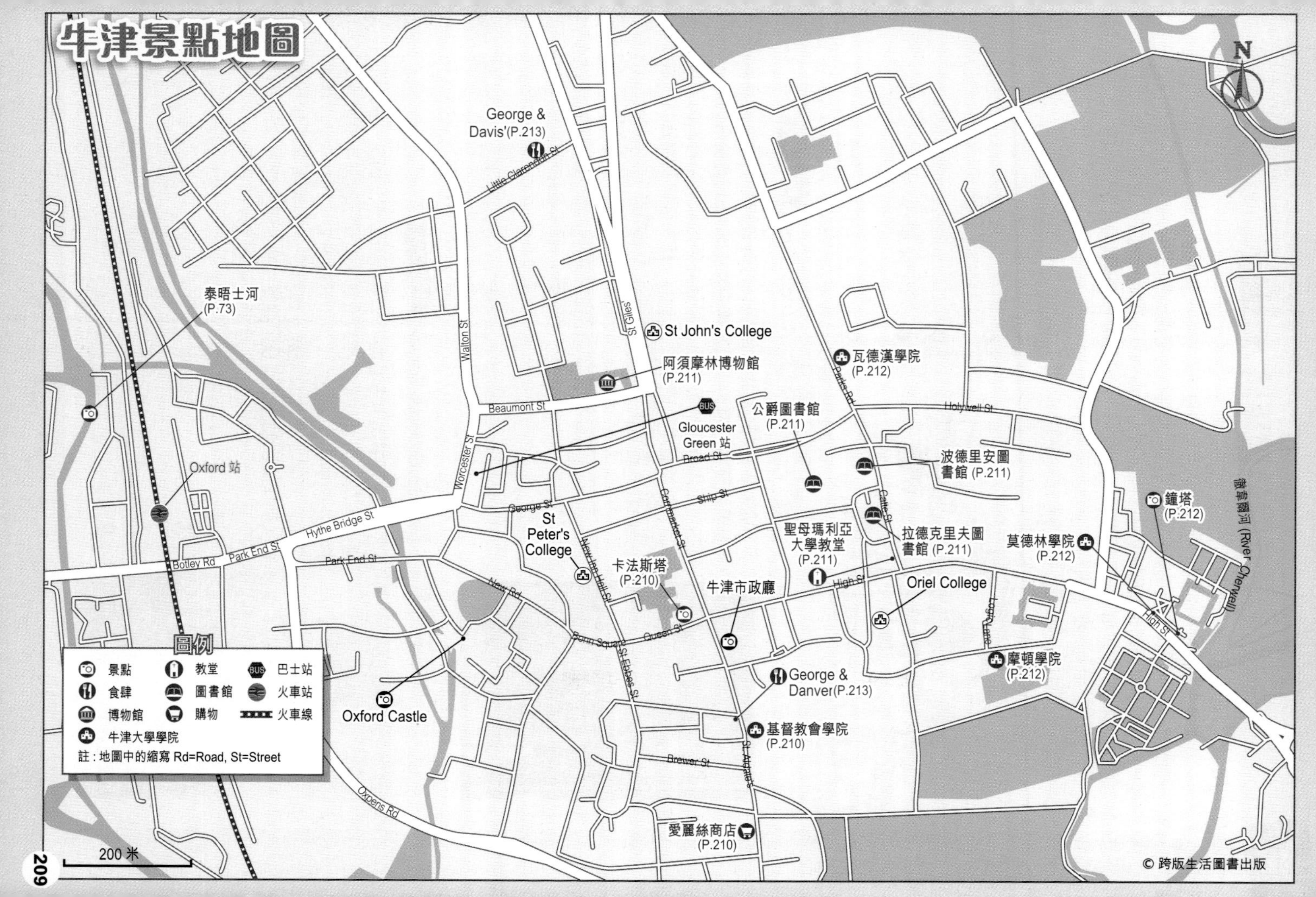

N
George & Davis'(P.213)
Little Clarendon St
泰晤士河 (P.73)
St John's College
阿須摩林博物館 (P.211)
瓦德漢學院 (P.212)
Walton St
St Giles'
Parks Rd
Beaumont St
Gloucester Green 站
公爵圖書館 (P.211)
Holywell St
Broad St
波德里安圖書館 (P.211)
Oxford 站
Worcester St
George St
Ship St
Catte St
鐘塔 (P.212)
徹韋爾河 (River Cherwell)
Hythe Bridge St
St Peter's College
聖母瑪利亞大學教堂 (P.211)
拉德克里夫圖書館 (P.211)
莫德林學院 (P.212)
Botley Rd
Park End St
New Inn Hall St
Cornmarket St
卡法斯塔 (P.210)
牛津市政廳
High St
Oriel College
Logic Lane
New Rd
Bonn Square
Queen St
St Ebbes St
摩頓學院 (P.212)
George & Danver(P.213)
基督教會學院 (P.210)
Oxford Castle
Brewer St
St Aldate's
Oxpens Rd
愛麗絲商店 (P.210)
圖例
景點
教堂
巴士站
食肆
圖書館
火車站
博物館
購物
火車線
牛津大學學院
註：地圖中的縮寫 Rd=Road, St=Street
200 米

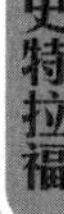

牛津大學最大的學院 基督教會學院 Christ Church

地圖P.209

基督教會學院於1525年創建，曾孕育出多位英國首相。基督教會學院為人所知的另一個重要原因，是學院裏的某些景點，例如學院中的餐廳，是《哈利波特》電影的取景地，吸引許多哈迷前來朝聖。此外，《愛麗絲夢遊仙境》的起源地亦是此處，其作者路易斯 • 卡羅曾於此學院執教。

◀基督教會學院。(攝影：Experience Oxfordshire)

INFO
- Christ Church, St. Aldates, Oxford, Oxfordshire
- 出Oxford火車站，右轉入Hythe Bridge Street，右轉Queen Street，於Pembroke Street向左轉，步行約17分鐘
- 9:45~17:00，週日13:30~17:00，按月份不同
- 成人£12.8(HK$122)起，學生、長者及5~17歲£12(HK$115)起，票價隨月份而略有不同
- 01865 276174
- www.chch.ox.ac.uk

愛麗絲夢遊仙境特色商品 愛麗絲商店 Alice's Shop

地圖P.209

這家店在150多年前由Alice經營賣甜點，後來被寫進《愛麗絲夢遊仙境》，是故事中女主角Alice賣糖果的店。現在，店內有各式各樣與《愛麗絲夢遊仙境》有關的周邊商品，包括書本、明信片、毛巾、杯、手錶及裝飾品，很多商品唯此店獨有，愛麗絲迷必定不能錯過！

◀店外有兔子和愛麗絲。(攝影：Experience Oxfordshire)

INFO
- 83 St Aldates, Oxford, Oxfordshire
- 出Oxford火車站，轉右走，左轉入Park End Street，沿路經New Road、Bonn Square走，右轉入St Aldate's，步行約18分鐘
- 10:00~16:00，週末10:00~18:00，5月至6月09:00~18:00，7月至8月09:30~18:30
- 休 12月25~26日
- 01865 240338
- http://aliceinwonderlandshop.com

飽覽牛津市景色 卡法斯塔 Carfax Tower

地圖P.209

屹立在牛津市中心的卡法斯塔，正式名稱為「聖馬丁塔」，是聖馬丁教堂僅存的遺跡。聖馬丁教堂本為當時重要的宗教中心，現時由牛津市政廳擁有。到訪卡法斯塔除了可以欣賞歷史建築本身，還可登上99級狹窄的旋轉樓梯，到達高約23米的塔頂，飽覽牛津壯闊景色。

◀卡法斯塔。(攝影：Experience Oxfordshire)

INFO
- Queen Street, Oxford, Oxfordshire
- 出Oxford火車站，轉右走，左轉入Park End Street，沿路經New Road及Bonn Square，接Queen Street，步行約12分鐘
- 4月至9月10:00~17:00，10月10:00~16:00，11月至2月10:00~15:00，3月10:00~16:00
- 成人£3(HK$28)，兒童£2(HK$19)
- 01865 79 2653
- citysightseeingoxford.com/carfax-tower

俯瞰牛津全景 聖母瑪利亞大學教堂 地圖P.209

University Church of St Mary the Virgin

17世紀前，聖母瑪利亞大學教堂是牛津大學總部的所在地，亦是授予文憑的地方，而學校的重要慶典及音樂會都在這裏舉行。教堂至今仍然極具代表性，並成為觀光客最愛的景點。沿着127級狹窄的螺旋樓梯拾級而上，登上62米高的塔頂，眺望到美不勝收的牛津風光，視野開闊，能夠一覽所有古老建築群。

▶聖母瑪利亞大學教堂。(攝影：Experience Oxfordshire)

INFO
- The High Street, Oxford, Oxfordshire
- 出Oxford火車站，轉右走，左轉入Park End Street，沿路經New Road、Bonn Square一直走至High Street，步行約15分鐘
- 教堂09:30~17:00，週日12:00~17:00，7月至8月09:00~18:00；塔頂09:30~17:00，週日12:00~17:00，7月至8月18:00休息，最後入場為休息前30分鐘
- 12月25~26日及活動進行期間
- 登塔£5(HK$50)　01865 279 111
- www.university-church.ox.ac.uk

歐洲最古老的圖書館之一 波德里安圖書館 地圖P.209

Bodleian Library

牛津大學的波德里安圖書館的規模僅次於大英圖書館(P.118)，是英國第二大圖書館，藏書量累積至今已達1,200多萬冊。波德里安圖書館總共由5座圖書館構成，以舊學院四方庭(Old Schools Quadrangle)為中心，並以**拉德克里夫圖書館**(Radcliffe Camera)最為人熟悉，它是英國首間圓形設計的圖書館，獨特的外形配上莊嚴氣派的穹頂，成為了牛津最引人注目的重要地標。現在圖書館用作閱覽室，並不對外開放，但可參加導賞團參觀這間古老的圖書館。

▲屬於波德里安圖書館的拉德克里夫圖書館(Radcliffe Camera)。(攝影：Experience Oxfordshire)

INFO
- Broad Street, Oxford, Oxfordshire　01865 277162
- 出Oxford火車站，轉右走，左轉入Park End Street，沿路經Hythe Bridge Street、George Street、Broad Street，右轉入Catte Street，步行約15分鐘
- 90分鐘導賞團£18(HK$173)，1小時導賞團(Standard Tour)£12(HK$115)，30分鐘導賞團(Mini Tour)£9(HK$86)，語音導覽£5(HK$48)，Divinity School門票£12.5(HK$115)
- www.bodleian.ox.ac.uk/bodley
- **導賞團**http://visit.bodleian.ox.ac.uk/tours

Tips

霍格華茲圖書館拍攝場地

屬於波德里安圖書館的公爵圖書館(Duke Humfrey's Library)是《哈利波特》電影中霍格華茲學校的圖書館，而館外的Divinity學院小廳則是電影中的醫務室。

多元化的珍貴展品 阿須摩林博物館 *Ashmolean Museum* 地圖P.209

創於1683年，是世界上首間大學博物館，也是英國最古老的公立博物館，如今看到的博物館本體則建於1845年，從昔日的3層建築變成5層。館內收藏豐富多樣化，從古埃及的木乃伊，到現代藝術品都有，橫跨了多個文化和時代。重要收藏包括意大利畫家拉斐爾的畫作、米諾斯文明的罕有珍藏、現代中國畫作、日本陶瓷等，極具考古及藝術價值。

INFO
- Beaumont Street, Oxford, Oxfordshire
- 出Oxford火車站，轉右走，左轉入Park End Street，沿Hythe Bridge Street，右轉入Beaumont Street，步行約11分鐘
- 10:00~17:00　免費
- 01865 278000　www.ashmolean.org

諾貝爾獎得主及學者的搖籃 摩頓學院 Merton College

地圖P.209

建於1458年，摩頓學院是牛津大學最古老的學院，保留了牛津大學初期的學院運作模式。摩頓學院內的中世紀圖書館及禮拜堂值得一訪。學院雖然範圍較小，但人才輩出，例如英國名作家托爾金(小說《魔戒》的作者)及數學家安德魯•懷爾斯等。

◀小小的摩頓學院。(攝影：Experience Oxfordshire)

INFO

- Merton Street, Oxford, Oxfordshire
- 出Oxford火車站，轉右走，左轉入Park End Street，沿路經New Road、Bonn Square一直走至High Street，穿入右邊的小巷Logic Lane，步行約19分鐘；留意，Logic Lane開放時間為07:00~20:30(冬季)，07:00~23:00(夏季)
- 14:00~17:00(或日落)，週六及日10:00/12:00~17:00(或日落)，最後入場16:30
- 休 部分日子不對外開放，詳見官網
- 成人£5(HK$48)，長者及兒童£3(HK$30)
- 01865 276310
- www.merton.ox.ac.uk

最美的學院 莫德林學院 Magdalen College

地圖P.209

牛津大學這所學院被公認為最美的學院，建築造型典雅優美，當中的**鐘塔**(Magdalen Tower)更是到訪牛津不可錯過的地標建築。中庭、飯堂、禮拜堂、花園等地均開放給公眾參觀，旅客還可沿徹韋爾河(River Cherwell)散步，親近大自然之餘更有機會看到對岸鹿園的鹿群。

▲莫德林學院是牛津大學最美的學院。(攝影：Experience Oxfordshire)

INFO

- Magdalen College, Oxford, Oxfordshire
- 出Oxford火車站，轉右走，左轉入Park End Street，沿路經New Road、Bonn Square一直走至High Street，步行約23分鐘
- 10:00~19:00(或日落)
- 休 9、10及12月部分日子不對外開放
- 成人£8(HK$77)，小童、學生及65歲以上長者£7(HK$67)，7歲以下小童免費
- 01865 27 6000
- www.magd.ox.ac.uk

校風最自由開放 瓦德漢學院 Wadham College

地圖P.209

建於1609年，崇尚平等自由，對小眾團體極具包容性，給予學生十足空間及自由去學習和發展。學院擁有良好的學術聲譽，是牛津大學所有學院裏提供最多選科的學院。學院內值得參觀的景點有瓦德漢花園、教堂及食堂。

▲瓦德漢學院。(攝影：Experience Oxfordshire)

INFO

- Parks Road, Oxford, Oxfordshire
- 出Oxford火車站，轉右走，左轉入Park End Street，沿Hythe Bridge Street、George Street、Broad Street直走，左轉入Parks Road，步行約18分鐘
- 開學期間13:00~16:15，學校休假期間10:30~11:45、13:00~16:15
- 01865 277900
- www.wadham.ox.ac.uk

牛津獨有的雪糕Café George & Davis' 地圖P.209

這間雪糕Café唯牛津獨有，由牛津大學的學生開設。綿密香濃的雪糕用上最高品質的奶油、雞蛋、蔗糖等基本材料，不加人造色素及防腐劑。除了雪糕，還有百吉圈、甜品、沙律、咖啡等食物供應。店家在牛津還設有George & Danver及George & Delila等分店，前者就在基督教會學院(P.210)附近。

▲兩種口味£6.4(HK$61)。

▲ George & Davis'。

(攝影：Iamszeying)

INFO
- 55 Little Clarendon Street, Oxford, Oxfordshire
- 出Oxford火車站，轉右走，左轉入Park End Street，接Hythe Bridge Street，左轉入Worcester Street，轉右入Little Clarendon Street，步行約15分鐘
- 週一至四11:00~19:00/23:00，週五六9:00~21:00/23:00，週日11:00~19:00，關店時間時有不同
- 01865 516652
- www.gdcafe.com

邱吉爾莊園 布倫海姆宮 Blenheim Palace 地圖P.214

世界遺產

布倫海姆宮屬世界遺產，是英國唯一一座非宗教和非皇室，但擁有「宮」的稱號的鄉村官邸。安妮女王為慶祝西班牙王位繼承戰爭中布倫亨戰役時戰勝法國，獎勵第一代馬爾博羅公爵約翰•邱吉爾而建造，約於1705至1722年建成。英國著名首相邱吉爾是公爵的後裔，他正是在這裏出生，故又被稱為「邱吉爾莊園」。花園佔地廣闊，宮殿內部富麗堂皇，屬巴洛克風格建築，宮殿外設有露天咖啡廳，可在此感受18世紀的高尚下午茶氣氛。

▲宮殿正門入口。

◀世界上最長的圖書館。

◀戴安娜神殿，是邱吉爾當年求婚的地方。

▲接待室，牆壁上佈滿掛毯。

▲彷如愛麗絲夢遊仙境裏的花園。

▲意大利花園，但內裏不開放參觀。

▲內有邱吉爾的展覽，介紹他的生平。

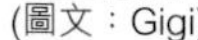
INFO
- Woodstock, Oxfordshire
- 出Oxford火車站，轉乘S3、7、500巴士，車程約40分鐘於Blenheim Palace站下車，步行約10分鐘
- **宮殿**10:30~17:45，**花園**10:00~16:00
- **宮殿和花園**成人£22.5(HK$216)，65歲以上長者£21.5(HK$206)，學生及25歲以下£19(HK$182)，16歲以下£11.5(HK$110)，3歲以下免費
- 01993 810530
- www.blenheimpalace.com

(圖文：Gigi)

倫敦周邊最好逛的Outlet Bicester Village 地圖P.214

Bicester Village是一個Outlet，位於牛津郡的比斯特(Bicester)，主打精品品牌，每年吸引大量愛好時尚名牌的遊客和當地人前來這個購物天堂朝聖。Outlet品牌相當齊全，主要為歐洲線的精品、手袋、潮流服飾、鍋具等，包括英國、法國及美國流行品牌。款式方面，以非當季以及非經典款商品為主，價格為專櫃正貨價的4~7折，非常划算。由於品牌眾多，加上購物、退稅、用餐時間，建議安排至少半天以上逛Outlet。

▲ Outlet 相當大。

▲由倫敦市內出發的話，在 Marylebone 站乘火車前往約 54 分鐘。

▲各款 Boots 令人心動！

▲各款名牌手袋。

景點位置地圖

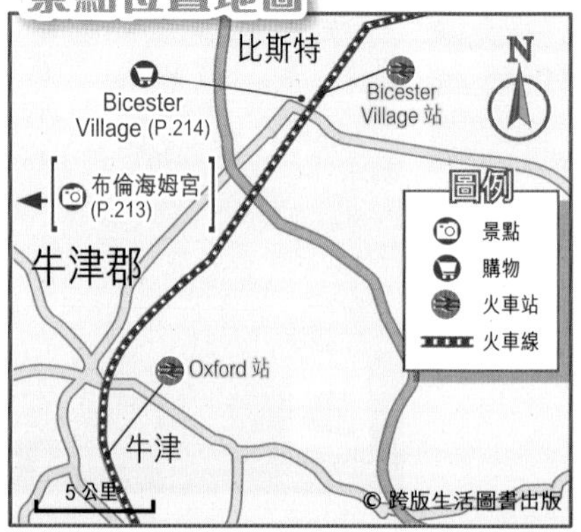

Tips：只要買滿指定金額，便能於結帳時在櫃台退稅，記得要帶上護照！

INFO

- 50 Pingle Drive, Bicester, Oxfordshire
- 由倫敦Marylebone站(地圖P.110)乘火車至Bicester Village站，車程約54分鐘；或由牛津Oxford站乘火車至Bicester Village站，車程約26分鐘
- 09:00~21:00，週日10:00~19:00(各店家有所不同)
- 01869 323200
- thebicestercollection.com/bicester-village

Part 8.3

大文豪莎士比亞的故鄉

史特拉福

Stratford-upon-Avon

位置地圖P.199

史特拉福屬於英格蘭華威郡 (Warwickshire)，位於倫敦西北方，是一個充滿文藝氣息、擁有豐富歷史的純樸小鎮。鎮內到處都是中世紀時代留下來的維多利亞式建築，黑白相間，色彩對比鮮明。同時，史特拉福以孕育出文學史上極具影響力的劇作家及詩人莎士比亞 (William Shakespeare) 而聞名於世，鎮上的觀光景點幾乎都與莎士比亞以及他的家人有關。此外，這兒也適合喜歡鄉村小鎮風光的人，可於雅芳河 (Avon River) 划船，欣賞美麗的河畔景致。

▲黑白相間的維多利亞式建築。

前往交通

常用火車站

倫敦Marylebone站 ⋯ 中途需轉車 車程約2小時10分鐘~3小時 ⋯ Stratford-upon-Avon站

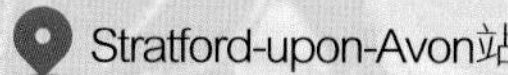

常用巴士站

倫敦Victoria Coach站 ⋯ National Express巴士 車程約2小時50分鐘~3小時25分鐘 ⋯ Stratford-upon-Avon站

Stratford-upon-Avon 火車站周邊景點地圖
史特拉福景點地圖
Wilmcote 站
瑪莉・亞頓之屋 (P.221)
Stratford-upon-Avon Parkway 站
Stratford-upon-Avon 火車站周邊景點地圖
Alcester Rd
Stratford-upon-Avon 站
安妮・夏菲維之屋 (P.221)
莎士比亞中心 (P.218)
1 公里
N
The Stratford
Stratford-upon-Avon 站
Alcester Rd
Greenhill St
Grove Rd
Windsor St
Henley St
Guild St
Union St
Wood St
Rother St
Ely St
Sheep St
High St
Chapel St
Church St
Chestnut Walk
Old Town
莎士比亞誕生地 (P.217)
莎士比亞紀念品店 (P.218)
Courtland Hotel
Sainsbury's Local
Fresh Baguette Bar (P.218)
Bards Walk Arcade
Tudor World
Church Of Christ Scientist
The Chaucer Head Bookshop (P.219)
Salamander Guesthouse
Shakespeare Institute - University Of Birmingham
納許之屋 (P.219)
莎士比亞新屋 (P.219)
霍爾園 (P.220)
聖三一教堂 (P.220)
Royal Shakespeare Company
雅芳河
Stratford Sports Club
高爾紀念公園 (P.219)
Stratford Leisure Centre
Stratford-upon-Avon 站
圖例
景點
食肆
火車站
購物
教堂
火車線
公園
住宿
巴士站
書店
學校
註：地圖中的縮寫 Rd=Road, St=Street
200 米

鎮上最重要的史蹟 莎士比亞誕生地 地圖P.216

Shakespeare's Birthplace

莎士比亞的誕生地內仍保留當時的起居擺設、古具等，環境和氣氛讓人彷如走進歷史。裏面會有穿着文藝復興時期服裝的導覽人員作解說和介紹，讓參觀者了解當時的人的生活模式。後花園和部分室內空間用作表演場地，偶爾有小劇場演出，表演人員非常專業，觀眾可以指定表演人員演出特定的莎士比亞著作，機會非常難得。

▲莎士比亞誕生地。

▶莎士比亞的雕像。

▶劇場表演。

◀古時候的人睡的床很短，據說是因為早期的英國人都以半躺臥式的姿勢睡覺。

▶故居內的展品很有趣。（攝影：蘇飛）

INFO

- Henley Street, Stratford-upon-Avon, Warwickshire
- 出Stratford-upon-Avon火車站，往大馬路方向走，左轉入Alcester Road接Greenhill Street，左轉入Henley Street，步行約12分鐘
- 10:00~16:00(最後入場15:30)
- 12月25及26日　01789 204016
- 成人£18(HK$173)，長者及學生£15(HK$144)，3~15歲小童£12.5(HK$120)
- www.shakespeare.org.uk/visit/shakespeares-birthplace

▲莎士比亞的父親製作皮具的工作室。

別出心裁的周邊商品 莎士比亞紀念品店 地圖P.216

Shakespeare BirthplaceShop

逛完誕生地故居(P.217)後，可以到紀念品店搜羅莎士比亞的周邊商品。店內空間很大，商品繁多，包括明信片、書籍、文具等。有別於一般紀念品店，這裏的商品別出心裁，甚有心思，例如有寫上莎士比亞劇中經典對白的明信片、完整系列書籍、設計可愛的小吊飾等。

◀莎士比亞紀念品店。

◀▲禿頭彷佛成為莎士比亞的特徵。

▲漂亮的墨水筆。

INFO

- Henley Street, Stratford-upon-Avon, Warwickshire
- 出Stratford-upon-Avon火車站，往大馬路方向走，左轉入Alcester Road接Greenhill Street，左轉入Henley Street，步行約13分鐘

英式三文治佳選 Fresh Baguette Bar 地圖P.216

這家酒吧店面很小，只有三四張桌子，但食物的質素在網上評價很高，服務也很周到。來到這兒，除可小酌一杯外，也很適合前來吃早餐(Full English Breakfast，￡7.99，HK$77)或三文治輕食，不論是外賣或堂食都適合。

▲小心別錯過門口。

◀烤雞麵包配芒果醬 (Chicken Tikka & Mango Chutney Baguette Sandwich)是很多食客的首選，￡4.75(HK$46)。

▲香腸煙肉煎蛋軟包，餡料多到包不住，很吸引，￡4(HK$38)。

INFO

- 24 High Street, Stratford-upon-Avon, Warwickshire
- 出Stratford-upon-Avon火車站，往大馬路方向走，左轉入Alcester Road，沿路經Greenhill Street、Rother Street、Bell Court，到達迴旋處後，右轉入High Street走，步行約11分鐘
- 07:00~17:00，週日07:00~14:00
- 01789 414010
- 在Facebook輸入"Fresh Baguette Bar"

莎士比亞筆下的4大象徵 高爾紀念公園

地圖P.216

Gower Memorial

高爾紀念公園位於雅芳河旁，裏面佇立了莎士比亞的雕像，他坐在高台的椅子上，而圍繞着他的是他筆下的4位戲劇主角，分別是馬克白夫人(Lady Macbeth)、哈姆雷特(Hamlet)、海爾王子(Prince Hal)與法斯塔夫(Falstaff)。他們代表了莎士比亞的悲劇、哲學、歷史與喜劇，每位背後都有不同的象徵意義。

►上面坐着的是莎翁，下面是馬克白夫人。(攝影：CaronB)

INFO

- Stratford-upon-Avon, Warwickshire
- 出Stratford-upon-Avon火車站，往大馬路方向走，左轉入Alcester Road接Greenhill Street、Wood Street、Bridge Street，過橋直走見右邊，步行約13分鐘

歷史感十足的二手書店 The Chaucer Head Bookshop

地圖P.216

▲ The Chaucer Head Bookshop。

書店位於二級歷史保護建築內，本來是莎士比亞友人的住所，後來發展成銀行，至今成為一間具個人特色的二手書店。店內出售罕有而珍貴的二手書，包括小說、散文及非小說等。相信書迷必定會愛上這裏！

INFO

- 21 Chapel Street, Stratford-upon-Avon, Warwickshire
- 出Stratford-upon-Avon火車站，往大馬路方向走，左轉入Alcester Road，沿路經Greenhill Street、Rother Street、Bell Court，到達迴旋處後，右轉入Chapel走，步行約12分鐘
- 週四及五12:00~16:45，週六11:00~17:00
- 週一至三、週日及公眾假期
- 01789 204330
- www.chaucerhead.com

▲店內有大量舊書出售。

莎翁退休之地 莎士比亞新屋，納許之屋

地圖P.216

Shakespeare's New Place、Nash's House

莎士比亞新屋是莎士比亞在倫敦發展後，把賺到的錢儲起後所買的房子，他退休之後就在這兒安享晚年。隔壁的的納許之屋是莎士比亞的孫女婿湯瑪斯•納許的大屋，納許是當時非常富有的大地主，因此所有的家居擺設無論是材質或設計方面，都氣派十足。

▲莎士比亞新屋售票處。

INFO

- 22 Chapel Street, Stratford-upon-Avon, Warwickshire
- 出Stratford-upon-Avon火車站，往大馬路方向走，左轉入Alcester Road，沿路經Greenhill Street、Rother Street、Bell Court，到達迴旋處後，右轉入Chapel，步行約16分鐘
- 10:00~16:00(各月份的時間請留意官網公布)
- 冬季關閉
- 01789 338536
- 成人£12.5(HK$126)，小童£8(HK$81)，長者及學生£11.5(HK$116)
- www.shakespeare.org.uk/visit/shakespeares-new-place

▲莎士比亞新屋。

莎翁大女兒的家 霍爾園 Hall's Croft

地圖P.216

霍爾園是莎士比亞大女兒與其丈夫的故居。她的丈夫是醫生，所以除了在2樓能找到醫療室外，屋內更保存超過400年歷史的看診工具及藥罐等藏品。透過這些收藏品，能夠了解當時人們的生活品質及生活形態。**霍爾園現時在改建中，關閉至另行通知。**

►客廳裏用心的擺設。

◄霍爾園。

INFO

- Old Town, Stratford-upon-Avon, Warwickshire
- 出Stratford-upon-Avon火車站，往大馬路方向走，左轉入Alcester Road，右轉入Grove Road，轉左沿Chestnut Walk接Old Town走，步行約16分鐘
- 01789 338533
- www.shakespeare.org.uk/visit/halls-croft

一代文豪長眠之地 聖三一教堂 Holy Trinity Church

地圖P.216

走過歷史悠久的街道後會來到雅芳河河畔，在河畔能夠找到漂亮的聖三一教堂。聖三一教堂是莎士比亞的安息地，亦是他於1564年出生時領洗的教堂。教堂氣氛莊嚴肅穆，一進入教堂主體就看到彩繪玻璃，手工非常精細，讓人不禁駐足細看。如果想參觀莎士比亞的墓碑，需要另外付費進場。

►聖三一教堂。

▲莎士比亞的墓碑。

▲精緻的彩繪玻璃。

►教堂氣氛莊嚴。

Tips

雅芳河(River Avon)由北面的考文垂(Coventry)流至史特拉福、南面的克斯伯里(Tewkesbury)。由於雅芳河流經史特拉福，因此史特拉福的英文名字取名為「亞芳河上的史特拉福」(Stratford-upon-Avon)。

INFO

- Old Town, Stratford-upon-Avon, Warwickshire
- 出Stratford-upon-Avon火車站，往大馬路方向走，左轉入Alcester Road，右轉入Grove Road，轉左沿Chestnut Walk接Old Town向河邊走，步行約18分鐘
- 週一至六全年時間不同，10月至3月10:00~16:00，4月至9月09:00~17:00；週日12:30~17:00，最後入場為休息前20分鐘
- 休 耶穌受難日、12月25~26日以及1月1日；如舉行葬禮不開放參觀
- 以捐獻代替門票，成人£4(HK$40)，長者及學生£3(HK$30)
- 01789 26 6316
- www.stratford-upon-avon.org

莎翁求婚的傳統小屋 安妮・夏菲維之屋 地圖P.216、221

Anne Hathaway's Cottage

安妮・夏菲維之屋就是莎士比亞的妻子居住的地方，亦是莎士比亞向她求婚之處。房屋是極具代表性的中世紀農舍，風格屬於都鐸時期，讓人深深感受到英國的鄉村風情。據説屋子的製作過程複雜，由木、磚頭和石頭建成，蓋上非常有特色、傳統以及厚重的茅草屋頂，讓結構更堅固。室內維持原本模樣，細心留意還會發現當時莎士比亞向妻子求婚的椅子，很有紀念價值。

▲安妮・夏菲維之屋。(攝影：蘇飛)

▲房屋四周的環境很清幽。(攝影：蘇飛)

INFO

- 22 Cottage Lane, Shottery, Stratford-upon-Avon, Warwickshire
- 乘火車到Stratford-upon-Avon站，出站後往大馬路方向走，右轉入Alcester Road，於迴旋處左轉入Willows Drive North，右轉入Shottery，再左轉入Cottage Lane，步行約25分鐘
- 10:00~16:00(各月份的時間請留意官網公布)
- 冬季關閉　01789 338532
- 成人£12.5(HK$126)，小童£8(HK$81)，長者及學生£11.5(HK$116)
- www.shakespeare.org.uk/visit/anne-hathaways-cottage

景點位置地圖

莎翁母親的故居 瑪莉・亞頓之屋 Mary Arden's Farm 地圖P.216、221

位於離市中心一段距離的瑪莉・亞頓之屋是莎士比亞母親從出生到結婚後數年的住處。農場佔地面積很大，曾經以農場博物館的形式開放予大眾參觀。館內展示了各種與農業相關的用具，並曾舉辦小型活動，適合大人和小朋友一起參與。**但瑪莉・亞頓之屋現時不對遊客開放，正在改建成為莎士比亞家族故居群的一部分，重開時間請留意官網。**

景點位置地圖

INFO

- Station Road, Wilmcote, Stratford-upon-Avon, Warwickshire
- 出Wilmcote火車站(由Stratford-upon-Avon站乘火車約7分鐘)，沿Station Road步行約5分鐘
- www.shakespeare.org.uk/visit/mary-ardens-farm

Part 9

英格蘭中部

本章會介紹一些位於英格蘭中部、離倫敦稍遠，但同樣交通方便的地區，包括曼徹斯特、約克、利物浦，還有美麗的溫德米爾湖。曼徹斯特更被 Lonely Planet 選為 2023 年必訪之地，為英國唯一入選的城市。

英格蘭中部旅遊地區位置地圖

Part 9.1

英超球迷必訪城市

曼徹斯特 Manchester

位置地圖P.223

曼徹斯特屬於英格蘭大曼徹斯特郡 (Greater Manchester)，位於英格蘭西北區，降雨量最多，被稱為「雨城」。由於氣候潮濕，以及距離利物浦港口很近，煤礦產量豐富，加上棉織工業繁盛，在18~19 世紀是工業發達的都市。到了今天，曼徹斯特的運動、音樂、文化等方面愈來愈興盛，其中以曼聯足球主場聞名世界，吸引不少球迷特意前往奧脫福球場看球賽。

（本章圖文：蘇飛）

前往交通

常用火車站

倫敦Euston站 ……車程約2小時10分鐘…… Manchester Piccadilly站

市內交通

曼徹斯特市中心不算大，主要乘地面輕軌電車(Metrolink)便可貫通整個城市，快捷方便。

INFO

地面輕軌電車

tfgm.com/public-transport/tram

電車路線圖

曼徹斯特景點地圖

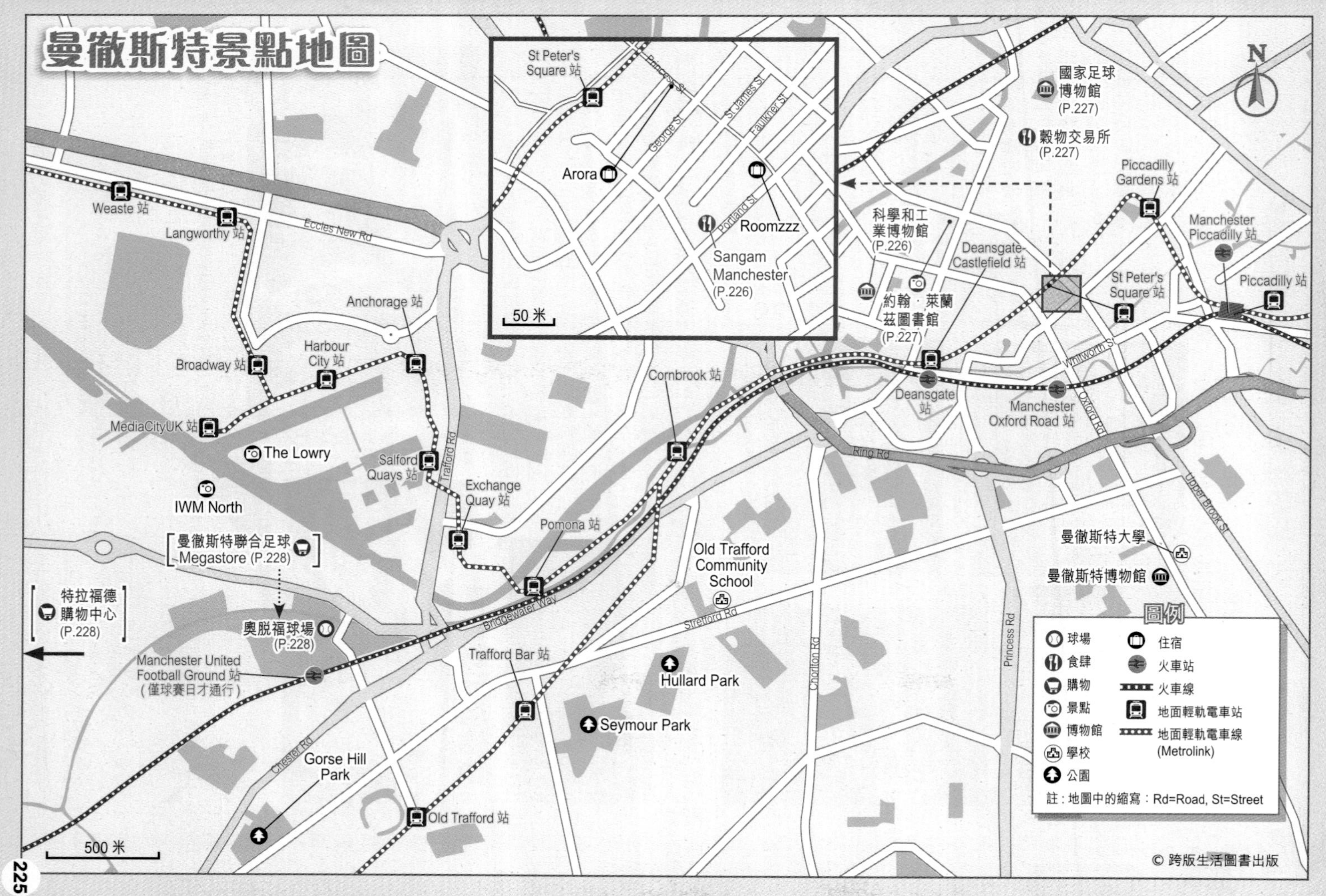

N
St Peter's Square 站
Princess St
George St
St James St
Faulkner St
Portland St
Arora
Roomzzz
Sangam Manchester (P.226)
50 米
國家足球博物館 (P.227)
穀物交易所 (P.227)
Piccadilly Gardens 站
Manchester Piccadilly 站
Piccadilly 站
科學和工業博物館 (P.226)
Deansgate-Castlefield 站
約翰・萊蘭茲圖書館 (P.227)
St Peter's Square 站
Whitworth St
Deansgate 站
Manchester Oxford Road 站
Oxford Rd
Ring Rd
Upper Brook St
Weaste 站
Langworthy 站
Eccles New Rd
Anchorage 站
Harbour City 站
Broadway 站
MediaCityUK 站
The Lowry
Salford Quays 站
Trafford Rd
Exchange Quay 站
IWM North
Cornbrook 站
Pomona 站
曼徹斯特聯合足球 Megastore (P.228)
特拉福德購物中心 (P.228)
奧脫福球場 (P.228)
Bridgewater Way
Old Trafford Community School
Stretford Rd
Chorlton Rd
Princess Rd
曼徹斯特大學
曼徹斯特博物館
Manchester United Football Ground 站 (僅球賽日才通行)
Trafford Bar 站
Hullard Park
Seymour Park
Chester Rd
Gorse Hill Park
Old Trafford 站
500 米
圖例
球場
食肆
購物
景點
博物館
學校
公園
住宿
火車站
火車線
地面輕軌電車站
地面輕軌電車線 (Metrolink)
註：地圖中的縮寫：Rd=Road, St=Street

曼城工業輝煌歷史 科學和工業博物館 地圖P.225

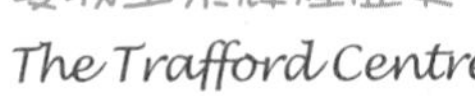

The Trafford Centre

博物館在市中心，佔地不大，只有兩三層，但展示了曼城作為工業革命源頭的歷史，其中的蒸汽機組和紡織機廠房最為矚目。表演時間會有人解說有趣的科學知識給小朋友聽，樓上是兒童互動遊戲館，適合親子遊覽。

▲館內有咖啡店。

▲樓上是兒童天地。

◀兒童版風力發電機，£22(HK$202)。

◀紡織機是重點。

▲博物館商店所售的 STEM 產品很有特色。

INFO

- Liverpool Road, Manchester
- 從地面輕軌電車站Deansgate-Castlefield步行6分鐘，自駕的話Liverpool Road有約10個咪錶泊車位
- 每日10:00-17:00
- 12月24~26日及1月1日
- 免費(可以自願捐錢)
- 033 0058 0058
- www.scienceandindustrymuseum.org.uk

當地人推介的印度餐廳 Sangam Manchester 地圖P.225

◀店家在市中心，交通方便。

餐廳位於曼徹斯特市中心，是當地印度人的聚餐地點。店家主要提供傳統印度菜，主菜有牛、羊、雞、鴨、魚和大蝦等，可配咖喱或鐵板烤。開胃菜是傳統印度脆片(Popadams)，十分香脆，搭配不同味道的醬料，清新開胃。其他菜式如印式烤雞(Chicken Tikka)和當地三文魚都很好吃！

豐富的印度大餐

◀開胃菜是傳統印度脆片配3種特色醬料。

◀咖喱烤魚£17.9(HK$172)。

▲餐廳很大，佈置講究。

INFO

- 98 Portland Street, Manchester
- 乘地面輕軌電車(Metrolink)到St. Peter's Square站，步行約5分鐘
- 12:00~23:00，週五及六12:00~23:30，週日及公眾假期13:00~22:00
- 0161 236 1313、0161 236 1999
- sangam.co.uk

哈利波特拍攝地 約翰・萊蘭茲圖書館 地圖P.225

The John Rylands Library

這是維多利亞時代後期的哥德式建築物，外表古老，內部富麗堂皇，被稱為全球最美圖書館之一。約翰．萊蘭茲圖書館是曼徹斯特大學圖書館的一部分，可以免費進入參觀，不用預約，但要留意只有星期三至六才開放給公眾。

INFO
- 150 Deansgate, Manchester
- 從地面輕軌電車站St Peter's Square步行7分鐘
- 星期三至六10:00-17:00
- 免費　016 1306 0555
- www.library.manchester.ac.uk

▲圖書館對開整條街都是古蹟。

▲圖書館外觀。

餐館薈萃的美食廣場 穀物交易所 地圖P.225

Corn Exchange Manchester

穀物交易所始建於1837年，主要交易小麥和大麥等，幾經改建運作到第二次世界大戰之後，之後成為購物中心，2015年後更是餐館薈萃的美食廣場。進入交易所可抬頭看看拱頂窗戶，為這巨大建築物的室內引入自然光，令人眼前一亮。

INFO
- Exchange Sq, Manchester
- 從地面輕軌電車站Exchange Square步行1分鐘
- 每天10:30-23:30　016 1834 8961
- cornexchangemanchester.co.uk

►交易所內以食肆為主。

▲ Exchange Square 一帶是熱鬧非凡的遊客和商店集中地。

館藏14萬件 國家足球博物館 地圖P.225

National Football Museum

博物館於2012年7月對外開放，位於外觀新穎有特色的地標建築物Urbis大樓之內，在鬧市中十分搶眼。博物館內收藏了大量重要的足球紀念品及展示足球歷史的里程碑，還有一些有趣的遊戲給足球迷一展身手。不過館內的展覽空間其實並不大，一般遊覽時間只需約1小時。

▲ Penalty Shootout 是館內最受歡迎的互動遊戲，另付£2(HK$19)射門三次，可記錄你的球速和其他遊客比較。

►英格蘭世界盃得冠那年的記念品當然是重點。

▲ Urbis 大樓。

INFO
- Urbis Building, Cathedral Gardens, Todd St, Manchester
- 從Manchester Victoria火車站步行4分鐘或從地面輕軌電車站Exchange Square步行3分鐘
- 每日10:00-17:00(最後入場16:00)
- 休 12月24~27日及1月1-2日　016 1605 8200
- 成人£12(HK$110)，5-15歲兒童£7(HK$63)
- www.nationalfootballmuseum.com

在曼聯主場看英超賽事 奧脱福球場 Old Trafford

地圖P.225

奧脱福球場是英超球隊曼聯的主場，擁有7萬多個座位，僅次於溫布萊球場(Wembley Stadium)，是英格蘭第二大足球場。不少球迷特地前來朝聖，觀賞英超賽事，親身感受頂級足球聯賽的熾熱氣氛！不看球賽，也可到球場入口旁的Megastore買一件曼聯主場的球衣回家紀念，亦可參加由Manchester United Football Club(曼聯球會)主辦的導賞團，參觀曼聯博物館及進入奧脱福球場內部參觀(需時約70分鐘)。

◀奧脱福球場是曼聯迷朝聖之地。

INFO

- Manchester United, Sir Matt Busby Way, Old Trafford, Manchester
- 乘地面輕軌電車(Metrolink)到Old Trafford站，步行約11分鐘；或乘火車至Manchester United Football Ground站(該站限球賽舉行日通行)
- 導賞團(Stadium Tour)費用成人£25(HK$240)，學生及長者£18(HK$173)
- (Megastore)週一至六09:30~18:00，週日11:00~17:00
- 0161 868 8000 www.manutd.com

預約導賞團

☆睇波之餘又買手信☆

必買曼聯球衣及用品 曼徹斯特聯合足球Megastore Manchester United Football Club Megastore

地圖P.225

球場內有大型足球手信店，佔地17,000平方尺，店內有各式各樣與曼聯球隊有關的球衣、體育用品及精品等，貨品種類超過800種！

▲手信店很大，貨品種類相當多。

▲球衣。

◀紅魔鬼熊仔的手腳設計特別，方便幼兒拿起來玩，每隻£6(HK$60)。

瘋狂食玩買一整天 特拉福德購物中心 The Trafford Centre

地圖P.225

這是曼城最大的室內商場，位於曼城的西部，奧脱福球場以西，有近300家商店和餐廳，還有電影院、遊戲機中心、保齡球場和水族館(Sea Life Manchester)，可輕易消磨一天時光。商場建築內裡金碧輝煌，外觀氣派十足，到處都是打卡點。室外也會有期間限定的機動遊戲和兒童遊樂嘉年華，需付款入場。

▲購物中心其中一個入口。

▲商場有很多快餐店，想吃得有特色一點的話可考慮這家位於地面層近入口處的南美菜式餐廳 Las Iguanas。

▲阿根廷式的8安士西冷扒連番茄仔，跟沙律和薯條，£21.5(HK$198)。

◀室外嘉年華夏季和萬聖節時都會有。

▲大理石樓梯是熱門影相位。

◀商店林立。

INFO

- The Trafford Centre, Trafford Park, Stretford, Manchester
- 從地面輕軌電車站The Trafford Centre步行2分鐘，另有大量免費泊車位
- 星期一至五10:00-22:00，星期六10:00-21:00，星期日10:00-18:00
- 12月25日 016 1749 1717
- www.traffordcentre.co.uk

Part 9.2

披頭四的故鄉

利物浦 Liverpool

位置地圖P.223

利物浦屬於默西賽德部 (Merseyside)，是披頭四 (The Beatles) 的故鄉，不少樂迷為了披頭四慕名前來。利物浦以前是英國連接美國、西印度群島航線的港都，現在仍是英國第二大貿易港。(本章圖片：黃穎宜)

前往交通

常用火車站

倫敦Euston站 …… 中途需轉車 車程約2小時27分鐘 …… Liverpool Lime Street站

倫敦Euston站 …… 中途需轉車 車程約2小時48分鐘 …… James Street站

常用巴士站

倫敦Victoria Coach站 …… National Express巴士 車程最快約3小時19分鐘 …… Liverpool One Bus站

利物浦景點地圖

James Street站
Liverpool One
Liverpool Lime Street站
Wavertree Technology Park站
Edge Lane
Edge Hill站
Liverpool One站
Liverpool Central站
Wavertree Playground
Upper Parliament Street
Albert Dock (P.230)
披頭四紀念館 (P.230)
Broad Green站
Princes Park
Hamilton Square站
Sefton Park
Brunswick站
Jurys Inn (乘導賞團巴士往披頭四舊居，P.230)
Mossley Hill站
Aigburth Road
St Michaels站
梅西河
Booker Avenue
披頭四舊居 (P.230)
1公里

本地圖只顯示部分火車線及站。

圖例
景點 / 巴士站 / 公園 / 火車站 / 住宿 / 火車線 / 購物

追星必到 **披頭四紀念館** *The Beatles Story* 地圖P.229

▶披頭四紀念館。

這個紀念館介紹了披頭四的誕生和他們的音樂，並展出他們用過的結他。紀念館有展示區及Discovery區。另外，紀念館附近的遊覽區Albert Dock有購物商店、酒吧等，面積不小，足夠消磨大半天時間。

▲館內有不少披頭四的精品售賣。

▲與披頭四相關的袋。

▶附近的遊覽區 Albert Dock。

INFO

- Britannia Vaults, Albert Dock, Liverpool
- 由James Street火車站步行約20分鐘
- 09:00~17:30　休 12月25~26日
- 成人£18(HK$172)，學生及60歲以上長者£14(HK$132)，5~15歲£10(HK$96)
- 0151 709 1963　www.beatlesstory.com

(圖文：黃穎宜)

相遇與創作之地 **披頭四舊居** 地圖P.229

Beatles Childhood Homes

▲ Beatles Childhood Homes。

這是50年代的代表性建築，房子及花園至今仍被妥善保存，像真正的家。這裏是披頭四相遇的地方，部分作品更在這裏創作，成團初期曾在這裏練習他們創作的歌曲。想要參觀，必須在網上預約導賞團，乘導賞團的車前往(逢10:00、11:00及14:15發車)。

INFO

- Woolton and Allerton, Liverpool　0344 800 1895
- 經官網報名參加導賞團後，由Jurys Inn酒店乘導賞團巴士前往參觀舊居
- 3月至11月週三至日(6月至10月差不多每天開放)
- 休 12月至2月，3月至11月逢週一及二
- 成人£29(HK$276)，小童£14(HK$134)
- www.nationaltrust.org.uk/beatles-childhood-homes

古色古香小城

約克

York

位置地圖P.223

約克屬於北約克郡 (North Yorkshire)，是一個由城牆包圍，擁有近 2,000 年歷史的小城市。當地政府把歷史和古城遺跡保育得相當好，因此在街道漫步時，彷如回到中古世紀，處處可感受到歷史留下來的氣息。約克不大，大部分景點都能以步行或乘巴士方式前往。

前往交通

常用火車站

倫敦London King's Cross站  車程約2小時17分鐘 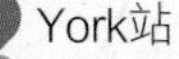 York站

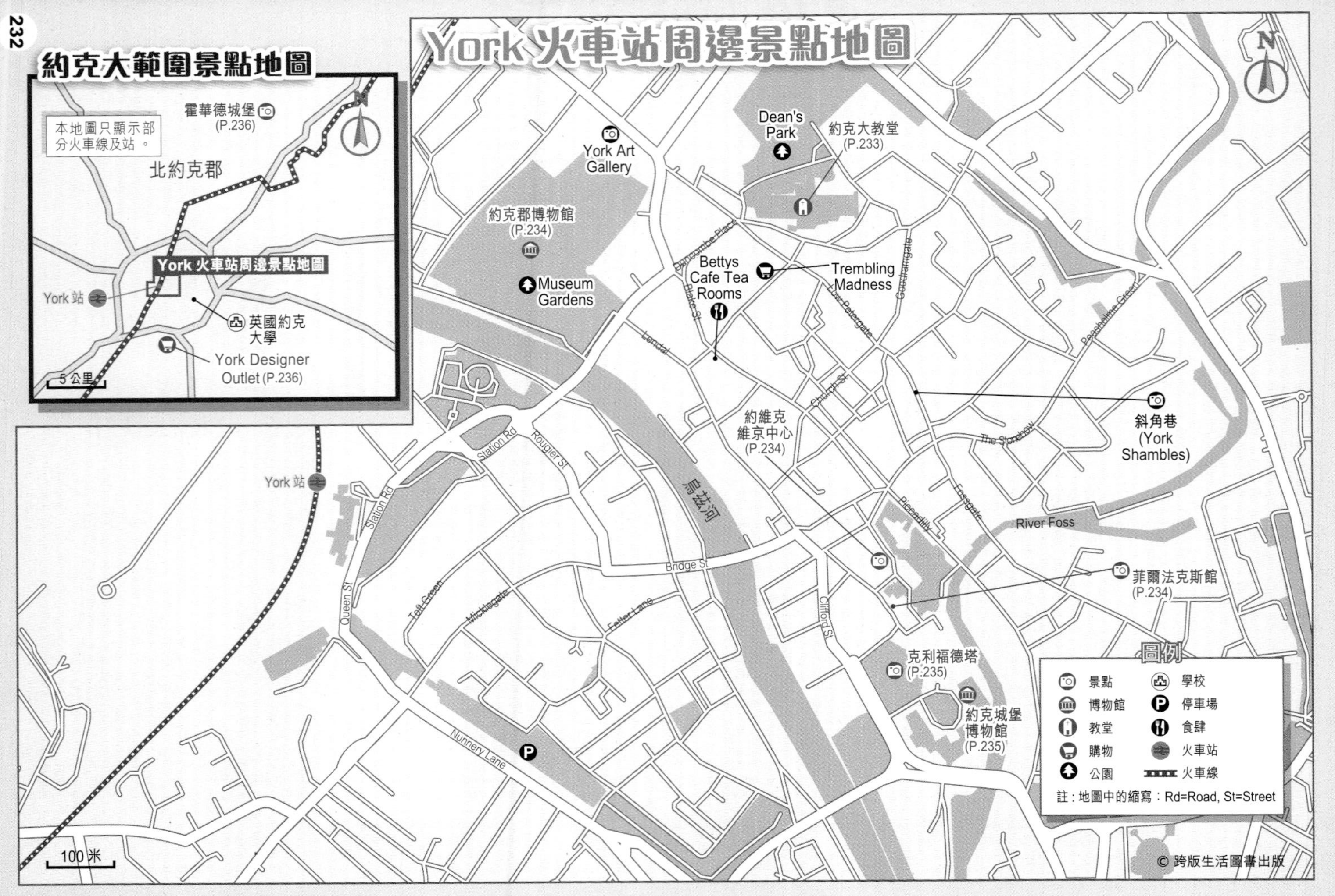
約克大範圍景點地圖
本地圖只顯示部分火車線及站。
霍華德城堡 (P.236)
北約克郡
York 火車站周邊景點地圖
York 站
英國約克大學
York Designer Outlet (P.236)
5 公里
York 火車站周邊景點地圖
York Art Gallery
Dean's Park
約克大教堂 (P.233)
約克郡博物館 (P.234)
Museum Gardens
Duncombe Place
Bettys Cafe Tea Rooms
Blake St
Trembling Madness
Goodramgate
Low Petergate
Lendal
Church St
約維克維京中心 (P.234)
The Stonebow
斜角巷 (York Shambles)
Peasholme Green
York 站
Station Rd
Rougier St
烏茲河
Piccadilly
Fossgate
River Foss
菲爾法克斯館 (P.234)
Bridge St
Queen St
Toft Green
Micklegate
Fetter Lane
Clifford St
克利福德塔 (P.235)
約克城堡博物館 (P.235)
Nunnery Lane
100 米
圖例
景點
學校
博物館
停車場
教堂
食肆
購物
火車站
公園
火車線
註：地圖中的縮寫：Rd=Road, St=Street
© 跨版生活圖書出版

最大的哥德式教堂之一 約克大教堂 York Minster 地圖P.232 必到

約克大教堂是當地重要地標，亦是歐洲北部最大的哥德式教堂之一，極之宏偉壯麗。教堂內布滿細緻的雕刻和精美的中世紀彩繪玻璃。除了參觀教堂內部，還可以登上塔樓飽覽約克。當地政府為了保護古城的景觀，限制了城牆內建築物的高度，所以站在塔樓可對約克一覽無遺。有興趣的話，可參加導賞團遊覽教堂，對教堂了解更多，約需1小時。

◀約克大教堂極為宏偉。

▶▼內部莊嚴宏偉，令人讚嘆。

▲美麗的彩繪玻璃。

INFO

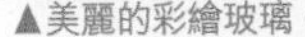

- Deangate, York
- 由York火車站步行約12分鐘
- 09:30~16:00，週日12:45~15:15；導賞團逢週一至六10:00~15:00，每小時整點舉行
- **教堂及塔**：成人￡18.5(HK$178)，學生￡15.5(HK$149)，8~16歲￡6(HK$58)；**教堂**：成人￡12.5(HK$120)，學生￡9.5(HK$91)，16歲或以下在成人陪同下免費
- 01904 557200　yorkminster.org

(攝影：蘇飛)

考古珍藏 約克郡博物館 *Yorkshire Museum* 地圖P.232

這個佔地4萬平方米的大型博物館，位於Museum Gardens內，分4個展館，分別展示有關考古學、天文學、地質學及生物學的展品。館內收藏了很多重要考古珍藏，其中包括中世紀金飾、羅馬時期文物、維京人的遺物等。

▲約克郡博物館。

INFO

- Museum Gardens, York
- 由York火車站步行約8分鐘
- 週三至日10:00~16:00
- 12月25~26日及元旦
- 成人￡8(HK$69)，5~16歲￡4(HK$35)，5歲以下免費
- 01904 687687
- www.yorkshiremuseum.org.uk

(圖文：黃穎宜)

華麗故居 菲爾法克斯館 *Fairfax House* 地圖P.232

這裏由菲爾法克斯爵士於18世紀購入，用以舉辦冬季社交活動外，還打算作為女兒的嫁妝。館內展出了18世紀的家具、繪畫、瓷器等。博物館的屋頂、樓梯、扶手等盡顯洛可可(Rococo)風格。

▲菲爾法克斯館。

INFO

- Castlegate, York
- 由York火車站步行約15分鐘
- 週六至週四11:00~16:00，最後入場15:30，週五只有導賞團，時間是11:00及14:00，建議預約
- 12月24~26日
- 成人￡7.5(HK$75)，16歲以下免費但需成人陪同，導賞團￡9(HK$90)
- 01904 655543
- www.fairfaxhouse.co.uk

(圖文：黃穎宜)

維京人在約克 約維克維京中心 *Jorvik Viking Centre* 地圖P.232

在這中心，可體驗到1,000年前維京人在約克的生活、娛樂，包括當時維京人的家居及庭園等。館內設有解說，邊走邊聽，就像走進時光隧道，回到昔日時光。

▲約維克維京中心。

INFO

- Coppergate Shopping Centre, 19 Coppergate, York
- 由York火車站步行約14分鐘
- 12月24~26日
- 4月至10月10:00~17:00，11月至3月10:00~16:00，除夕及元旦開放時間略有不同
- 成人￡13.5(HK$126)，學生及長者￡11.5(HK$106)，5~16歲￡9.5(HK$81)，為免門票售罄，建議預先網上購票
- 01904 615505
- jorvikvikingcentre.co.uk

(圖文：黃穎宜)

18世紀監獄 約克城堡博物館 York Castle Museum 地圖P.232

這家博物館由古老監獄改建而成，以曾經監禁大盜「迪克德平」(Dick Turpin)(羅賓漢原形)而聞名。這裏介紹了1580~1980年約克人的生活景象，包括19世紀的城區、商店、居所等，還有古董玩偶、服飾的展示。

▲約克城堡博物館。

INFO
- Eye of York, York
- 由York火車站步行約17分鐘
- 週一11:00~17:30，週二至日10:00~17:00
- 休 12月25~26日及元旦
- 成人£14(HK$134)，兒童£7(HK$67)，17-24歲或學生£12.6(HK$121)
- 01904 687687
- www.yorkcastlemuseum.org.uk

(圖文：黃穎宜)

小山坡地標 克利福德塔 Clifford's Tower 地圖P.232

這座位於小山丘的高塔，以前曾作監獄之用，是約克的地標之一。從螺旋梯登塔，可由高處眺望市區，是觀光客必到之地，亦是約克最受歡迎的景點之一。

►從塔上欣賞約克風采。

INFO
- Tower Street, York
- 由York火車站步行約17分鐘
- 約10:00~16:00(時間或隨月份變更，出發前宜先瀏覽官網)，最後入場為閉館前30分鐘
- 休 12月25~26日
- 成人£9(HK$86)，5~17歲兒童£5.7(HK$55)，長者或學生£8.1(HK$80)
- 0370 333 1181
- english-heritage.org.uk/visit/places/cliffords-tower-york/

(圖文：黃穎宜)

必逛Outlet York Designer Outlet 地圖P.232

比起英國另一個Outlet Bicester Village(P.214)，這個Outlet的頂級品牌雖然較少，但集中了平實的精品品牌，例如有Clarks、Ted Baker、Fred Perry等英國品牌。商品主要打5~7折，打折後比起在其他地方買便宜2~3倍，相當划算！

◀進去掃平貨。(攝影：蘇飛)

INFO

- St. Nicholas Avenue, York
- 由York火車站乘紅線(Red Line)7號巴士可達，每10~15分鐘一班
- 週一至五及公眾假期10:00~20:00，週六09:00~20:00，週日10:00~18:00，有些大型店鋪11:00~17:00
- 01904 68 2700
- www.mcarthurglen.com/en/outlets/uk/designer-outlet-york

周杰倫婚禮派對地點 霍華德城堡 Castle Howard 地圖P.232 推介

霍華德城堡佔地515平方米，高20米。城堡始建於17世紀末，由當時的第三代卡萊爾伯爵開始興建，經歷三代伯爵、超過100年方建成。周杰倫的婚禮派對便在這兒舉行。在這裏，不僅可以欣賞到城堡華麗的建築設計，更可看到國際級的珍貴收藏品。牆上放滿精美絕倫的雕飾、繪畫，館內大部分的房間都設有簡介。

▲城堡正面。

▲城堡內收藏了不少由第三代至第五代卡萊爾伯爵收集回來的古董。

INFO

- Castle Howard Estate, York
- 由York火車站外巴士站(York Station Avenue, Stop RM)，乘Transdev巴士Castle線(往Malton方向)，在Castle Howard站下車。車程約55分鐘，班次為**York發車**09:00、11:00、13:00、15:50、17:45，**Castle Howard發車**11:50、14:40、16:45，週日除特定日子外停駛
  註：班次以現場公告為準
- 城堡10:30~16:00，花園範圍09:00~17:00(冬季開放至16:00)
- 城堡11月頭至11月中不開放(每年休息時間或不同)
- **城堡及花園**：旺季(3月尾至11月初)成人£19.5(HK$191)，4~16歲£11(HK$111)，學生及長者£18.5(HK$187)；**花園**：冬季成人£12.66(HK$122)，3~16歲兒童£6.33(HK$60)
- 01653 648333
- www.castlehoward.co.uk

(圖文：黃穎宜)

Part 9.4

英國湖區

溫德米爾湖
Windermere Lake

位置地圖P.223

英國湖區位於英格蘭中西部，是英國人的度假勝地。溫德米爾湖則位於湖區的最南端，是英格蘭最大的湖泊，亦是英國湖區中最重要的交通樞紐。

溫德米爾湖的特色是形狀狹長，全長約 18 公里，闊度達 2 公里，湖畔風光優美，有不少度假酒店和體驗農莊。聽當地人說，英國人喜歡夏天到這裏登山、打獵、騎馬、玩水上活動。湖的面積十分大，建議到 Bowness 碼頭乘遊覽船到北面的 Waterhead(Ambleside 碼頭)。

這裏沒有大城市的喧囂，無論乘遊覽船遊湖，還是在湖邊漫步，都能夠感受到英國鄉村小鎮的悠閒美麗，非常寫意。（住宿見 P.54）

▲湖畔日落美景。

INFO

溫德米爾湖
www.visitcumbria.com/amb/windermere-lake

前往交通

常用火車站

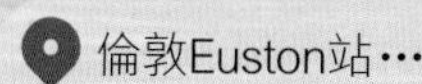

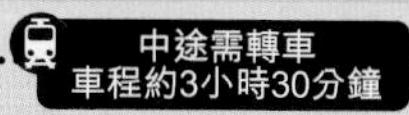

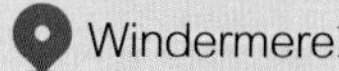

溫德米爾湖景點地圖

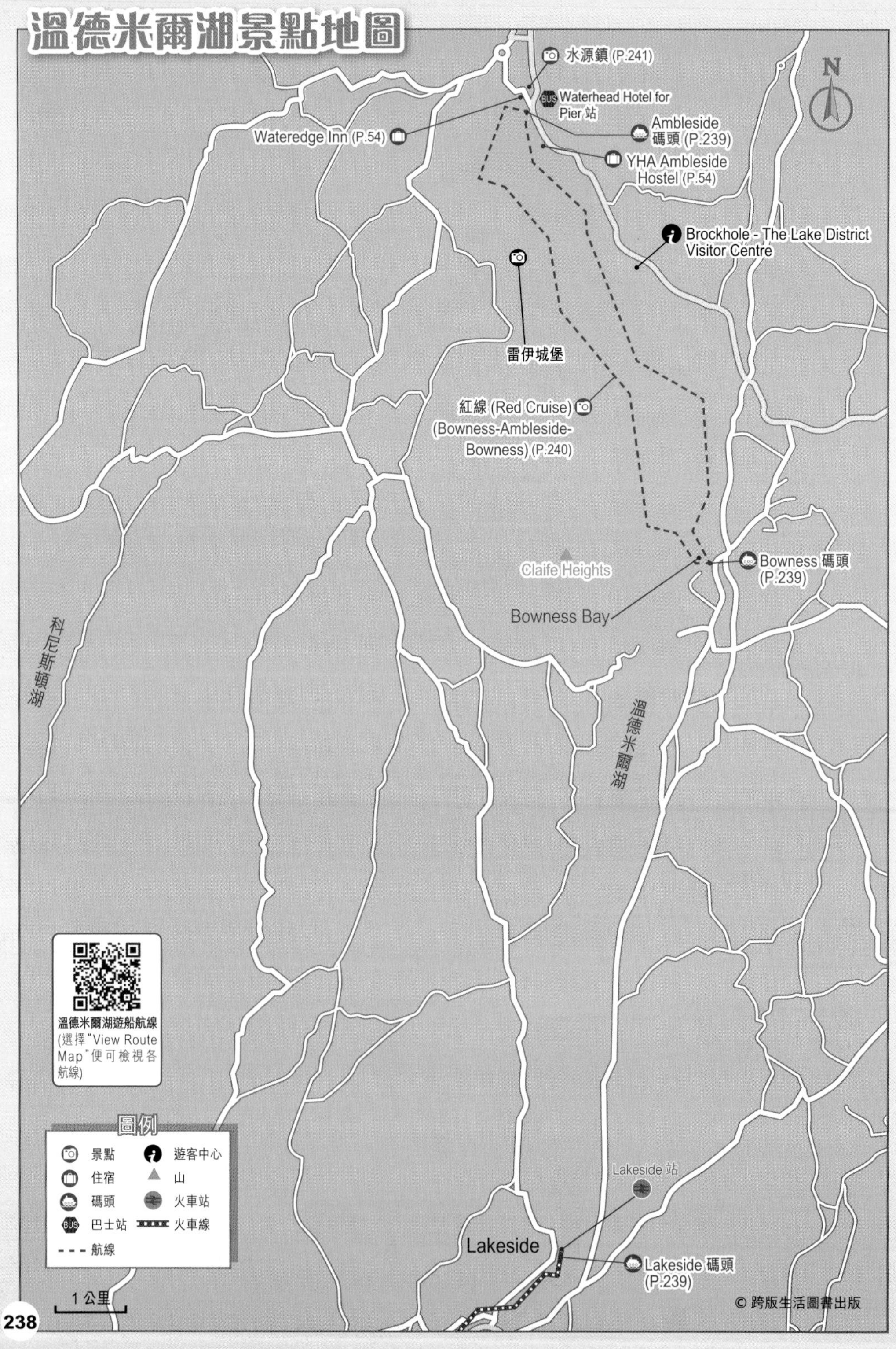
水源鎮 (P.241)
Waterhead Hotel for Pier 站
Wateredge Inn (P.54)
Ambleside 碼頭 (P.239)
YHA Ambleside Hostel (P.54)
Brockhole - The Lake District Visitor Centre
雷伊城堡
紅線 (Red Cruise) (Bowness-Ambleside-Bowness) (P.240)
Claife Heights
Bowness 碼頭 (P.239)
Bowness Bay
科尼斯頓湖
溫德米爾湖
溫德米爾湖遊船航線
(選擇"View Route Map"便可檢視各航線)
圖例
景點
遊客中心
住宿
山
碼頭
火車站
巴士站
火車線
航線
Lakeside 站
Lakeside
Lakeside 碼頭 (P.239)
1 公里
N

最舒適的玩法 乘遊覽船遊湖

碼頭及遊船路線(紅線)見地圖P.238

溫德米爾湖很大，有不少景點，要感受湖的美，最好方法就是乘船遊覽。Bowness Bay位於湖的中部，大部分觀光船都可在這裏的碼頭(**Bowness碼頭**)買票登船。遊船路線分為紅、藍、黃、綠等4條路線，主要為遊半湖至最北面的Waterhead(**Ambleside碼頭**)或南面的**Lakeside**。船型多數是雙層開蓬觀光船，黃線採用蒸汽輪船，而只在夏季行駛的綠線則採用特色的單層木船。(主要遊覽船路線資料見P.240)

▲天鵝跟其他水鳥一樣，見到遊客就「衝」上前要食物，頓失高貴氣質！

▲雙層開蓬觀光船。

▲在 Bowness 碼頭登船，出發遊湖。

▲ Bowness 碼頭非常熱鬧，到處都是遊人。

◀碼頭附近有很多天鵝。

▲乘坐開蓬遊覽船，十分寫意。

▲途中湖光山色。

Windermere Lake Cruises
- Winander House, Glebe Road, Bowness-on-Windermere, Cumbria
- 由Windermere火車站旁的巴士交匯站(Bus Rail Interchange)乘599號巴士，在Bowness Ferry Pier站下車，步行往Bowness碼頭，車程約10分鐘(可瀏覽www.stagecoachbus.com/timetables，輸入599號查看班次)
- 015394 43360
- www.windermere-lakecruises.co.uk

(圖文：蘇飛)

◀湖畔看到很多非常漂亮的古堡式建築物。

主要遊覽船路線、費用及班次

紅線 (Red Cruise)

航線P.238

紅線路線

路線：Bowness → Windermere Jetty(Museum) → Brockhole(布羅克霍爾) → Ambleside(Waterhead) → Bowness

船型：蒸汽輪船或雙層開蓬船

航程：約 75 分鐘 (由 Bowness 碼頭往 Ambleside 碼頭約 30 分鐘)；如中途下船需乘其他班次回去

費用 (來回)：成人 £15.2(HK$146)，5~15 歲兒童 £9.2 (HK$88)，5 歲以下免費，家庭 (2 大人及 3 兒童) £43.5(HK$417)；另提供單程船票

航班 *：(由 Bowness 碼頭開)10:10、10:30、11:10、12:20、13:00、13:25、14:00、14:30、15:00、15:35；(由 Ambleside 出發回 Bowness 碼頭)09:50、10:10、10:50、11:20、12:00、12:20、12:45、13:05、13:55、14:10、15:15、15:55、16:15、16:45、17:10、17:45

▲乘紅線往 Ambleside 碼頭。(攝影：蘇飛)

黃線 (Yellow Cruise)

黃線路線

路線：Bowness → Lakeside → Bowness

船型：蒸汽輪船

航程：約 90 分鐘 (由 Bowness 碼頭往 Lakeside 碼頭約 40 分鐘)；如中途下船需乘其他班次回去

費用 (來回)：成人 £16(HK$154)，5~15 歲兒童 £9.6(HK$92)，5 歲以下免費，家庭 (2 大人及 3 兒童) £46(HK$441)；另提供單程船票

航班 *：(由 Bowness 碼頭開)10:30、11:40、12:40、13:50、14:55、16:00、16:55、17:45；(由 Lakeside 碼頭開)09:20、10:20、11:20、12:30、13:35、14:40、15:45、16:50

藍線 (Island Cruise)

藍線路線

路線：由 Bowness 碼頭出發，環湖後返回 Bowness 碼頭

船型：雙層開蓬船

航程：約 45 分鐘，中途不能下船

費用：成人 £11.7(HK$112)，5~15 歲兒童 £5.85(HK$56)，5 歲以下免費，家庭 (2 大人及 3 兒童) £32(HK$307)

航班 *：按季節不同

綠線 (Green Cruise)

限4月至10月行駛

綠線路線

路線：Ambleside (Waterhead Pier) → Wray Castle(雷伊城堡) → Brockhole(布羅克霍爾) → Ambleside(Waterhead Pier)

船型：特色木船

航程：約 50 分鐘 (由 Ambleside 碼頭往 Wray Castle 約 30 分鐘)，只在 4 月至 10 月行駛；如中途下船需乘其他班次回去

費用：成人 £9(HK$83)，5~15 歲 £4.5(HK$42)，5 歲以下免費，家庭 (2 大人及 3 小童) £24(HK$243)

航班 *：留意官方公布

* 旅遊季節航班或有變動，出發前宜到官網查看。

浪漫的湖畔小鎮 水源鎮 Waterhead 地圖P.238

水源鎮在溫德米爾湖的最北面，遊覽船的其中一個碼頭「Ambleside碼頭」就在這兒。這裏不及Bowness Bay熱鬧，但寧靜美麗的湖邊小徑和樹影，給人無限的浪漫感！沿着湖邊有很多度假酒店、餐廳和手信店，下船後可慢慢遊走這一帶。

▲湖畔小徑。

▲ Ambleside 碼頭。

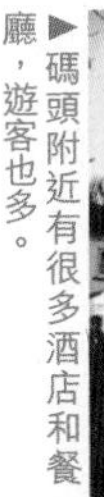

►碼頭附近有很多酒店和餐廳，遊客也多。

INFO
- Lake Road, Waterhead
- 由Windermere火車站旁的巴士交匯站(Bus Rail Interchange)乘599、505或516號巴士至Waterhead Hotel for Pier站，步行約4分鐘到Ambleside碼頭，車程約11~21分鐘

▲浪漫的樹木剪影。

▲湖邊小碼頭。

☆畔湖手信店☆

Ambleside碼頭附近有很多手信店，可以找到不少由貝殼製成的飾物，以及一些別緻的英式手工藝品。

►英式喱士手工美人魚吊飾，掛在家中感覺高貴！

►綿羊娃娃很趣致。

(圖文：蘇飛)

Part 10

蘇格蘭

Tips

天氣

以愛丁堡為例，平均溫度是15℃，最寒冷的月份是1月，平均約3℃，比較暖和的月份是7~8月，最高有19℃，最低約11℃。

蘇格蘭 (Scotland) 的地形大致可分為南部低地及北部高地，低地主要用來放牧，而高地散佈雄偉的峽谷與冰河時期形成的優美湖泊，景色壯麗遼闊。南部低地有重點旅遊城市愛丁堡 (Edinburgh) 及格拉斯哥 (Glasgow)，北部高地則有以因弗尼斯 (Inverness)。蘇格蘭的文化和歷史與英格蘭截然不同，蘇格蘭人仍保留強烈的民族意識，而獨有的傳統文化也保存下來，例如風笛、傳統方格服裝等。

(本章攝影：蘇飛)

蘇格蘭景點地圖

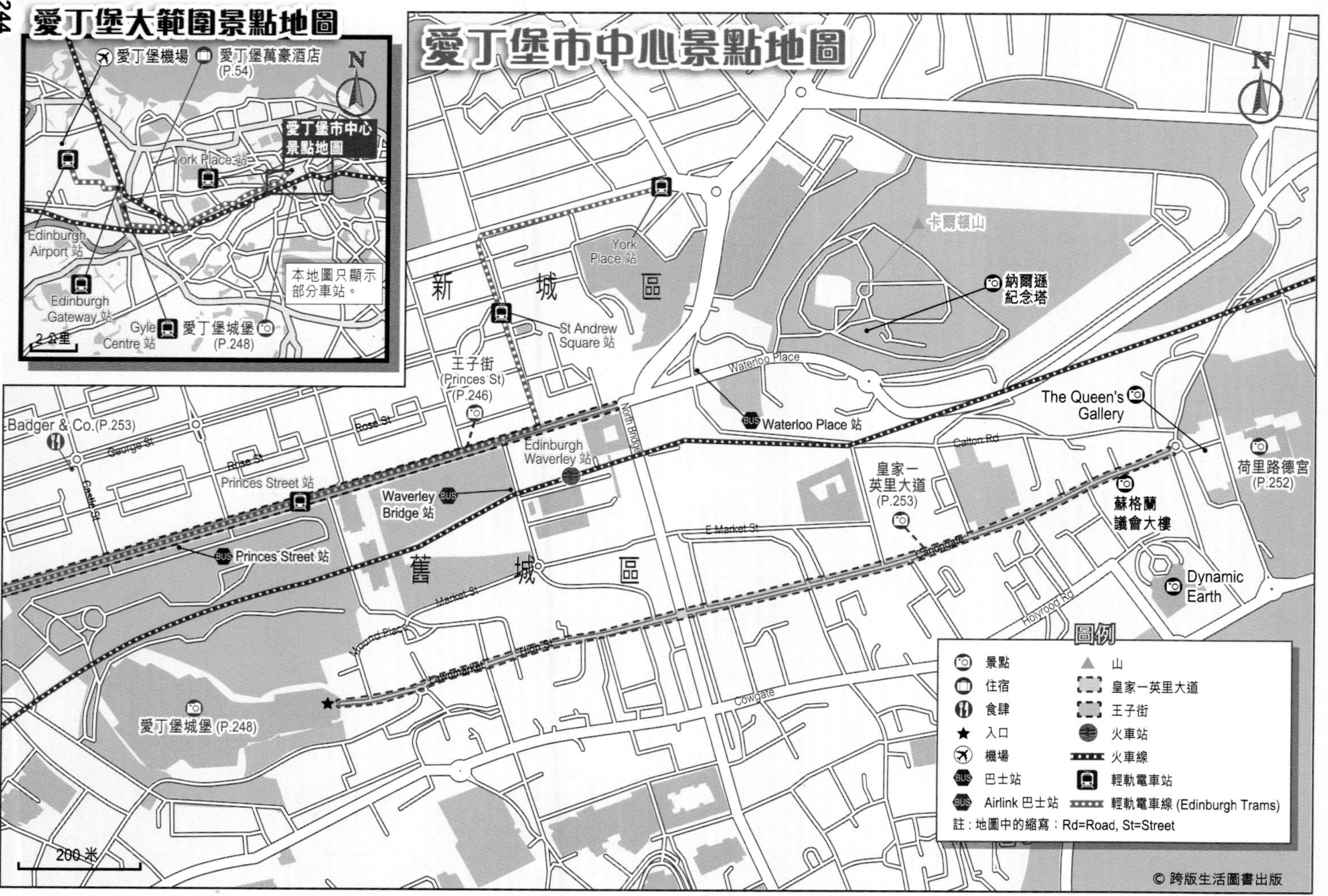
愛丁堡大範圍景點地圖
愛丁堡機場
愛丁堡萬豪酒店 (P.54)
N
愛丁堡市中心景點地圖
York Place站
Edinburgh Airport 站
Edinburgh Gateway 站
本地圖只顯示部分車站。
Gyle Centre 站
愛丁堡城堡 (P.248)
2公里
愛丁堡市中心景點地圖
N
卡爾頓山
York Place 站
新城區
納爾遜紀念塔
St Andrew Square 站
王子街 (Princes St) (P.246)
Waterloo Place
Badger & Co. (P.253)
Rose St
George St
North Bridge
Waterloo Place 站
The Queen's Gallery
Edinburgh Waverley 站
Calton Rd
荷里路德宮 (P.252)
Rose St
Princes Street 站
Waverley Bridge 站
皇家一英里大道 (P.253)
蘇格蘭議會大樓
Castle St
E Market St
Canongate
Princes Street 站
舊城區
Market St
Dynamic Earth
Holyrood Rd
Mound Place
High St
Lawnmarket
Cowgate
愛丁堡城堡 (P.248)
圖例
景點
住宿
食肆
入口
機場
巴士站
Airlink 巴士站
山
皇家一英里大道
王子街
火車站
火車線
輕軌電車站
輕軌電車線 (Edinburgh Trams)
註：地圖中的縮寫：Rd=Road, St=Street
200米
© 跨版生活圖書出版

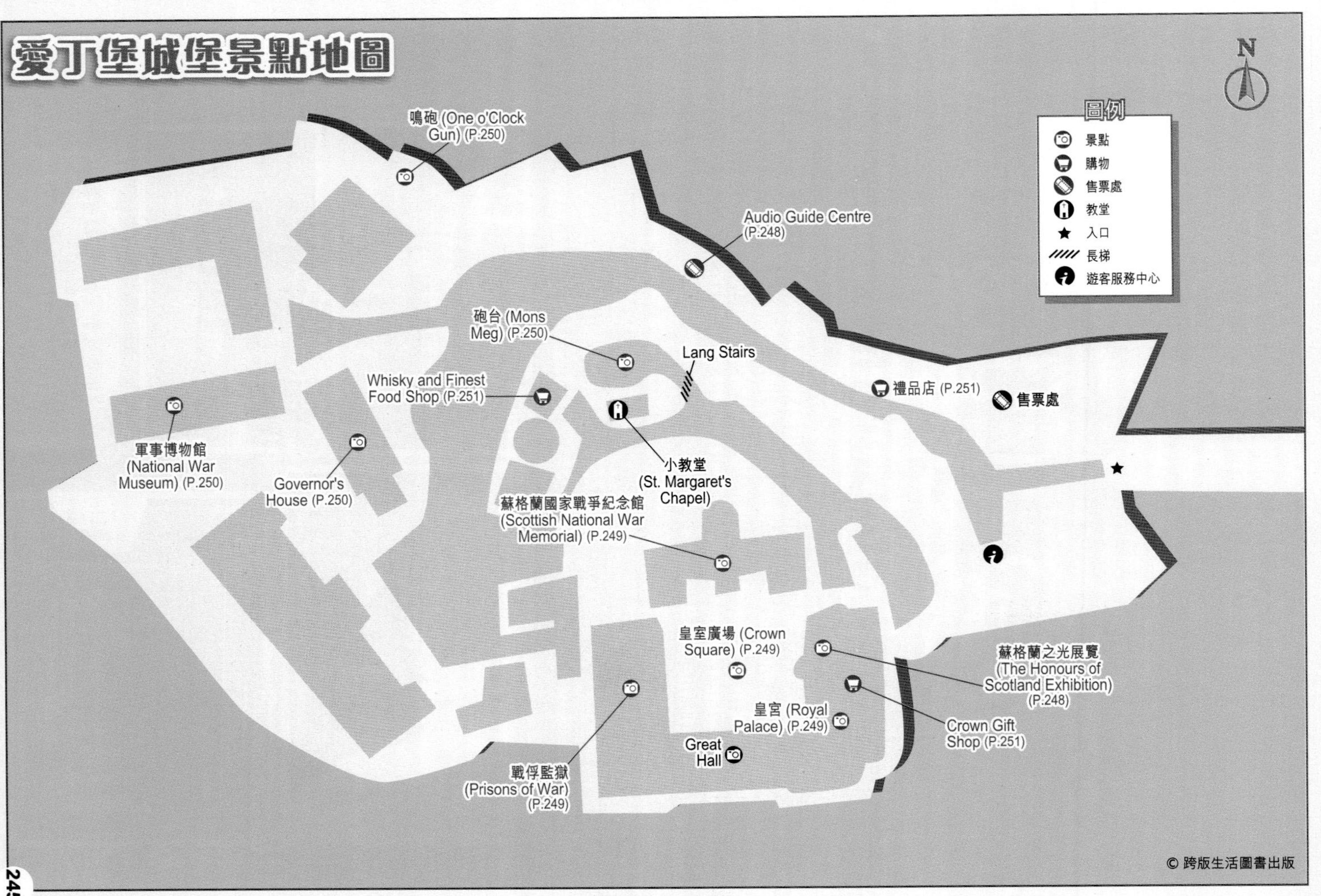
愛丁堡城堡景點地圖
N
圖例
景點
購物
售票處
教堂
入口
長梯
遊客服務中心
鳴砲 (One o'Clock Gun) (P.250)
Audio Guide Centre (P.248)
砲台 (Mons Meg) (P.250)
Lang Stairs
禮品店 (P.251)
售票處
Whisky and Finest Food Shop (P.251)
軍事博物館 (National War Museum) (P.250)
Governor's House (P.250)
小教堂 (St. Margaret's Chapel)
蘇格蘭國家戰爭紀念館 (Scottish National War Memorial) (P.249)
皇室廣場 (Crown Square) (P.249)
蘇格蘭之光展覽 (The Honours of Scotland Exhibition) (P.248)
皇宮 (Royal Palace) (P.249)
Crown Gift Shop (P.251)
Great Hall
戰俘監獄 (Prisons of War) (P.249)

Part 10.1

歐洲最優美的古都

愛丁堡

Edinburgh

位置地圖P.243

愛丁堡是蘇格蘭的首府，坐落於蘇格蘭的東南方，是蘇格蘭第二大城市，亦是許多重要機構的所在地。愛丁堡兼具中世紀與新都市的風情，市區可以分成舊城區和新城區，兩區之間以北橋 (North Bridge) 連接。主要景點集中在皇家一英里 (Royal Mile) 和王子街 (Princes Street)。

皇家一英里位於舊城區，長約一英里，連接着必訪的愛丁堡城堡和荷里路德宮，街道兩側有許多古老建築；王子街則位於新城區，是一條購物街，店鋪林立，非常熱鬧。想找吃的話可以到新城區的 Rose Street 及 Castle Street，那裏有很多食店。(愛丁堡住宿見 P.54)

▲愛丁堡城堡是蘇格蘭的象徵。

王子街

▲王子街是購物區，晚上非常熱鬧。

Castle Street

Rose Street

Tips

每年夏季，愛丁堡都會舉辦「愛丁堡國際藝術節」，為期約3週，是史上其中一個最悠久以及規模最大的國際藝術節。

前往交通

前往愛丁堡

倫敦→愛丁堡：火車

倫敦London King's Cross站 ……… 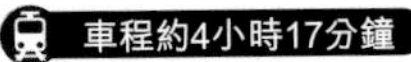 車程約4小時17分鐘 ……… Edinburgh Waverley站

愛丁堡機場(Edinburgh Airport)→愛丁堡市區

1. Airlink 100巴士

可由機場乘Airlink 100巴士，24小時無休，從機場出發，直達市中心的Waverley站(巴士站為Waverley Bridge站)，車程約30分鐘。巴士提供放行李的空間，適合攜帶大型行李的遊客。單程成人￡4.5(HK$45)，小童￡2(HK$20)，購買來回票有優惠。此外，還可以利用Skylink 300(車費與Airlink 100一樣)，經市區前往Surgeons' Hall站，不過Airlink 100比較接近Edinburgh Waverley火車站。

機場巴士資訊

2. 輕軌電車(Edinburgh Trams)

輕軌電車班次頻密，每7分鐘一班，前往市中心只需30分鐘，服務時間06:18~22:48。電車會途經愛丁堡公園及聖安德魯廣場(St. Andrew Square)，後者就在Edinburgh Waverley站附近。單程成人￡6.5(HK$55)，小童￡3.3(HK$30)。

電車資訊

市內交通

愛丁堡市內常用交通

1. 巴士

市內巴士由Lothian Buses公司營運。相關景點會列明使用哪一條巴士路線。車上不設找續。乘車時需每次付款，另有一日券(見下面「輕軌電車」)。

INFO
https://lothianbuses.co.uk

2. 輕軌電車

輕軌電車連接愛丁堡機場至約克廣場(York Place)，每7分鐘一班。每個站均有自助購票機，接受現金或信用卡付款。輕軌電車單程票價與巴士相同，而**一日券適用於輕軌及巴士**。

收費方面，單程(不包來往愛丁堡機場)：成人￡1.8(HK$16)，小童￡0.9(HK$8)。一日券：City Zone(不包來往機場)成人￡4(HK$40)，小童￡2(HK$20)，Airport Zone(包括來往機場)成人￡9(HK$91)，小童￡4.5(HK$45)。

INFO
https://edinburghtrams.com

古堡風情 愛丁堡城堡 Edinburgh Castle

地圖P.244~245

必到

聳立在愛丁堡市最高點、建於死火山岩頂上的愛丁堡城堡，一面是斜坡，三面是懸崖，起着重要的防禦作用。身處堡壘上能俯視愛丁堡市區，包括新城和舊城，氣勢非凡。對當地人來說，愛丁堡城堡是不可或缺的精神象徵。城堡不大，走一圈便看完，包括由多個宮殿組成的建築群，它們早於6世紀便用作皇室宮邸，之後曾作為兵營及監獄。城堡內有皇宮、小教堂St. Margaret's Chapel、砲台Mons Meg、戰俘監獄Prisons of War。另外還有軍事博物館National War Museum，收藏了多件歷史文物，並記錄了愛丁堡的軍事歷史。

前往城堡

◀城堡就在愛丁堡的市中心。

◀城堡入口。未到09:30開門時間，已有大批遊客排隊等候入內參觀。

INFO

- Castlehill, Edinburgh, Scotland
- 出Edinburgh Waverley火車站，沿Market Street及Mound Place步行約10分鐘
- 4月至9月09:30~18:00，10月至3月09:30~17:00，元旦11:00~17:00，最後入場為關門前1小時
- 休 12月25~26日
- 0131 225 9846
- $ 16歲或以上£18(HK$171)，5~15歲£11(HK$103)，長者及學生£14.5(HK$137)，5歲以下免費
- www.edinburghcastle.scot

▶過了這座橋便是售票處，城門上兩個守衛雕塑是維多利亞女王時期蘇格蘭的英雄。

Tips

語音導遊機(Audio Guide)

進入城堡後的右邊有個Audio Guide Centre，可在此租用語音導遊機，有多國語言選擇，每人£3.5(HK$35)。當然也可參加門票已包的導賞團。

▶過了這個拱門右面就是Audio Guide Centre。

▲ Audio Guide Centre。

蘇格蘭之光

▲在皇室廣場上的皇宮入口也是蘇格蘭之光展覽入口，注意蘇格蘭之光不能拍照啊！

位於皇室廣場(Crown Square)的皇宮(Royal Palace)曾是瑪麗女王的居所，而統一蘇格蘭和英格蘭的詹姆士六世亦在這裏出生。這裏除了可看到保存良好的皇室起居室和大廳(Great Hall)外，還有蘇格蘭之光展覽(The Honours of Scotland Exhibition)。展覽展出象徵蘇格蘭統治的皇冠、皇劍、皇杖和命運之石(Stone of Destiny)─蘇格蘭國王就是在這塊石頭上接受加冕的。

皇室廣場景點逐個捉！

蘇格蘭國家戰爭紀念館

► 過了Audio Guide Centre沿長梯(Lang Stair)而上，首先見到這座漂亮的建築物便是蘇格蘭國家戰爭紀念館(Scottish National War Memorial)的背面。

戰俘監獄

◄在廣場的另一邊是戰俘監獄。

▲蘇格蘭國家戰爭博物館正面入口在皇室廣場。

皇宮內

▲皇宮和大廳都是昔日皇室成員的居所。

城堡風光與砲台

▲在城堡上眺望新城景色。

砲台

◀砲台 (Mons Meg) 展示中世紀的巨型大砲。

軍事博物館、鳴砲及其他

軍事博物館

▲館外有個騎馬的雕像。

▲每日下午 1 時在軍事博物館附近都會有鳴砲 (One o'Clock Gun)，星期日、耶穌受難日及 12 月 25 日除外。

Governor's House

◀ Governor's House 不對外開放。

☆不可不買的城堡手信☆

地圖P.245

城堡內有多間手信店，可以找到極具特色和代表性的蘇格蘭手信。在皇宮內的**Crown Gift Shop**，地方細小，但手信十分精巧，尤其是與皇室有關的精品，如皇冠鎖匙扣和襟針等，漂亮得令人愛不釋手！近城堡出入口的手信店面積最大、選擇較多，如英式茶葉套裝、漂亮的鐵罐裝蘇格蘭牛油曲奇餅和糖果、100%蘇格蘭製造的純羊毛頸巾等，都是極佳的手信選擇。還有一間Whisky and Finest Food Shop在St Margaret's Chapel附近，主要售賣蘇格蘭威士忌酒。

►近出入口的手信店。

◄這家手信店規模最大。

►鐵罐裝的蘇格蘭軟糖 (Vanilla Fudge)，口感有點像牛奶糖，比較甜，￡3.5(HK$35)。

◄寶石皇冠鎖匙扣，￡6.5(HK$65)。

▲在皇宮內 Crown Gift Shop 可找到女王鑽石皇冠吊飾，十分精緻，￡4(HK$40)。

◄100% 蘇格蘭生產的純羊毛頸巾，￡21.99(HK$221)。

(圖文：蘇飛)

英女王的避暑皇宮 荷里路德宮 地圖P.244

Palace of Holyroodhouse

荷里路德宮亦稱聖十字宮，十分華麗，位於愛丁堡皇家一英里大道(右頁)的最東面，在蘇格蘭議會大樓對面。建築物前身是十字修道院(Holyrood Abbey)，1498年由詹姆士四世改建成為皇宮，再由詹姆斯五世加建高塔，到了今天，它已成為英女王伊利沙伯二世的避暑行宮之一。每年7月英女王都會在此居住，屆時行宮會暫停對外開放。這裏亦曾是瑪麗王后的宮殿，遊客可入內參觀宮殿、花園和修道院墓園。

▲荷里路德宮正門。

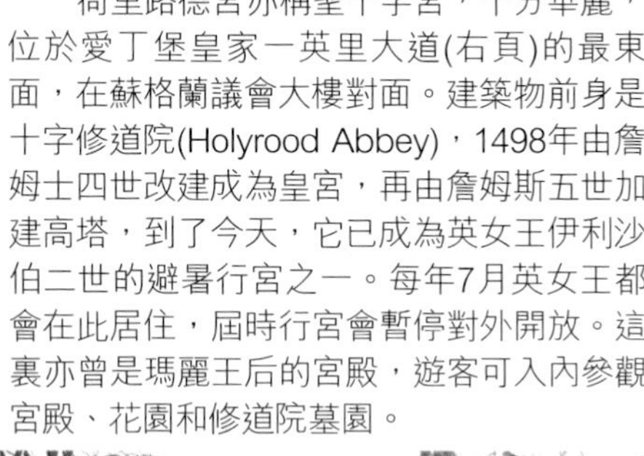

▲大門充滿皇室氣派，極為華麗！

▲在 Abbey Strant 正門可以清晰看見宮殿的高塔。

▲在正門旁的資訊中心和手信店也是古老的建築。

▲在牆上找到象徵蘇格蘭的獨角獸和蘇格蘭旗。

INFO

- Canongate, The Royal Mile, Edinburgh, Scotland
- 從Edinburgh Waverley火車站步行約15分鐘；或乘6號、35號巴士或開蓬旅遊巴士(Open-top Tour Buses)前往
- 4月至10月09:30~18:00(最後入場16:30)，11月至3月09:30~ 16:30(最後入場15:15)，每年開放時間略有不同
- 12月25~26日，每年休息日不同
- 成人£19.5(HK$187)，18~24歲£11.5(HK$110)，17歲或以下£10(HK$96)，上述費用包語音導賞，5歲以下免費
- 0303 123 7306
- www.rct.org.uk/visit/palace-of-holyroodhouse

(圖文：蘇飛)

回到14世紀的蘇格蘭 皇家一英里大道 Royal Mile 地圖P.244

皇家一英里大道貫穿了愛丁堡舊城區，由愛丁堡城堡(P.248)延伸至荷里路德宮(左頁)。整條街道保存了舊日建築物，彷佛回到14世紀的蘇格蘭，沿途還有很多手信店和餐廳，值得逛逛。

▶沿途都是古老的建築物。

▲起點是愛丁堡城堡。

▲終點是荷里路德宮。

INFO
- The Royal Mile, Edinburgh, Scotland
- 由愛丁堡城堡或荷里路德宮出發
- www.royal-mile.com

(圖文：蘇飛)

品嘗英格蘭野味批 Badger & Co. 地圖P.244 推介

餐廳坐落新城區的Castle Street上，鄰近王子街，很受當地人歡迎。店家提供多款地道食材美食，如三文魚、燒羊肉、西冷牛扒等。推薦具當地特色的批(Pie)，例如用當季新鮮蔬菜炮製的蔬菜批及傳統的蘇格蘭野味批(Game Pie)等。此外，每天供應至12:00的早餐非常豐富，可吃到蘇格蘭獨有、以豬血製成的黑布甸(Black Pudding)。

▲餐廳在 Castle Street 上。

▶煎海鱒魚(Pan Fried Sea Trout)，肥美可口，£20(HK$196)。

▲餐廳布置優雅舒適，即使食客多亦不覺擁擠。

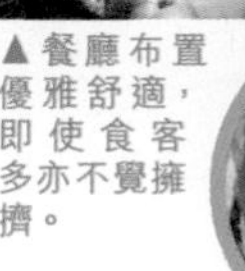

◀▲聖誕節限定的Christmas Turkey Pie很美味，批內有濃濃的肉汁和蔬菜，是典型英式批的味道。

INFO
- 32 Castle Street, Edinburgh, Scotland
- 從Edinburgh Waverley火車站步行約13分鐘；或搭巴士到Princes Street站，步行約3分鐘
- 11:00~凌晨01:00
- 0131 226 5430
- www.badgerandco.com

(圖文：蘇飛)

Part 10.2

品酒與私奔小鎮

東洛錫安、格雷特納格林
East Lothian、Gretna Green

位置地圖P.243

本章會介紹位於東洛錫安的格蘭金奇酒廠，帶讀者參觀酒廠之餘又可試酒；格雷特納格林屬於蘇格蘭的行政區域丹佛里斯 - 蓋洛威 (Dumfries and Galloway Region)，是一個以私奔聞名的小鎮。(交通詳見相關景點)

（本章攝影：蘇飛）

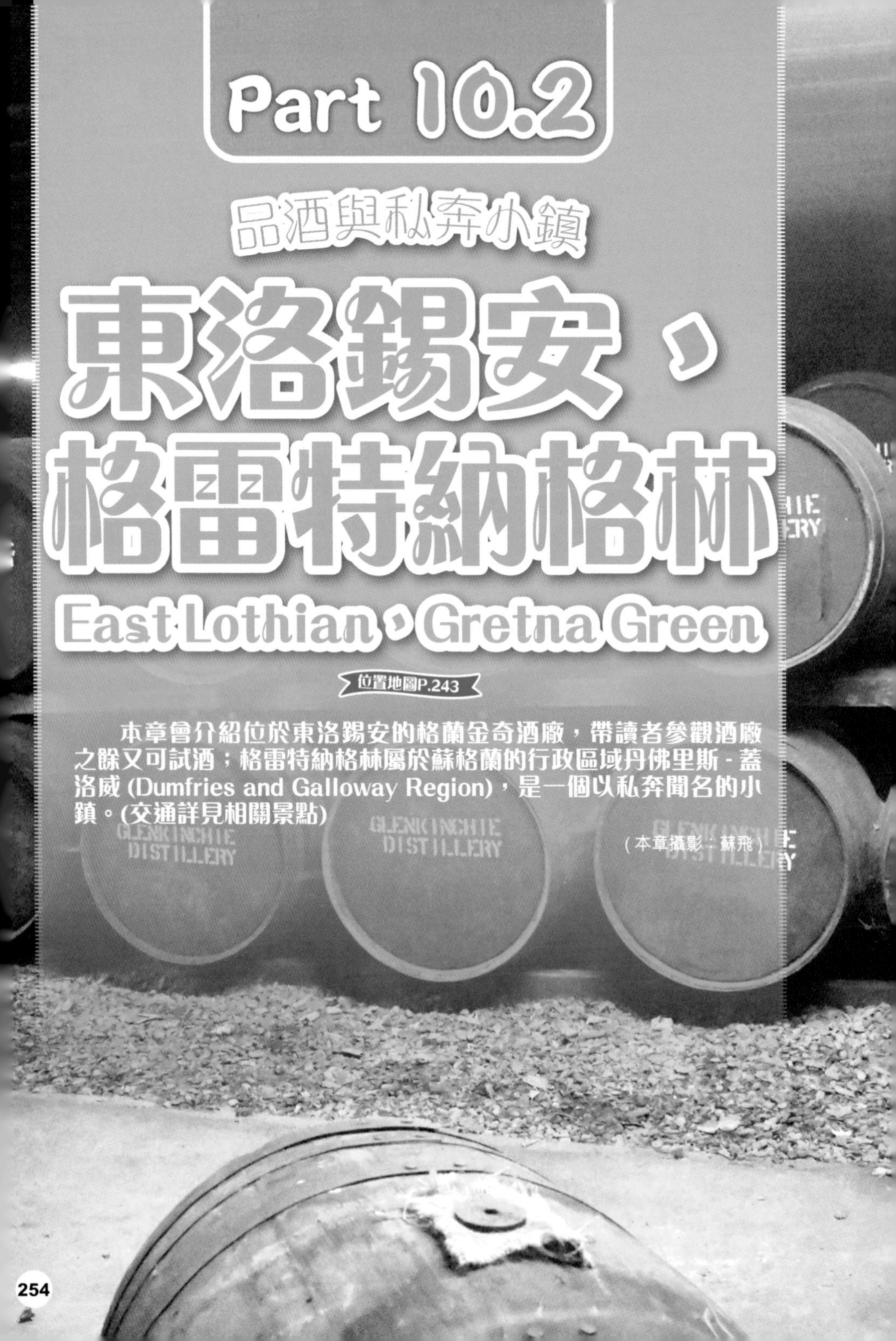

GLENKINCHIE DISTILLERY

威士忌蒸餾廠的試酒之旅 格蘭金奇酒廠 地圖P.243 必到

Glenkinchie Distillery

蘇格蘭是世界知名的威士忌生產地，無論你是否嗜酒，來到蘇格蘭參觀酒廠及試酒幾乎是指定動作。格蘭金奇酒廠位於蘇格蘭的東洛錫安，鄰近愛丁堡，它創於1825年，是一座古老、位於低地的麥芽威士忌蒸餾廠。它擁有蘇格蘭最大的蒸餾器，是目前僅存的3家低地區蒸餾廠中規模最大的一間。

進入酒廠，首先由酒廠導賞員帶領觀賞關於這家酒廠的展覽，包括酒廠的發展歷史及蒸餾威士忌的生產過程，當中一些古老釀酒工具非常珍貴，參觀後返回試酒室試飲由這家廠出產的威士忌酒，喜歡的話可以買一樽回家。

▲酒廠是古老的建築物，周圍環境優美。入口是遊客中心，就在這裏購票入場。

▲售票處。

Tips

參觀平時關閉的區域 冬季限定

酒廠每年冬季都會暫停生產1~2個月維修設施，但仍然開放參觀，參觀者可以走進平日不開放的地方參觀，如存放酒桶的酒窖、蒸餾廠房和巨型的蒸餾器。(可留意官網公布)

費用

酒廠提供三款導賞團，可於網上預訂，詳情分別如下：

Glenkinchie Flavour Journey (1.5小時)

- 展覽+導賞團+包試3種威士忌
- 成人£19(HK$182)，8~17歲£9.5(HK$91)，學生及60歲以上£15.2(HK$146)

Glenkinchie Flavour & Cask Experience (2小時)

- 展覽+導賞團+包試6種威士忌
- 包括酒庫導遊和直接試飲酒桶中威士忌的深度體驗
- 只限18歲以上，每位£45(HK$432)

Glenkinchie Behind the Scenes Tour & Tasting (2小時)

- 參與釀酒過程及試飲罕有威士忌
- 踏足一般遊客不到的地方
- 只限18歲以上，至少二人成行，兩人£135 (HK$1,296)

INFO

- Pencaitland, Tranent, East Lothian, Scotland
- 專車接送，由愛丁堡Waterloo Place(Princess Street東邊盡頭)開出直達酒廠，必須預約(01875 342 012)，班次為09:15、10:45、13:00，需於開車前10分鐘抵達候車點，回程班次為12:15、14:30、16:15(如要乘專車不要網上預約，而是致電預約)
- 10月至4月10:00~17:00，5月至9月10:00~18:00
- 休 12月25~26日及元旦
- 01875 342 012
- www.malts.com/en-row/distilleries/glenkinchie
- 基於安全理由，8歲以下小童不能進入酒廠生產範圍，亦不能參加導賞團；未成年切勿飲酒

由導賞員帶領參觀酒廠

▲展覽從這裏開始。

酒廠歷史

▲首先看看酒廠歷史。

◀再看蒸餾工具。

蒸餾工具

►這個蒸餾器模型很可愛，它是製造蘇格蘭威士忌的靈魂，實物很大，有兩層樓高，稍後可以看到實物。

廠房

▲然後實地到廠房。

▲全程由穿着蘇格蘭裙的職員講解，十分專業。

觀看造酒設施

▲走進廠內看真實設施，圖為發酵麥芽的大木糟。

酒窖

▲存放釀酒木桶。

巨型蒸餾器

◀這個巨型蒸餾器有兩層樓高，酒在底層內加熱後，蒸氣直接升往上層的管內，收集到另一個蒸餾器再進行第二次蒸餾，之後才成為威士忌。

試酒及買紀念品

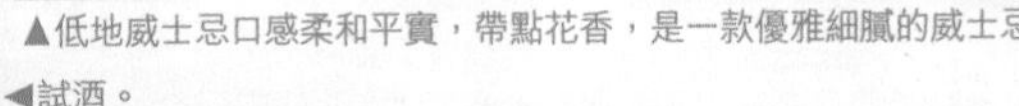
▲低地威士忌口感柔和平實，帶點花香，是一款優雅細膩的威士忌。

◀試酒。

▲試完酒有興趣可買一瓶回家。

▲以釀酒用的橡木製成的筆桶及其他飾品，每個約￡10(HK$101)起。

►格蘭金奇酒廠自家出品的酒杯墊，很有特色，每個約￡3(HK$30)。

以私奔聞名的小鎮 格雷特納格林 位置地圖P.243

在18世紀，英格蘭法律規定21歲以下的年輕人未經父母同意不能自行結婚，但在蘇格蘭，年輕人滿16歲毋須父母同意即可成婚。格雷特納格林位於蘇格蘭南部邊界，與英格蘭只有一箭之遙，成為古時候英格蘭人最方便逃婚或私奔的小鎮。到了今時今日，儘管英格蘭的婚姻法律早已不同了，但說起格雷特納格林自然令人想起結婚，這兒也成為浪漫婚禮的熱門場地。這裏由幾座小屋組成，小屋保留了18世紀風格，加上婚禮主題的佈置，十分漂亮。除了婚禮禮堂、酒店，還有大型手信店和吃到地道蘇格蘭菜的餐廳。

▲小鎮到處都是婚禮佈置，這個握手雕塑就在入口處。

▶剛好有人在舉行婚禮，非常熱鬧！

▲古老的建築物化身成不同店鋪。

INFO

- Gretna Green, Dumfries & Galloway, Scotland
- 由愛丁堡Edinburgh Waverley站乘火車至Gretna Green站(中途需轉車)，約1小時36分鐘，下車後步行約5分鐘；由倫敦Euston火車站出發約4小時13分鐘
- 店舖：4月至5月09:00~17:30，6月至9月09:00~18:00，10月至3月09:00~17:00，各店營業時間不一
- 休 12月25日
- 01461 336001
- www.gretnagreen.com

☆購買蘇格蘭手信☆

可愛亮麗的精品 Famous Blacksmiths Shop

地圖P.258

格雷特納格林有多間大型手信店，售賣富蘇格蘭特色的手信。例如 Famous Blacksmiths Shop，除了常見的蘇格蘭曲奇餅和羊毛製品外，還有很多與婚禮有關的精品，如小擺設、飾物和珠寶首飾等，令人賞心悅目。

► Famous Blacksmiths Shop 本身的建築相當古老。

▼店內有很多與婚禮有關的精品。

▲穿上蘇格蘭國旗的綿羊鎖匙扣很可愛，每個約￡3(HK$30)。

►陶瓷動物擺設造工十分細緻，每個約￡30(HK$302)。

INFO
- Headless Cross, Gretna Green
- 01461 338441

(圖文：蘇飛)

☆品嘗蘇格蘭美食☆

抵食Homemade蘇格蘭菜 Blacksmiths Restaurant 地圖P.258

餐廳位於手信店(P.259)後面，環境不俗，店內散發小酒館的氣氛。餐廳採自助取餐形式，客人先到櫃台取餐，再到收銀處付款。這裏主要提供經濟划算及地道的蘇格蘭家常菜，從輕食到主食都有，選擇豐富多樣。餐廳還設有酒吧提供當地啤酒及其他酒類。

▲廚師推介的焗豬扒，味道不錯，約￡7(HK$70)。

▲用餐環境。

▲採自助取餐形式。

◀非常美味的蘇格蘭濃湯配麵包，約￡4(HK$40)。

◀▲ 塞滿牛肉的牛肉批，￡7.5(HK$75)。

INFO
4 Bensmoor Rd, Gretna Green
☎ 01461 338365

(圖文：蘇飛)

特篇

英國自駕全攻略

若和美國比較，英國的國土面積只和佛羅里達州差不多，自駕遊帶來方便之餘，也較少需要長途駕駛。而且英國的火車票價也頗貴，兩個人以上同行自駕會較省錢。雖然英國和香港一樣是右軚駕駛靠左行，但實地行車依然有很多要注意的地方，以下為初次自駕者一一解析。

(圖文：蘇飛)

租車

車前可先參考綜合比對網站，例如priceline，看看哪家公司較便宜；也可以直接使用個別公司的官網訂購，大型的租車公司有AVIS, Alamo, Europcar, Sixt, Enterprise等。租車時有以下幾點要留意：

1. 英國的出租車輛以棍波為主，若選擇自動波價格可以貴兩三成，如圖所示，選車前要剔Manual或Automatic Transmissions。

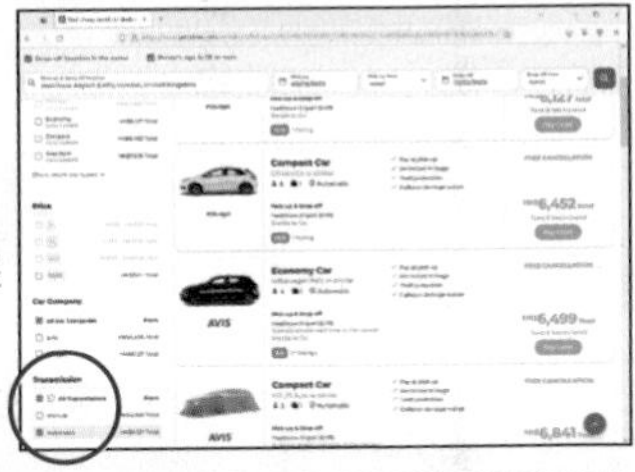

►租車前要選擇自動波還是棍波(左下角)。

2. 租車以星期計會較抵，有時會有兩星期回贈兩天之類的優惠。

3. 預訂車輛時顯示的價格多不是最後的合約價格，因為到櫃台時還要選擇保險。英國租車公司多會附送基本的第三方責任保險，但碰撞保險、防盜保險和隨傳隨到的支援服務(roadside assistance)則要另加錢選購。若要安心駕駛，還是建議買全保套餐較好。

4. 若已購全保的話，車輛出現問題時協助人員可以很快到場，因車上已有定位設備。當然，你致電求助時也需幫忙確認位置。

5. 遊客可選擇是否入滿油才還車，這點問題不大，可按個人喜好選擇。

priceline：https://www.priceline.com/rentalcars/
AVIS：https://www.avis.co.uk/
enterprise：https://www.enterprise.co.uk/

取車還車

若選擇在倫敦希斯洛機場租車和還車，需要坐接駁巴士去取車。旅客出接機大堂後轉右邊就可以找到租車公司櫃位(car rental counter)。若櫃位沒有人可以按螢幕指示去巴士站坐接駁車；以AVIS為例，可坐電梯去一樓7號或8號巴士站上車，機場到AVIS租車中心車程約5分鐘。

▲AVIS的接駁車。

網上訂購的車輛有時會和現場提供的有所出入，而租車公司可提供的車輛都停在大樓外的停車坪上，建議你可先看看有否心儀的車輛再和職員商討會較方便。英國租車公司提供的多是歐洲車，日韓車的選擇很少。另提醒一下，離開租車中心之前應記下位址以便還車。

收費公路

◀高速公路多數是免費的。

英國的高速公路絕大多數都是免費的，只有很少的收費公路，例如M6 Toll是收費的，但與之並行同向的M6則是免費的，所以不難以導航選項避開。而若要趕時間上收費公路的話，可在收費廣場以現金或信用卡付費通過。

加油

◀左邊兩個是柴油，右邊兩個是不同價的汽油。

英國的油站是自助加油的，不過有些油站是自行取槍加油後，再到櫃台付款；另一種則是先付款後加油，若付款多過所需油費的話，可到櫃位退回現金。加油時一般車輛是選較便宜的Unleaded Petrol E10。

泊車

雖然在英國到處都看到泊在街邊的汽車，那是因為英國的房屋很多沒車房，屋主只獲得屋前街邊的停車位，這些車位有些是有地面方格，有些沒有，沒有的話只需一側車輪泊上行人路即可，當然那是合法的。但遊客切不可違規泊車，若因此收罰單的話，租車公司還會加收行政費的，例如AVIS會加收￡30 (270)。關於泊車方面的建議有以下幾點：

英國街邊車位會有路牌指示哪些時間可以免費泊車，哪些時間不可以，一般指示都頗清楚。

有咪錶位的可付費泊車，上限為兩小時或三小時，收費每小時￡1 (HK$9)至￡2.9 (HK$26)不等，要留意有些咪錶可拍Paywave信用卡，有些則只收硬幣。付款後會有收據，記得將收據放在車頭當眼位置，否則仍會被當作違泊。

室內停車場可在閘口取卡進入，出閘前在停車場內的機器(右圖)付款，並取得出閘卡離場。

室外停車場可直接進入，然後使用停車場內的機器付款。但進入前要小心留意該停車場的收款方式，有些只接受以指定的app付款，或要打電話付款，對遊客來說並不方便。

英國的大型購物點或超市都會提供免費泊車，但有些是有時間限制的，過時可被重罰。有時超市會要求顧客登記停泊車輛，按指示在螢幕上輸入車牌號碼即可，不做的話要收罰單的。另外，check in酒店時也需登記車輛，在倫敦酒店一晚的泊車費為￡12 (HK$110)至￡30 (HK$270)不等。

在倫敦市區是很難找到泊車位的，建議下載使用RingGo Parking app，有Android和iOS版本，登記時需要名字、電郵和英國電話號碼。RingGo可實時告知附近泊車位是否繁忙，找車位遠比自行兜圈找有效。

►在RingGo中輸入這個Location number就可以登記泊位和付款，有需要可用RingGo app延長泊車時間，十分方便。當然泊車時間也會有上限的。

路面注意事項

英國的路牌指示和香港有些相似，但實際駕駛的也有很多要留意的地方，分別列舉如下：

英國的高速公路限速在70英哩以下，但會按情況下調限速，要留意電子牌顯示。

英國鄉郊小路十分狹窄，就算是雙線雙向也會因為路邊泊滿車而變成如單線雙向那樣要互相讓路才能通過。在英國，家門口前路邊泊車是合法的，還好英國人都樂於讓路給對向車輛。

行車進入小鎮到有人聚居的地方時，路面會有很多不顯眼的減速丘(speed bump)，上面有白色的三角形，有時要小心才能看清楚。

英國比香港有更多的大大小小的迴旋處，大型的迴旋處內甚至有交通燈管制的。進入大型迴旋處時要小心，左轉或用較早出口的靠左線，要調頭或用較遠出口的靠右線，否則很可能無法在正確出口離開。

進入市區要小心巴士或單車專用線的範圍，若違規進入可被罰￡60(HK$576)，另加租車公司的行政費￡30(HK$288)。不幸收到罰單一般可於網上尋找相關機構以信用卡網上付款。

繁忙時間進入倫敦市中心要收取每￡15 (HK$140)的塞車費(Congestion Charge)，繁忙時間是平日7:00-18:00、周末12:00-18:00。另外，同一區域也是超低排放區(Ultra Low Emission Zone, ULEZ)，污染較嚴重的車輛進入需要繳費，每天￡12.5 (HK$120)。

◀在Transport for London網站可查看收費區域範圍。

Transport for London網站：
https://tfl.gov.uk/modes/driving/ultra-low-emission-zone/ulez-where-and-when?intcmp=52227

華麗遨遊歐美澳 Easy Go!® 旅遊書系列

《遨遊11國省錢品味遊 Easy GO!——歐洲》

作者：黃穎宜
定價：HK$108、NT$390

《沉醉夢幻國度 Easy GO!——法國瑞士》

作者：Chloe
定價：HK$98、NT$350

《豪情闖蕩自然探奇 Easy GO!——澳洲》

作者：黃穎宜
定價：HK$98、NT$350

《殿堂都會華麗濱岸 Easy GO!——美國東岸》

作者：Lammay
定價：HK$88、NT$350

《Classic貴氣典雅迷人 Easy GO!——英國》

作者：沙發衝浪客
定價：HK$118、NT$480

《熱情都會壯麗絕景 Easy GO!——美國西岸》

作者：嚴潔盈
定價：HK$128、NT$490

跨版生活

•全港各大書店及便利店有售 •網上88折免郵費訂購http://www.crossborderbook.net

•或填寫本書最後兩頁的讀者意見調查表，以75折郵購本社出版的圖書

人氣日本 Easy Go!®
旅遊書系列
《香飄雪飛趣玩尋食 Easy GO!——北海道青森》
作者：Li
定價：HK$108、NT$450
《曖曖樂土清爽醉遊 Easy GO!——日本東北》
作者：Li
定價：HK$108、NT$450
《秘境神遊新鮮嘗 Easy GO!——鳥取廣島》
作者：Li
定價：HK$108、NT$450
《環抱晴朗慢走島國 Easy GO!——四國瀨戶內海》
作者：黃穎宜、Gigi
定價：HK$108、NT$450
《溫泉探秘賞楓景 Easy GO!——福岡長崎北九州》
作者：Li
定價：HK$108、NT$450
《頂尖流行搶貨嘗鮮 Easy GO!——東京》
作者：Him
定價：HK$108、NT$450
《北陸古韻峽美山城 Easy GO!——名古屋日本中部》
作者：Li
定價：HK$108、NT$450
《出走近郊五湖北關東 Easy GO!——東京周邊》
作者：沙發衝浪客
定價：HK$108、NT$450
《紅楓粉櫻古意漫遊 Easy GO!——京阪神關西》
作者：Him
定價：HK$108、NT$450
《藍天碧海祈緣風情 Easy GO!——沖繩》
作者：Li
定價：HK$108、NT$450
《海島秘境深度遊 Easy GO!——石垣宮古》
定價：HK$98、NT$390
跨版生活
•全港各大書店及便利店有售 •網上88折免郵費訂購http://www.crossborderbook.net
•或填寫本書最後兩頁的讀者意見調查表，以75折郵購本社出版的圖書

《Classic 貴氣典雅迷人 Easy Go!——英國》

編著：沙發衝浪客
責任編輯：陳奕祺、高家華
版面設計：蔡嘉昕、賴艷君
協力：鍾漪琪、Amy、麥碧心
相片授權提供：ritali、Janice Kwong、Cynthia Lee、Catherine Cheung、Lamszeyin、Tszling、Winnie Wongyl、Jayne Lloyd、Mandy Williams、Chris Ridley、Peter Dazeley、The Rothschild Foundation、Visit Canterbury、Ash Mills、www.visitwiltshire.co.uk、The Jane Austen Centre、Siobhan Doran Photography, Charles Dickens Museum、St. Ermin's Hotel、Bank of England、Morley von Sternberg、Gareth Gardner、Bath & North East Somerset Council、Fashion Museum Bath、Experience Oxfordshire、The Fitzwilliam Museum, University of Cambridge 2017、Damien Vickers、Visit England、蘇飛、黃穎宜、©iStock.com/Fudio, AmandaLewis, TonyBaggett, CaronB, Wirestock, k_woodard, bwzenith, alessen, claudiodivizia, James Young(排名不分先後)

出版：跨版生活圖書出版
地址：荃灣沙咀道 11-19 號達貿中心 910 室
電話：31535574　傳真：31627223
專頁：http://crossborder.com.hk/（Facebook 專頁）
網站：http://www.crossborderbook.net
電郵：crossborderbook@yahoo.com.hk

發行：泛華發行代理有限公司
地址：香港新界將軍澳工業邨駿昌街 7 號星島新聞集團大廈
電話：2798-2220　傳真：2796-5471
網頁：http://www.gccd.com.hk
電郵：gccd@singtaonewscorp.com

台灣總經銷：永盈出版行銷有限公司
地址：231 新北市新店區中正路 499 號 4 樓
電話：(02)2218 0701　傳真：(02)2218 0704

印刷：鴻基柯式印刷有限公司

出版日期：2023 年 3 月第 3 次印刷
定價：HK$118 NT$480
ISBN：978-988-75023-9-5

出版社法律顧問：勞潔儀律師行

請沿虛線剪下，傳真或郵寄到本社。

讀者意見調查表（七五折購書）

為使我們的出版物能更切合您的需要，請填寫以下簡單7條問題（可以影印），交回問卷的讀者可以七五折郵購本社出版的圖書，**郵費及手續費全免** (僅限香港讀者訂購)。

請在以下相應的□內打「✓」：

性別：□男　□女

年齡：□18歲以下　□18-28歲　□29-35歲　□36-45歲　□46-60歲　□60歲以上

學歷：□碩士或以上　□大學或大專　□中學　□初中或以下

職業：________________

一年內買書次數：1 次或以下□　2-5次□　6次或以上□

1. 您在哪裏購得本書《Classic貴氣典雅迷人 Easy Go!——英國》(23-24年版)

□書店　□郵購　□便利店　□書展　□贈送　□其他_____

2. 您認為本書：□非常好　□良好　□一般　□不好

3. 您選購本書的原因（可多選）：

□價錢合理　□印刷精美　□內容豐富　□封面吸引　□題材合用　□資料更新

□附送地圖　□其他_____

4. 您認為本書是否有地方需要改善？(可選多項，刪除不適用)

□沒有　□頁數(過多/ 過少)　□景點資訊(太多/ 太少)　□飲食/ 購物(太多/ 太少)

□地圖準確度　□住宿介紹　□交通/行程　□其他：______________________________

5. 您對跨版生活圖書出版社的認識程度：□熟悉　□略有所聞　□從沒聽過

6. 請建議本社出版的題材（任何類別都可以）____________________

7. 其他意見和建議(如有的請填寫)：______________________________________

七五折購書表格

請選購以下圖書：（全部75折）

□《熱情都會壯麗絕景Easy GO!——美國西岸》（原價：HK$128 折實$96）____本

□《豪情闖蕩自然探奇 Easy GO!——澳洲》（原價：HK$98 折實$73.5）____本

□《遨遊11國省錢品味遊 Easy GO!——歐洲》（原價：HK$108 折實$73.5）____本

□《溫泉探秘賞楓景Easy GO!——福岡長崎北九州》（原價：HK$108 折實$73.5）____本

□《　　　　　　　　　　》　____元　____本

共選購______ 本，總數（HK$）：______

（其他可選圖書見背頁，詳情請瀏覽：http://www.crossborderbook.net）

（如有訂購問題，歡迎致電查詢，電話：3153 5574）

本社根據以下地址寄送郵購圖書（只接受香港讀者）：

姓名：______________________________ 聯絡電話 #：________________________________

電郵：____

地址：____

請把問卷傳真至 31627223 或寄至「荃灣郵政局郵政信箱 1274 號 跨版生活圖書出版有限公司收」。

聯絡電話必須填寫，以便本社確認收件地址無誤，如因無法聯絡而郵寄失誤，本社恕不負責。

* 購書方法：請把表格剪下，連同存款收據/ 劃線支票（不接受期票）郵寄至「荃灣郵政局郵政信箱 1274 號 跨版生活圖書出版有限公司收」。或把表格及存款收據傳真至 31627223（只限銀行存款方式付款）。收到表格及款項後本社將於五個工作天內將圖書以平郵寄出。

* 付款方式：

(1) 請將款項存入本社於匯豐銀行戶口：033-874298-838

(2) 支票抬頭請寫：「跨版生活圖書出版」或「Cross Border Publishing Company」。

* 此問卷結果只供出版社內部用途，所有個人資料保密，並於使用後銷毀。

（影印本有效）

PLEASE AFFIX
STAMP HERE
請貼上郵票

新界荃灣郵政局

郵政信箱1274號

「跨版生活圖書出版有限公司」收

請沿虛線剪下，傳真或郵寄到本社。

圖書目錄

食譜

《營養師慳錢家常食譜》 HK$78(折實$58.5)□
《輕鬆抗癌營養師食譜》 HK$78(折實$58.5)□
《肝病營養食譜》 HK$78(折實$58.5)□
《營養師低卡私房菜》 HK$78(折實$58.5)□
《營養師的輕怡瘦身甜品》 HK$78(折實$58.5)□
《營養師話你知101不可不知健康營養真相》 HK$68(折實$51)□
《營養進補坐月食譜》 HK$78(折實$58.5)□
《營養師素食私房菜》 HK$78(折實$58.5)□
《(金牌)營養師的小學生午餐便當》 HK$78(折實$58.5)□
《擊破港式飲食陷阱》 HK$68(折實$51)□
《(金牌)營養師的糖尿病甜美食譜》 HK$88(折實$66)□
《(金牌)營養師的抗膽固醇私房菜》 HK$88(折實$66)□
《(金牌)營養師瘦身私房菜》 HK$98(折實$73.5)□
《懷孕坐月營養師食譜》 HK$68(折實$51)□
《0-2歲快樂寶寶食譜&全方位照護手冊》 HK$68(折實$51)□

湯水

《排毒美容中醫湯水》 HK$78(折實$58.5)□
《健康排毒中醫101湯水》 HK$68(折實$51)□
《女性病調護中醫食療》 HK$68(折實$51)□
《抗鼻敏感100中醫湯水》 HK$68(折實$51)□
《抗高血壓108中醫湯水》 HK$68(折實$51)□
《更年期中醫108湯水》 HK$68(折實$51)□
《糖尿病中醫108湯水》 HK$68(折實$51)□
《抗膽固醇家常湯水(增訂版)》 HK$68(折實$51)□
《兒童抗都市病101湯水》 HK$58(折實$43.5)□
《101中醫月子調理湯水》 HK$78(折實$58.5)□

理財投資、商管營銷

《美元10萬做美國業主》 HK$88(折實$66)□
《技術分析精讀本(全新修訂第5版)》 HK$78(折實$58.5)□
《瞬間讀穿客戶心》 HK$68(折實$51)□
《一句定輸贏——銷售必勝50金句》 HK$68(折實$51)□

消閒/興趣

《養狗必識78件事》 HK$78(折實$58.5)□
《聽聽寵物心底話——動物傳心術 與寶貝談心》 HK$78(折實$58.5)□
《動物傳心師的世界》 HK$78(折實$58.5)□

旅遊

《暖暖樂土清爽醉遊Easy GO!——日本東北》 HK$108(折實$81)□
《秘境神遊新鮮嘗Easy GO!——鳥取廣島》 HK$108(折實$81)□
《經典新玩幸福嘆名物Easy GO!——大阪》 HK$98(折實$73.5)□
《紅楓粉櫻古意漫遊Easy GO!——京阪神關西》 HK$108(折實$81)□
《環抱晴朗慢走島國Easy GO!——四國瀨戶內海》 HK$108(折實$81)□
《北陸古韻峻美山城Easy GO!——名古屋日本中部》 HK$108(折實$81)□
《藍天碧海琉球風情Easy GO!——沖繩》 HK$108(折實$81)□
《海島祕境深度遊Easy GO!——石垣宮古》 HK$98(折實$73.5)□
《頂尖流行掃貨嘗鮮Easy GO!——東京》 HK$108(折實$81)□
《出走近關五湖北關西Easy GO!——東京周邊》 HK$108(折實$81)□
《香飄雪飛趣玩尋食Easy GO!——北海道青森》 HK$108(折實$81)□
《玩味泡湯親自然Easy GO!——九州》 HK$98(折實$73.5)□
《溫泉探秘賞楓景Easy Go!——福岡長崎北九州》 HK$108(折實$81)□
《婀娜風情耀眼之都Easy GO!——上海》 HK$88(折實$66)□
《魅力情懷潮爆遊 Easy GO!——香港》 HK$88(折實$66)□
《異國滋味獨家風情Easy GO!——澳門》 HK$88(折實$66)□
《熱玩盛宴豐味遊Easy GO!——台北新北》 HK$98(折實$73.5)□
《放空逍遙滋味遊Easy GO!——中台灣澎湖》 HK$88(折實$66)□
《陽光美饌山海奔放Easy GO!——南台灣》 HK$88(折實$66)□
《山海尋秘慢活Easy GO!——東台灣》 HK$88(折實$66)□
《遊城走鄉環台好時光 Easy GO！——台灣環島》 HK$98(折實$73.5)□
《巷弄滋味市場尋寶Easy GO!——首爾美食街》 HK$88(折實$66)□
《閃耀韓流吃喝遊Easy GO!——首爾》 HK$98(折實$73.5)□
《韓風魅力新意遊 Easy GO!——首爾仁川》 HK$98(折實$73.5)□
《熱情海港爽吃遊Easy Go!——釜山》 HK$98(折實$73.5)□
《絕色奇觀清新遊Easy GO!——京畿道》 HK$88(折實$66)□
《澈藍海島繽紛遊Easy GO!——濟州 》 HK$98(折實$73.5)□
《Classic貴氣典雅迷人 Easy Go! —— 英國》 HK$118(折實$88.5)□
《遨遊11國省錢品味遊Easy GO!——歐洲》 HK$108(折實$81)□
《沉醉夢幻國度Easy GO!——法國瑞士》 HK$98(折實$73.5)□
《殿堂都會華麗濱岸Easy GO!——美國東岸》 HK$88(折實$66)□
《熱情都會壯麗絕景Easy GO!——美國西岸》 HK$128(折實$96)□
《豪情闖蕩自然探奇Easy GO!——澳洲》 HK$98(折實$73.5)□
《Hea玩潮遊嘆世界 Easy GO!——曼谷》 HK$98(折實$73.5)□
《泰北淳樸愜意遊 Easy GO!——清邁》 HK$88(折實$66)□
《動感觸目精華遊Easy GO!——新加坡》 HK$98(折實$73.5)□
《邂逅純樸新派之美Easy GO!——越南》 HK$88(折實$66)□
《台灣單車環島遊》 HK$78(折實$58.5)□
《日本ACG動漫聖地巡遊》 HK$98(折實$73.5)□